日本近世の宗教と社会

菅野洋介　著

思文閣出版

日本近世の宗教と社会◆目次

第二編　関東における修験と在地社会

日本近世の宗教と社会

序論　本研究の位置

一　本書の目的と立場

本書の目的は、日本近世において宗教が在地社会のあり方へ、いかなる存在意義を有したかを追求することである[1]。より具体的に述べれば次の通りである。

第一に、在地社会における寺院・神社を取りまく人々のあり方を明らかにする[2]。特に輪王寺宮や吉田家・聖護院などの本所側の諸権威が在地社会において、どのような意味をもったかを検討する。第二に、仏教・神道・修験道・陰陽道等の展開を、いわば部門史として解消させず、相互規定性を念頭においた理解を示す。また、この視角を重視した上で、当該期における人々の宗教意識を理解するさいの一指針を示す。特に在地寺院の「場」としてのあり方と、修験などの宗教者との共存関係のあり方に注目する。第三に、「民衆宗教」（以下「　」とる）の展開と、それに伴う社会情勢のあり方に迫る。特に本所権威と民衆宗教の展開を、諸宗教者の「共存と競合」の視角で捉える[3]。

以上を整理すれば、①本所権威の在地社会への浸透を追及すること、②在地社会における諸宗教の「共存と競合（対抗）」の局面を想定すること、③民衆宗教の展開とそれを規定する社会情勢の追及となる。これらと関連して、本書では宗教施設の「場」としてのあり方にも迫る[4]。これは本所権威に収斂しきれない当該期の諸権威のあり方に注目したいためである。

まず、これまでの天皇・朝廷研究から宗教者や宗教施設を研究対象とするにいたった研究史の推移などを述べる。次に本書がもつ問題関心及びそれと深く関連する近年の研究動向を取り上げる。さらに、本書の分析視角を提示し、本書の立場を明示する。

二　日本近世史研究と天皇・朝廷——宗教史研究をめぐって——

(1)国家論と宗教研究

一九八〇年代以降、日本近世史研究は国家論の中に天皇や朝廷を位置づけることに成功した(5)。当該期の政治体制は、将軍と天皇が連携し、いわば王権ともいうべき政治体制を構成していたことが自明になったとみられる。

将軍徳川氏は、国家の守護神として東照大権現を祀った。一方で天皇・朝廷側は、徳川の天下統一を、朝臣徳川家康の天皇に対する忠義・忠孝として神格を認め、関八州の守護神と認定した(6)。正保四年（一六四七）には、日光例幣使が毎年四月の東照宮祭礼へ派遣されるようになり、それと同時期に伊勢神宮に対する神宮例幣使が幕府の費用で復興する。徳川氏は、その政治体制の中に天皇の関与を認め、東照大権現・伊勢神宮が加護するという構造を形成したのである。なお東照大権現は、関東の守護神から全国、さらには日本型華夷秩序のあり方とも不可分な関係をもった(7)。さらに寛政期には、朝廷が幕府から「自立」の道を歩みだす旨も定着している(8)。寛政期以降、将軍が天皇の委任により天下を統治するという、大政委任論の顕在化が認められる。

このような朝幕関係の理解とも関連して、天皇・朝廷と在地社会を結ぶ存在として、各地の宗教者のあり方が注目された。すなわち天皇や朝廷が全国的な寺社及び宗教者の編成と不可分に関係したことが明らかとなったのである(9)。この点は、将軍を頂点とした領主制の論理と相容れない社会編成のあり方と評価されよう。当該期の政治体制とは、領主制及び天皇・朝廷が一体となり社会編成を担っていたことになる。この政治体制のあり方は、現状でも公家研究や門跡研究によって、問い直されるテーマとも言える[10]。

以上、日本近世史研究は、国家論の中に天皇や公家を取り上げることで、宗教のもつ意義を問い直すことを試みてきた[11]。本書は、このような研究動向の上に位置づく。

(2)近年の研究動向と宗教――神職・修験・陰陽師研究を中心に――

次に、宗教史研究の進展状況について述べる。ただし、この点については、既に多くの論者によって研究史整理が試みられており[12]、ここでは本書と深く関連する近年の研究動向（特に方法論）を中心にふりかえる。

高埜利彦氏は、一九九〇年代以前の仏教史研究の動向をふまえ、修験や神職などの諸宗教者への視角を重視した[13]。同氏は先に述べた国家論との関連から、宗教研究の重要性を提示した。また寺院に限らず神社を対象とした成果は、いわば「神社史」を超えて、国家論構築と接合させることに成功したと言える。その後、近年では高埜氏の成果を何らかの形で意識しながら、神職や陰陽師、この他にも民間宗教者の研究は大いに進展した[14]。民間宗教者の研究動向は後述するが、この研究テーマは身分論の成果と共に、近世社会像の再構築にも迫ったと言える。特に当研究は、本所論の展開と不可分な研究とも評価できる。以下、近年の主な代表的な研究を取り上げる。

神職研究から言及していく。井上智勝氏は、本所吉田家と神職のあり方を追求した[15]。同氏は、吉田家が諸社禰宜神主法度により、幕府から「神祇管領」の立場を保証されたことを改めて取り上げた。しかし十八世紀半ば頃までに、吉田家は考証主義・復古主義を論拠とされ、その立場に退潮が認められたという。一方、幕府は諸社禰宜神主法度の再触れを出すなど、吉田家の立場を追認したことも明らかとなっている。また吉田家に対する白川家の台頭も認められ、「本所の複線化」状況が在地社会へもたらされたとする。井上氏の見解は、各地の神職を捉えるにあたり、基本的な視角として定着したとみられる。特に本書では「本所の複線化」という指摘に注目する。次に、西田かほる氏は甲州国中地域を対象として、戦国期から幕末期までの神職組織のあり方を明らかにした[16]。同氏の成果は、各地における神職組織の変遷等を追う上で重要な成果となったとみられる。また同氏の方法は由緒論等の成果を組み込み、社会集団のあり方を捉える上でも貴重である。この他、井上氏・西田氏の成果と関連して、北奥の領国地域を対象とした田中秀和氏[17]、武蔵国六所宮を対象とした土岐昌訓氏の成果などがある[18]。

さらに近年では、この本所論から派生する形で、寺社奉行の位置づけや江戸城年頭御礼が注目されている。代表的な論者が靭矢嘉史氏である[19]。同氏は、武州大宮氷川神社神職を例に「寺社奉行直支配」の神職等に注目した。この視角は、将軍在所＝江戸をどのような政治体制の中に位置づけるかという問題とも関係する。同氏の視角は、本所論から江戸城内での儀礼、朱印状の位置づけなどへの課題を改めて浮上させたと言える。

次に修験研究について述べる。本書では、概して本山派修験の分析にとどまったため、本山派の研究動向に注目するが、修験研究は神職に比較して研究史整理が困難と言える。それには修験道研究という、一つの研究領域が存在するためと考える。たとえば宮家準氏による膨大かつ緻密な研究が掲げられる[20]。したがって、修験を取り上げるにあたっては、宮家氏の成果を積極的にふまえることが求められよう。ただし、本書との関係で述べれば、ここでも高埜氏の提起した成果を取り上げたい。このことは宮家氏らの成果とも関連することにつながると考えるためである。特に以下の二点、①勧進権の問題、②甲州郡内地域の組織編成の例、以上二点を重視する[21]。特に①の問題では、近世国家による修験等の勧進行為の再編を意味する。したがって修験を対象とした研究は、近世国家の性格づけとも関連するテーマと言える。

また、一般的に中近世移行期の修験像は「流動から定着」へという形で理解される[22]。そこで注目されるのが、宮本袈裟雄氏の「里修験」の研究である[23]。同氏は「里修験」を村方と町方に二類型する。そして村・町ともに修験が「現世利益」を担う状況を強調した。この中では、日光修験の存在形態、佐渡における修験と神職争論の分析が注目される。ここでは修験の宗教活動が、他宗教者との軋轢をうむ背景を示されている。特に同氏は、在地社会の中へ修験を位置づける必要性を強調したと言えよう。

そして、修験研究において本書と深い関係をもつのが、藤田定興氏の成果である。同氏は、福島県内の修験組織の変遷及び宗教行為の実態を明らかにした。[24]また地域レベルの問題から全国的な問題へ敷衍できる数少ない実証的研究の一つである。現状でも、同氏の成果に依拠しつつ、各地の修験のあり方を追求する段階と言えよう。また修験を取り上げるにあたっては、黒田俊雄氏の問題提起もふまえたい。[25]同氏は、顕密主義崩壊以後も、それが依然として宗教思想や信仰の根底に横たわったことの重要性を問題提起する。[26]したがって、ここにも顕密主義の一端を担った修験を取り上げる意義が見出せよう。つまり、当該期の宗教事情を総体的に理解しようとすれば、修験の存在形成への追及は避けられない課題と言える。

最後に陰陽師研究について述べる。ここでも高埜氏が、幕府側の政策的なあり方と土御門家陰陽師編成の展開を明らかにした。特に幕府側が土御門家へ陰陽師編成を担わせた状況が復元された点は特筆すべきであろう。すなわち当該期の陰陽師編成の基本的な構図を示した。また、林淳氏の成果も認められる。[27]このうち、①土御門家の陰陽師編成が修験や神職に対して遅れること、②土御門家の陰陽師編成が兼職を容認していたことが明らかとなっている。この二点は、先に井上氏が指摘したように在地社会へ「本所の複線化」をもたらした。土御門家は百姓層へ職札を発給するなど、神職・修験編成との差異が判明している。また、林淳氏が取り上げた武州多摩郡中藤村は、同村真福寺（真言宗）が陰陽師指田家を「編成」する状況が明らかとなっている。この他、陰陽道の展開は、特に十八世紀後半以降の在地社会における文化事情を捉える上での重要な視角となろう。[28]すなわち当該期の在地レベルにおける陰陽師の分析は、日本近世史研究において、一定の位置を確保してきたと言えよう。

これらの本所論を中核とした研究史は、多くの民間宗教者のあり方を具体的に示した。端的に言えば、近世社会における宗教者のあり方を前代とは違った形で捉えることを可能にしたと言えるだろう。ただし、次に述べるように仏教史の成果にも視野を配る必要もある。

(3)近世仏教史研究の進展

近世仏教史を主要テーマとした研究動向に言及する。この点に関しては、まず朴澤直秀氏の見解を参照する。同氏は九〇年代以降の研究動向について、神職や陰陽師などの宗教者の研究が進展したが、僧侶（仏教側）の研究がとどまった主旨を述べている[29]。同氏は、このように研究動向を整理し、改めて近世在地寺院を対象とした研究を試みている。その中でも、同氏は「葬祭から祈禱へ」の相対化や祈禱寺檀関係のあり方を取り上げるなど、新たな視角で近世仏教のあり方へ迫った。また澤博勝氏は、宗教者の組織編成の状況を積極的に組み込みつつ、近世仏教史の展開を意識した地域社会の状況を描くことに成功している[30]。両氏の研究は、日本近世における宗教社会史研究の方向性を示したと考える。

これらの成果と共に、それ以前の近世仏教史の成果にも視野を配ってみたい。高埜利彦氏は、寺檀関係の問題を取り上げ、その中で在地寺院が寺請証文を作成することや在地寺院の葬儀権の問題を追究している[31]。注目すべきは、当該期における葬儀権の位置づけである。この葬儀権をめぐって、高埜氏は二氏（小沢正弘氏・廣瀬良弘氏）の成果（祭道公事論）に依拠する[32]。二氏は、主に関東、特には武州を対象として、十六世紀後半から十七世紀初頭において禅僧らが修験の葬儀執行権を奪取したことを明らかにした。ここに禅僧らが在地社会へ浸透していくことが明示された。この見解は、管見の限り、近年の研究状況において積極的に取り上げられていない。しかし、この問題の重要性については、改めて朴澤氏も示唆されており検討すべき課題と考える[33]。

なお、当該期の葬儀執行については、畿内の三昧聖を取り上げた研究蓄積がある。たとえば高田陽介氏は、三昧聖が葬儀執行へ関与することを明らかにした[34]。この他にも、三昧聖の研究蓄積は豊富にあるが、民間宗教者が葬儀執行へ関与する状況は、先の武州の例を敷衍して考えると注目される。さらに、近年では江戸における「葬」に伴う問題へも関心が及んでいる。西木浩一氏は、近世都市江戸における裏店・日用層の「投込」という埋葬方法に注目した。すなわち、江戸では永続的供養を前提としない「投込」＝葬法がみられたことを明らかにしている[35]。

さらに在地寺院の性格づけを試みる上では、佐藤孝之氏の成果も捨象できない[36]。同氏は、寺社アジール（駆け込み慣行など）の豊富な事例収集を行い、その上で類型化を試みている。特に全国的なアジールの存在は、これを前代からの残滓的な性格と位置づけることより、時代状況に照応した積極的な意義を見出すことを可能にしたとみられる[37]。いずれにしても、同氏の成果は在地寺院等がアジール性を内包しながら各地へ展開したことを示した。本書では、直接的にアジールの問題には言及しないが、佐藤氏の成果を、在地寺院を位置づける上で念頭におきたい。

以上、澤氏・朴澤氏らの宗教社会史研究の蓄積も認められるが、在地寺院が各地へ、いかなる論理（葬儀などを中心）で浸透・存立したかという研究も蓄積されている。

三　関東論と宗教をめぐる研究

次に、関東論と宗教という視角で研究史をふりかえってみたい。まず、本書において重要視するのが輪王寺宮の存在である。

杣田善雄氏は、天台門跡と政治権力とのあり方を検討した。そして、輪王寺宮が元禄期以前に天台宗門の宗学統制権・山門住持任命権・山門大会執行権等を掌握したことを明らかにした[38]。これが上方門跡を圧倒する存在になったと位置づける。また東照大権現号の創出をめぐり、幕藩制国家が宗教的中枢の二極構造を統合しきれないことを、東照大権現に内在された矛盾とされた。さらに、曽根原理氏は『東照社縁起』の分析から、家康神格化・輪王寺宮創設が上方からの独立を期するものと理解を示している[39]。そして東照大権現と山王権現が同体であり、将軍権威が天皇権威へ優越する思想を認めている。また輪王寺宮の権威性が門跡の中でも抜群であったことも明らかにしている[40]。これは当該期における日光東照宮の位置づけにも関係しよう。近世国家における宗教編成を総体として把握するにあたっては、輪王寺宮の問題は捨象できまい。なお、これまで日光東照宮は家康神格化に伴う研究史が大きな位置を占めてきた[41]。家康神格化の問題も含めて、日光山内や寛永寺のあり方が、どのように当該期の社会状況とコミットしていたのか。近年の研究は、このような問題意識をもつことを可能にしてきたとみられる[42]。

しかし、輪王寺宮と在地寺社が、どのような関係を築いたかという視角での本格的な研究は、管見の限りみられない。ただし、ここでは二例を確認する。一例は、井上智勝氏が吉見幸和の吉田家批判の分析で取り上げたものである[43]。享保十七年（一七三二）、公家伏原氏は播州祇園宮社家が鞆浦の福山藩の役人へ輪王寺宮から執奏を受けたことを告げる例を掲げている。ここから輪王寺宮と執奏の問題が想起される。二例目は、高埜利彦氏が香椎宮支配編成のあり方に吉田家及び輪王寺宮の関与を示したものである[44]。

先に述べたが、これまで神職研究は本所吉田家・白川家の動向が注目されてきた。しかし輪王寺宮が在地社会の宗教者等へ何らかの影響力を持ち得ていたことは確かと言えよう。したがって、輪王寺宮を軸に各地の在地社会を分析する視角も必要となる。また、輪王寺宮の居した寛永寺や日光を想定すれば、自ずと関東論との関係も浮上するのではないか[45]。

一方、本書の目的と関連する研究史が、有元正雄氏の見解である(46)。同氏は、宗教社会史を標榜し、①修験地帯、②真宗地帯、③畿内地帯、以上の三区分法を提示した。当見解は、いわば列島レベルでの指針となっている。この中で②③については、澤氏を始め、近年では引野亨輔氏など、多くの成果が認められている(47)。特に「真宗特殊」地帯の相対化が試みられている。したがって、関東を修験地帯とする評価へも、何らかのアプローチが必要になろう。この他、関東論と宗教を考えるにあたっては、先に述べた江戸城年頭御礼や朱印状交付の問題も掲げられる。将軍在所の江戸が、宗教や儀礼との間で、いかに機能したかを追及すべき段階に入っていると考える(48)。

四　民衆宗教と本所研究

また、十八世紀以降、民衆宗教の展開が顕在化する。したがって、これらの展開が多くの人々の行動様式や思想等に様々な影響をもった(49)。たとえば富士山御師の檀那廻りが、各地の人々へ様々な影響を及ぼした(50)。また、富士山参詣は信仰登山集落のあり方へ影響を及ぼしたことも明らかになった(51)。当該期の社会状況の説明には、富士信仰等の展開を積極的に組み込む必要性が提示されたと言えよう。

これらと関連して、富士講・木曾御嶽講を牽引した御師や講元らが、どのように存立したかについても、何らかの位置づけが必要となろう。そこで、これらを深化させる視角として、当面は本所の動向を軸にすえた分析が有効であろう(52)。つまり、本所と御師らの関係性を念頭におき、その上で富士信仰のもつ社会的影響力等を示す立場である。特に御師や講元への注目は、在地社会での諸宗教者との「共存と競合」のあり方を分析する恰好の素材ともなりえる。ここに、民衆宗教の展開を現状の研究史に位置づけることが可能となろう。

さらに近年では、富士信仰の研究を通じて、民衆宗教の概念の問い直しも試みられている(53)。一般に、十八世紀後半以降に民衆宗教の形成を想定するが、それ以前においても「角行系宗教」等と創唱性が認められるという。

つまり民衆宗教の概念設定には、一定の相対化が図られている。また、木曾御嶽信仰でも中世後期の状況を復元しようとする試みもみられる[54]。したがって十八世紀以前の事情を念頭においた民衆宗教の位置づけが必要となろう。ただ民衆宗教の概念そのものを問うことも重要だが、本書では民衆宗教と社会情勢のあり方に比重をおきたい。たとえば民衆宗教の研究は、当該期の人々の宗教意識を捉える上でも注目されてきた（後述）。したがって本書では混乱を避けるため、便宜的に富士・御嶽信仰を括る用語として使用する。

五　宗教意識をあつかった研究動向

(1)近世社会における宗教と心意統治

次に、本所研究とは一線を画するが、以下、大きく二点の研究史を参照し、本書の位置を確認する。初めに、その研究テーマを掲げると、①心意統治と呪術性の関連性を示す研究、②民衆の非合理的世界観と統治のあり方に迫った研究、以上である。

①は、落合延孝氏・高野信治氏の成果が該当する[55]。両氏は領主権力の勧農と呪術性の関係性を明らかにした。ここに宗教や呪術といった観念の問題が、領主制の問題と結びつけられた。当研究は当該期における領主制の理解を深化させたとみられる。②は、鯨井千佐登氏のフォークロア分析、非合理的世界と統治の関係性を追及した成果が該当する[56]。安丸良夫氏の民衆思想史に対する提起としての性格をもつが、①と共に宗教性を帯びた「民俗」が、支配被支配のあり方に不可分に展開していることを明らかにした。

以上の研究成果は、少なくとも領主の心意統治へ宗教的事象が深く関連することを示した。また当研究は、在地社会における宗教的事象を取り上げることで、様々な研究へコミットさせる可能性を示したと言えよう。本書では、このような心意統治が、いかなる形で在地社会において醸成されていたかを念頭におきたい。

なお、落合氏・鯨井氏の取り上げた対象地域は、先に述べた有元正雄氏が修験地帯と評価した地域に重なる。一般に呪術性を内包するとされてきた修験のあり方は、これらの研究との接点を見出すことが可能になろう。さらに、先に述べた民衆宗教の展開のあり方を、どのように捉えるかも大きな課題として浮上しよう。

(2)民衆宗教をめぐる諸問題――在地寺院の位置づけを中心に――

また宗教意識の問題は、これまでも様々な見地から分析が試みられており、安易な整理は困難である。しかし現状でも、次の岩田浩太郎氏の整理が参照されよう。(57) ここでは岩田氏の整理を要約し論点を抽出する。要は、民衆宗教(創唱宗教)の展開を在地寺院の位置づけとの関連で述べていることにある。すなわち在地寺院が人々の意識から相対化され、十九世紀以降、民衆宗教が進展するという構図での理解が研究史上において示された。

これに関連して、岩田氏は二人(小沢浩・高埜利彦)の代表的論者を取り上げる。両者の相違点は、幕末期に登場する創唱宗教の捉え方が大きく異なるというものである。以下、両者の見解を岩田氏の整理にそって述べる。小沢氏の見解は、寺檀制度は民衆の宗教選択の自由を奪い、檀那寺の機能を「家」の死者の年忌法事の枠に限定した。そのため民衆は現世利益の願いを寺請制度によってはじきだされた職業的宗教人・御師・山伏の媒介する様々な宗教者に求めるようになったとする。その結果、習合的多神観と呪術的観念が民衆の宗教意識を支配し、民衆の合理的な思考の妨げになったと位置づけた。つまり寺檀制度の成立を否定的にとる立場である。一方で高埜氏は、寺檀制度の民衆的な基盤を評価する立場をとる(後述)。

そして両者の共通見解は、近世後期における民衆の信仰の場が檀那寺を通じた仏教ではなく、寺檀制度以外の宗教的な場が民衆の宗教的要求・期待に応えようとしたとするものである。しかし、それがそもそも幕藩制的な宗教体制であるとする小沢氏と、近世の宗教体制が「改編・解体」していった結果であるとする高埜氏とでは、当該期の宗教意識のあり方を捉える上で大きな違いがあることを述べる。岩田氏の整理は、一九九六年段階での論点整理であり、その後小沢見解は朴澤直秀氏が克服している[58]。

その上で、以下の点の検証が残されているのはなかろうか。端的に述べれば、近世後期、民衆の信仰の「場」＝寺院（仏教）が寺檀制度外の勢力によって相対化されたとする見解の再検証である。この見解は、便宜的に在地寺院とその他の勢力を分類し、その上で示された見解と言える。しかし寺檀制度成立期から十八世紀以降、実際の在地社会において、どの程度、在地寺院をその他の宗教勢力と分化させて理解することが可能なのか。むしろ、各地の在地寺院は、様々な諸宗教との「共存と競合」を秩序化させてきたのではないか。したがって現状では、これらの諸状況を念頭におき、在地寺院の存立状況の分析及び十八世紀以降のあり方を追及することが求められよう。また、このような課題をもつことで、「近世仏教」の意味にも迫れるのではなかろうか。

六　本書の分析視角

以上の研究成果をふまえ、次に本書の分析視角を、以下三点に示す。

①当該期の宗教施設及び宗教者を、国家権力と在地社会を紐帯する「場」として想定する。十八世紀以降を対象とする場合に「本所の複線化」に注目する。また宗教施設（寺院や神社など）や霊地を、「信仰の場」としてのみ設定するのではなく、当該期の政治や社会情勢、さらには社会潮流との関係を積極的に組み込んで理解を示す。

②修験の動向を方法として設定する。特に在地寺院との「共存と競合」のあり方を修験の動向から迫る。この視角は在地寺院を、どのような「場」として設定するかという課題に関連する。

③②と関連して、民衆宗教を諸宗教の「共存と競合」の素材として注目する。また本所研究の浸透に注目しつつ、

当該記期の社会情勢との関係を追及する。

これらは相互に規定しあうが、ここでは若干の補足をする。①は井上氏の指摘にもある「本所の複線化」を意識した視角である。この前提には、各本所を中心とした宗教者の組織化（集団化）のあり方を明らかにすることが求められる。また、井上氏が吉見幸和の「吉田家」批判等、当該期の考証学の進展を明らかにした[59]。このような文化事情の進展は、当該期を捉える一つの視角となろう。本書でも、このような視角を重視する。この他、羽賀祥二氏[60]・高木博志氏[61]の一連の成果、「伝統論」も意識しつつ、一九世紀以降の在地神社を捉えるための分析視角に組み込みたい。

②は、在地寺院の位置づけを念頭においた視角である。（主に本書第二編であつかう）。近世在地寺院の「場」としてのあり方を位置づけるにあたって、修験らとの社会関係に注目し、「近世仏教」の性格づけを見通したい。このような視角にたって、関東＝修験地帯とする評価へも再検証を試みる。特に先述の有元氏は修験地帯＝呪術的世界とすべき認識を示したが、禅宗や真言宗などの動向と関連させた理解が求められよう[62]。

③では、吉田家や土御門家等、各本所の動向を積極的に取り上げる。また寛永寺側の動向にも注目する。①でも寛永寺直末寺院へ注目することを述べるが、輪王寺宮を頂点とした宗教権威と民衆宗教展開のあり方にも留意する。輪王寺宮に注目することで、当該期の関東における宗教事情の位置づけに迫る。

七　本書の構成

【第一編　南奥州における宗教と在地社会】

本編は、南奥州の信夫郡と伊達郡を研究対象に、本所吉田家の神職編成・聖護院の修験編成のあり方を検討し、在地社会と宗教の問題に迫った。また、寛永寺直末寺院（霊山寺）を取りまく在地社会の諸状況を取り上げた。

第一章「奥州信達地域における惣社制の形成——地方神職の動向を中心に——」では、伊達郡における惣社制の整備過程に注目し、神職のあり方を述べた。惣社制は、梁川八幡神社神主を中心に郡単位で形成された神職組織とされてきた。ここでは寛文期以降の惣社神主の配下神職への対応を検討した。十七世紀末から十八世紀初頭にかけて、惣社神主は配下神職とその帰属のあり方をめぐって様々な争論を展開させている。ここでは争論における惣社神主の論理に注目して、惣社制形成の画期を示した。

第二章「近世中後期における惣社制を支えた人々——伊達郡小手地域の修験を中心に——」では、小手《おで》地域の惣社（春日神社）を取り上げ、惣社制形成の特質を示した。小手地域では梁川八幡神社とは違い、六供《ろっく》と呼ばれる人々が惣社制に関係した。なお信夫郡御山村（信夫山）の六供にも注目した。このような状況を念頭におきつつ、小手地域の修験編成の特質に迫った。

第三章「地方神職・修験の活動と在地社会——奥州伊達郡を中心に——」では、奥州伊達郡における本山派修験の動向と神職などとの社会関係に注目した。まずは本山派修験年行事大善院を中心とした修験の集団化について確認した。さらに修験とも神職とも帰属の明確でない羽山信仰の主導者＝「先達」のあり方に注目した。南奥州では羽山信仰が広範囲に展開した。ここでは先達（神職）が羽山信仰へ関与していく状況を示した。

第四章「惣社制と地方神職の動向」では、伊達郡の惣社神主の交代をめぐる問題から、十八世紀後半以降の神職のあり方を取り上げた。まずは惣社神主の交代（菅野家から関根家）がどのような神職の意向から生じたのかを追究した。さらに文化期、惣社神主と石母田村国見大明神の間で生じた「社号一件」を取り上げた。惣社神主との間で、「惣」文言の可否をめぐる紛争がみられた。惣社神主の権威が配下神職から相対化される状況を述べた。

第五章「霊山寺の復興と秩序形成——別格官幣社創出の諸前提——」では、これまで注目してきた神職や修験のあり方をふまえ、天台宗寺院霊山寺の動向に着目した。霊山寺は寛永寺直末という寺格を有した。この寺格を有したことの意義を、ここでは惣社制のあり方と関連させて理解を示した。まずは霊山寺の位置する大石村と周辺の村々について述べ、その上で霊山地域がいかに地域として認識されていたかを問い直した。さらに霊山寺による山王権現の権威づけにも注目した。最後に補章として「近世後期における南朝の顕彰と在地社会――奥州伊達郡を事例に――」をもうけた。ここでは、本編の成果をふまえつつ百姓層の南朝＝霊山を顕彰する動向を示し、十九世紀の在地社会のあり方を展望した。

【第二編　関東における修験と在地社会】

本編は関東（武蔵・相模・下野）を研究対象として、修験及び在地寺院の分析を試みた。特に、関東における修験の立場に注目した。

第一章「本山派修験の活動と真言・禅宗寺院」では、十七世紀における武蔵・相模の本山派修験と真言宗や禅宗との社会関係に注目し、在地の状況について検討した。まずは真言宗から修験への注連祓い役銭の徴収問題を取り上げた。また元禄期には役行者の千年忌を契機として武蔵の修験が編成機構を定めることを述べた。相模では、当該期に一国規模での修験と真言宗などとの間で注連祓いをめぐって訴訟が展開された。ここでは修験のあり方が、真言宗や禅宗寺院との社会関係に規定されていくことに注目した。

第二章「関東における本山派修験の在立事情――祭道公事論の再検討を通じて――」では、修験の位置づけに在地寺院との関係から迫った。まず武蔵を中心に研究が蓄積された祭道公事論の再検討を行った。これまで多くの論者に注目されてきた比企郡鎌形村の例を再検討した。さらに秩父郡の百姓山伏や村役人を勤める修験など、その多様な有り様を示した。

第三章「幕末期における修験の動向と在地社会——武州入間郡を中心として——」では、入間郡大徳院を例として、禅宗寺院や神社の間を「交差」しながら活動を展開する修験のあり方に迫った。また、ここでは十九世紀以降の修験（大徳院）の文化活動を取り上げた。本章では地帯区分論で提示されている修験像の相対化を試みた。

第四章「近世における禅宗寺院の機能と在地社会——下野国足利郡山川村長林寺を例に——」では、下野足利の禅宗寺院を事例として、主に禅僧の位置づけを行った。また、当該期の禅宗寺院が在地社会において、どのような「場」として機能したかを追及した。なお、僧侶を輩出する衆寮のあり方にも言及した。

【第三編　民衆宗教の展開と近世国家】

本編では、民衆宗教と本所の動向を取り上げ、十八世紀後半以降の社会状況に民衆宗教の展開を位置づける試みをした。

第一章「関東における富士信仰の展開と幕府権威——天台勢力のあり方を中心に——」では、富士信仰の展開を本所・寛永寺といった宗教権威とのあり方から分析を試みた。特に寛永寺の動向と富士信仰の関係に迫った。このうち、富士山御師と「木食行」の関連、「病気治し」を担った先達層のあり方に迫った。また、羽黒修験と先達らの競合関係も示した。以上を通じて、江戸周辺で富士講が進展した背景に言及した。

第二章「民衆宗教と本所権威——富士・木曾御嶽信仰をめぐって——」では、富士講・御嶽講を牽引した御師・先達や講元のあり方を追及した。この中で、陰陽道の在地社会への浸透、寛永寺側の御嶽講との関連について述べた。さらに、寛永寺側の動向に競合の姿勢を示した本山派修験の状況を取り上げた。この修験の例は、前編三章において禅宗寺院と社会関係をもっていた例でもある。したがって、在地の修験が御嶽講結成に関与しつつ、禅宗寺院とも社会関係を遮断せずに存立していたことを意味している。このように民衆宗教の展開を、「〜

信仰」という形で抽出せずに、仏教寺院等との「共存と競合」のあり方に迫る必要性を示した。なお、本所権威と民衆宗教の展開という視角を重視し、近世国家と民衆宗教のあり方を展望した。

（1）高埜利彦『近世日本の国家権力と宗教』（東京大学出版会、一九八九年）参照。特に同書所収の「江戸幕府と宗教統制」の内容をふまえる。同氏の研究は、当該期の国家体制の中に幕府のみでなく、朝廷の動向を位置づけた成果である。この中で宗教が重要なキーワードであった。本書では同氏の朝幕関係の見解を積極的にふまえ、当該期の在地社会の宗教的・呪術的な側面を担った人々に焦点をあてる。また同論文中では、中近世以降期の仏教の展開についての研究史を引用される。たとえば廣瀬良弘「中世後期における禅僧・禅寺と地域社会」（『歴史学研究』別冊、一九八一年）がある。本書でもこのような仏教寺院の展開についても念頭におき「近世仏教」のあり方にも迫っていく。また同『禅宗地方展開史の研究』（吉川弘文館、一九八八年）参照。他に、当該期における寺院存立の意義を捉える上では、谷本晃久「幕末期蝦夷地の寺院建立と開拓政策」（『中近世の宗教と国家』、岩田書院、一九九八年）参照。なお、本書全般と関わる研究史として、高埜編「民間に生きる宗教者」（『民間に生きる宗教者』、吉川弘文館、二〇〇〇年）、同「元禄の社会と文化」（『日本の時代史一五　元禄の社会と文化』、吉川弘文館、二〇〇三年）参照。

（2）井上智勝『近世の神社と朝廷権威』（吉川弘文館、二〇〇七年）において同氏は、「方法としての神社」を提示された。本書でも傾倒する方法論であるが、同様に在地寺院も対象にすえたい。また、井上智勝・高埜利彦編『近世の宗教と社会二　国家権力と宗教』（吉川弘文館、二〇〇八年）の各論者の成果も参照。

（3）澤博勝「日本における宗教的対立と共存」（『歴史学研究』八〇八、二〇〇五年）参照。

（4）註（1）高埜書『近世日本の国家権力と宗教』一一一頁。次のコメントを念頭におく。宗教者の組織化について「全国組織に組み込まれ、編入された場合でも、旧来の組織構造や慣行、あるいは宗教儀礼を残していることが少なくなく、いわば『近世の中の中世』とでも呼べる特質に注目しておく必要があり、その特質の解明は今後の課題の一つとなろう」。また本書では、在地寺院の「場」としてのあり方、特に修験との社会関係にも注目する。つまり、国家側からの編成を受容しつつも、在地社会で形成される具体的な宗教施設の存立状況に迫る。

（5） 註（1）高埜書『近世日本の国家権力と宗教』。他に、宮地正人『天皇制の政治史的研究』（校倉出版、一九八一年）、深谷克己『近世の国家・社会と天皇』（校倉出版、一九九一年）参照。

（6・7） このような理解は、当該期の通史的叙述にも反映される。荒野泰典『日本の時代史一四 江戸幕府と東アジア』（吉川弘文館、二〇〇三年）、なお日光東照宮等の問題は後述する。他に、高埜利彦「江戸時代の神社制度」（『日本の時代史一五 元禄の社会と文化』、吉川弘文館、二〇〇三年）参照。

（8） 藤田覚『近世の政治史と天皇』（吉川弘文館、一九九九年）参照。

（9） 註（1）高埜書『近世日本の国家権力と宗教』。

（10） 西村慎太郎「近世堂上公家と地下官人の家礼関係」（『日本歴史』六六一、二〇〇三年）など参照。

（11） 主に註（5）の三者（高埜・宮地・深谷）の成果が代表的であろう。

（12） 原淳一郎『近世寺社参詣の研究』（思文閣出版、二〇〇七年）。他に註（1）井上書、澤博勝『近世宗教社会論』（吉川弘文館、二〇〇八年）参照。原氏の整理を参照すれば、本書の性格は「宗教統制・組織編成論」となるが、仏教史や神道史といった部門史の一定度の相対化を試みる。このような方向性は、註（1）高埜書や註（3）澤氏の成果にも認められるが、依然として宮田登『日本人と宗教』（岩波書店、一九九九年）等が、一般な当該期の人々と宗教を説明するにあたっての標準的な研究書とする見解もあろう。本書では、このような成果を意識しつつも、文献史学という立場から分析を試みる。そのため、本書では日本近世史研究において文献史料を駆使し、宗教を積極的な分析に取り上げた高埜利彦氏の成果に画期性をおく。また、日本近世史研究において、宗教や文化を実証研究の俎上にあげる上でも、高埜氏の成果をふまえる必要があると考える。

（13） 註（1）高埜書『近世日本の国家権力と宗教』参照。近年、多くの本所研究が進展した中で、修験の成果はあまりみられない。本書で注目する宗教者となる。

（14） 註（1）高埜書『民間に生きる宗教者』参照。本書で直接的に言及できないが、同書には、井上智勝「神道者」、幡鎌一弘「祭礼奉公人」、澤博勝「道場主」がある。同書の成果は、民間宗教者に視点を定め、身分論に限らず、当該期の社会状況の理解に新たな見通しを示したと考える。このうち、幡鎌氏は、「担い手の専業化」を指標として、宗教史が新たな段階に入ったとする。近世国家における宗教の配置を示唆した点は、本書でも念頭におく。

(15) 井上智勝「近世本所の成立と展開――神祇管領長上吉田家を中心に――」(『日本史研究』四八七、二〇〇三年)。

(16) 西田かほる「近世的神社支配体制と社家の確立について」(『地方史研究』二五一、一九九四年)、同「勤番体制と社家集団――近世前半期における甲州国中地域の社家組織――」(『学習院大学史料館紀要』八、一九九五年)、他に『山梨県史　通史編4　近世2』(山梨県、二〇〇七年)参照。

(17) 田中秀和『幕末維新期における宗教と地域社会』(清文堂、一九九七年)参照。

(18) 土岐昌訓『近世神社史の研究』(おうふう、一九九一年)。なお研究手法に違いはあるが、榎本直樹『正一位稲荷大明神』(岩田書院、一九九七年)参照。

(19) 靭矢嘉史「近世神主と幕府権威」(『歴史学研究』七、二〇〇五年)。この他に、同「近世の有力神主と吉田家――武蔵一宮氷川神社神主を事例に――」(『早実研究紀要』三六、二〇〇二年)、同「幕末維新期における神主の支配認識――寺社奉行直支配意識に着目して――」(『早稲田大学大学院文学研究科紀要』四九―四、二〇〇二年)。

(20) 宮家準『山伏――その行動と組織――』(評論社、一九七三年)、同『修験道――山伏の歴史と思想』(教育社、一九七九年)、同『役行者と修験道の歴史』(吉川弘文館、二〇〇〇年)、同編『修験道辞典』(東京堂出版、一九八六年)など参照。この他、雑誌『山岳修験』掲載の修験道研究がある。

(21) 註(1)高埜書『近世日本の国家権力と宗教』参照。

(22) これまでは国家側の勧進権掌握が注目されてきたが、この問題と共に修験のあり方から社会状況を示すことも必要ではなかろうか。再度、「流動から定着へ」という見解へ考察を試みる。この点は本書第二編で取り上げる。

(23) 宮本袈裟雄『里修験の研究』(吉川弘文館、一九八六年)。また江戸の修験研究として、吉田正高氏の成果も知られる。同「江戸・東京における町内鎮守管理者としての修験――就任・相続・退身の実態を中心に――」(『関東近世史研究』五四、二〇〇三年)。他に、山本義孝「陰陽師と山伏」(『陰陽道の講義』、嵯峨野書院、二〇〇二年)参照。

(24) 藤田定興『近世修験道の地域的展開』(岩田書院、一九九六年)。なお同氏の研究については、再度本書第一編で取り上げるので参照されたい。

(25) 黒田俊雄『日本中世の宗教と国家』(岩波書店、一九七五年)、この他、平雅行「神仏と中世文化」(『日本史講座四中世社会の構造』、東京大学出版会、二〇〇四年)。この顕密主義の問題については、澤博勝氏も取り上げている。同氏

『近世の宗教組織と地域社会』（吉川弘文館、一九九九年）三・四頁参照。
（26）この他、以下の成果を参照した。若尾政希『「太平記読み」の時代』（平凡社、一九九九年）。若尾氏提示の「太平記読み」と顕密主義のあり方は、政治思想史を捉える上でも捨象できない問題であろう。
（27）林淳『近世陰陽道の研究』（吉川弘文館、二〇〇五年）、同「陰陽師の活動」（『陰陽道の講義』、嵯峨野書院、二〇〇二年）など参照。また、同氏の各宗教者間の争論分析も参照した。
（28）梅田千尋「陰陽師」（『民間に生きる宗教者』、吉川弘文館、二〇〇〇年）参照。なお同『近世陰陽道組織の研究』（吉川弘文館、二〇〇九年）には、陰陽道に関する重要な研究も示されているが、本書では前論文を主に参照した。
（29）鋭意な指摘と言えよう。朴澤直秀『幕藩権力と寺檀制度』（吉川弘文館、二〇〇四年）一〇頁参照。他に同「在地社会の僧侶集団」（『身分的周縁と近世社会六　寺社をささえる人びと』、吉川弘文館、二〇〇七年）参照。同氏は「近世仏教」を、寺檀関係論の視角から追求した。
（30）澤博勝『近世の宗教組織と地域社会――教団信仰と民間信仰――』（吉川弘文館、一九九九年）一七頁参照。分析視角としての「宗教的社会関係」を明示したことの意義は注目できる。この他、同氏『近世宗教社会論』（吉川弘文館、二〇〇八年）参照。
（31）註（1）高埜書『近世日本の国家権力と宗教』八五頁参照。
（32）註（1）廣瀬論文、小沢正弘「江戸初期関東における祭道公事」（『埼玉県史研究』九、一九八二年）。この他、廣瀬良弘「中・近世における曹洞禅僧の活動と葬祭について」（『宗教研究』二一七、一九八四年）参照。
（33）註（29）朴澤書、三四四頁参照。
（34）高田陽介「三昧聖――畿内惣墓地帯の集団――」（『シリーズ近世の身分的周縁一　民間に生きる宗教者』、吉川弘文館、二〇〇〇年）、この他に、木下光生「近世大阪における墓所聖と葬送・諸死体処理」（『日本史研究』四三五、一九九八年）、同「葬送文化と家――畿内近国民衆を事例に――」（『近世地域史フォーラム二　地域史の視点』（吉川弘文館、二〇〇六年）参照。
（35）西木浩一「江戸の社会と『葬』をめぐる認識――墓制・盆儀礼・『おんぼう』――」（『関東近世史研究』六〇、二〇〇六年）参照。この研究は、都市を捨象した「日本人の墓制」・「日本人の死生観」のあり方へ問題を提起する。註（34）

木下論文も参照。

(36) 佐藤孝之『駆込寺と村社会』(吉川弘文館、二〇〇六年)、この他、廣瀬良弘「戦国期の禅宗寺院と地域権力――住持の『出寺』の問題を中心に――」(『戦国大名から将軍権力へ――転換期を歩く――』、吉川弘文館、二〇〇〇年)。

(37) 拙稿「(書評)駆込寺と村社会」(『関東近世史研究』六三、二〇〇七年)、また神田千里氏は、佐藤氏の成果をふまえ、「近世のアジールの健在ぶりは、戦国時代の寺院・僧侶と民衆との関係が原型となって、近世のそれが形成されたことを物語るものではないか」とされる。神田千里『日本の中世一一　戦国乱世を生きる力』(中央公論新社、二〇〇二年)一二八頁参照。

(38) 杣田善雄『幕藩権力と寺院・門跡』(思文閣出版、二〇〇三年)。輪王寺門跡の創設といった問題は象徴的な国家動向としても理解されよう。この他、宇高良哲「関東天台の本末制度――特に天海の東叡山直末制度を中心に――」(『仏教史学研究』三〇巻一号、一九八七年)参照。

(39) 曽根原理『徳川家康神格化への道』(吉川弘文館、一九九六年)、野村玄「徳川家光の国家構想と日光東照宮」(『日本史研究』五一〇、二〇〇五年)参照。

(40) 註(1)高埜書『近世日本の国家権力と宗教』、註(38)杣田書参照。

(41) 中野光浩「諸大名による東照宮勧請の歴史的考察」(『歴史学研究』七六〇、二〇〇二年)参照。

(42) 近年の日光東照宮の研究には、山澤学氏の重厚な成果がある。同『日光東照宮の成立――近世日光山の「荘厳」と祭祀・組織――』(思文閣出版、二〇〇九年)参照。

(43) 註(2)井上書『近世の神社と朝廷権威』参照。

(44) 註(1)高埜書『近世日本の国家権力と宗教』参照。

(45) 拙稿「輪王寺宮の動向と在地寺社」(『近世の宗教と社会二　国家権力と宗教』(吉川弘文館、二〇〇八年)。この他、近年では藤田和敏「近世天台宗における宗教的権力秩序の諸段階――郷鎮守・神宮寺の運営構造と本末関係――」(『日本史研究』五五五、二〇〇九年)参照。

(46) 有元正雄『近世日本の宗教社会史』(吉川弘文館、二〇〇二年)。本書では註(45)拙稿で注目の輪王寺宮の動向をふまえる。この視角は、有元氏にはみられない。なお関東でも下総・上総・安房において日蓮宗の展開が明らかである。この点は留保せざるをえないが、湯浅治久『中世東国の地域社会史』（岩田書院、二〇〇五年）参照。

(47) 註(30)澤書及び引野亨輔『近世宗教世界における普遍と特殊』（法藏館、二〇〇七年）参照。なお真宗については、奈倉哲三『真宗信仰の思想史的研究』（校倉書房、一九九〇年）参照。

(48) 註(19)靭矢書参照。他に、竹ノ内雅人「神社と神職集団――江戸における神職の諸相――」（『身分的周縁と近世社会六　寺社をささえる人々』（吉川弘文館、二〇〇七年）。また牧知宏「近世京都における都市秩序の変容――徳川将軍に対する年頭御礼参加者選定にみる――」（『日本史研究』五五四、二〇〇八年）参照。この他、分析スタンスの違いはあるが、重要研究史として、大友一雄『日本近世国家の権威と儀礼』（吉川弘文館、一九九九年）参照。

(49) 註(12)原書『近世寺社参詣の研究』参照。

(50) 澤登寛聡「富士信仰儀礼と江戸幕府の富士講取締令」（『法政大学文学部紀要』四七、二〇〇二年）参照。また、この研究は当該期の宗教と医療のあり方を視野にいれた成果と言える。当該期の医療事情については、「生命維持と『知』――医療文化をめぐって――（企画シンポジウム）」（『関東近世史研究』六二、二〇〇七年）、同紙掲載の中山学・細野健太郎・長田直子の成果も参照。

(51) 青柳周一『富嶽旅百景』（角川書店、二〇〇二年）。この他、註(12)原書参照。

(52) 『富士御師のいた集落』（甲州史料調査会、一九九八年）参照。

(53) 大谷正幸「富士信仰から角行系宗教へ――彼らは「新宗教」か否か――」（『宗教研究』三四〇、二〇〇四年）参照。

(54) 史料的制約が大きいが、ここでは宮家準「中世後期の木曾御嶽信仰」（『山岳修験』四二、二〇〇八年）参照。

(55) 落合延孝『猫絵の殿様』（吉川弘文館、一九九六年）、高野信治『近世大名家臣団と領主制』（吉川弘文館、一九九七年）。この他、藤木久志「在地領主の勧農と民俗」（『戦国の作法』、平凡社、一九八九年）など参照。

(56) 鯨井千佐登『境界紀行――近世日本の生活文化と権力――』（辺境社、二〇〇〇年）、同「百姓一揆と民俗」（岩田浩太郎編『社会意識と世界像』、青木書店、一九九九年）参照。

(57) 岩田浩太郎「正統性と世界像」（『新しい近世史五　民衆世界と正統』、新人物往来社、一九九六年）、『生神の思想史』（岩波書店、一九九八年）、本書に小沢氏の一連の成果がまとめられている。近年では、同氏『民衆宗教と国家神道』（山川出版社、二〇〇四年）、なお民衆宗教（新宗教）をめぐる研究史については、島薗進「民衆宗教か新宗教か――二つの立場の統合に向けて――」（『江戸の思想一　救済と信仰』、ぺりかん社、一九九五年）、神田秀雄「近世後期における宗教意識の変容と統合――創唱宗教の成立と先行する宗教事象との関係をめぐって――」（『日本史研究』三六八、一九九四年）。

(58)　註(29)朴澤書『幕藩権力と寺檀制度』参照。この他、澤博勝氏の研究成果もあり、十八世紀後半以降、単線的に仏教が相対化されていくという見解も戒める段階と言えよう。註(30)澤書参照。

(59)　註(2)井上書『近世の神社と朝廷権威』参照。

(60)　羽賀祥二『史蹟論――十九世紀日本の地域社会と歴史意識――』（名古屋大学出版会、一九九八年）。

(61)　高木博志『近代天皇制の文化史的研究』（校倉出版、一九九七年）。他に『国文学　解釈と鑑賞八九三　創られる伝統歴史意識と説話』（至文堂、二〇〇五年）、平川新『伝説のなかの神』（吉川弘文館、一九九三年）参照。

(62)　註(46)有元書『近世日本の宗教社会史』参照。

第一編

南奥州における宗教と在地社会

第一章　奥州信達地域における惣社制の形成——地方神職の動向を中心に——

はじめに

本章は、奥州信達地域における惣社制形成のあり方を検討するものである[1]。ここでは当地の惣社神主を中心として、いかに神職が編成（組織化）されたかを明らかにしたい。すなわち戦国期以降の惣社および惣社神主のあり方を在地社会へ位置づける試みである。

このような問題を取り上げるにあたり、いくつかの研究史を参照する。高埜利彦氏は、当該期の神職及び宗教者のあり方について、概して国家側（本所吉田家など）の諸動向を積極的にふまえ、その特質を明らかにしている。特に宗教者に限らず、当該期の寺社は、国家側のあり方と不可分なつながりをもつと理解でき、国家論を想定する上でも重要である[2]。さらに西田かほる氏は、高埜氏の研究を積極的に受けながら、在地神職の状況をより具体的に追及している[3]。同氏は、甲州国中地域を対象として、戦国期から幕末期までの神職組織の形成・展開・形骸化までを明らかにした。その中でも、戦国期に当地で設定された勤番制度の実態をふまえ、吉田家—触頭—触下の神職編成について明らかにした。また本章との関連で述べれば、領主柳沢氏の政策が神職の組織化の画期と評価された点が注目される。この点は、非領国地域から領国地域への移行をふまえた指摘である。なお領主側の政策を積極的にふまえた研究として、北奥州の田中秀和氏の成果がある[4]。

この他にも、近年では神職の動向と地域社会のあり方を追及した成果がある[5]。井上智勝氏は十八世紀後半以降の吉田家の相対化をめぐる問題[6]、さらに小野将氏は本所論に言説編成を組み込んだ成果をうんでいる[7]。これらの諸研究は、神職らの集団化をふまえ、その上で新たな研究視角を提示した。また靭矢嘉史氏は、武州大宮氷川神社を事例に、それまでの神職の集団化のあり方とは違った側面を指摘している[8]。

以上の成果から、領主レベル、地域レベル（江戸周辺地域）、中世以来の事情（勤番制度）に起因した形で、様々な集団化のあり方が考えられる。これらの研究動向をふまえ、本章では伊達郡における物社神主を中心とした神職編成の整備過程へ注目する。具体的には、①梁川八幡神社（惣社）の祭礼と郡域の神職のあり方を取り上げると共に、②吉田家—梁川八幡神社神主—配下神職のあり方を中心に考察する。特に戦国期（十六世紀末）の事情に留意しながら、神職のあり方及び在地社会の動向について考えていく。

一　奥州信達地域の地域概念——伊達六拾六郷をめぐって——

本節では、本章及び本編全般に関連する信達地域の概要を述べる。領主変遷、村々の特質（経済状況や流通事情）、それを念頭においた上での、「伊達六拾六郷」という地域概念のあり方について示す。主な地理状況を三二頁の図1に示した。

まず領主変遷について述べる。戦国期の当該地域は伊達氏の拠点で、開幕から寛文期まで米沢上杉藩領となる。十七世紀半ばまで、信達地域は米沢藩上杉氏の諸政策を受け入れた[9]。これ以降の信達地域は、非領国地帯として把握される[10]。このような信達地域の状況について、長谷部弘氏は、信達地域を石高調整地帯＝「帳尻あわせの信達地域」と表現し[11]、当地が仙台や米沢、会津・相馬・二本松のいわゆる藩領の間に囲まれていた点を特徴として掲げている。

また十八世紀後半以降の信達地域において捨象できない問題が養蚕業の展開である。この点は、長谷部氏の分析もあるが、近年の杉仁氏[12]や田島昇氏[13]の研究もみられる。杉氏は、養蚕を軸に形成された経済的ネットワークと俳諧などの文化的ネットワークとの「重なり」を明らかにした。信達地域に限らず、上州などとの社会関係の存在は、今後も様々なレベルで継承される貴重な成果である。[14]田島氏は、養蚕を介した武州御嶽山や信州などとの広範囲な結びつきを確認し、その上で百姓らの献策の問題も追及した。

そして本章では藤田定興氏の成果に注目する。[15]藤田氏は、南奥州における寺院・神社、それぞれの史料を広範囲に収集・分析した。同氏の成果は全国的な宗教史研究にも敷衍できる重要研究史と言える。特に比較的中小規模の神社史料への着目は、早い段階からの成果である。ここでは本章と深く関連する藤田氏の提起された論点について整理する。

①梁川八幡神社（惣社神主菅野家、以下八幡神社）が、戦国期以来（弘治四年以降）、郡域において、他の「神職」らの間で主導的な位置にあり、それを基礎にして、近世以降の神職間の組織的枠組みが形成された。[16]

②本所吉田家の元和期における南奥州の下向に伴う問題。吉田家は、それまで地域で優位な位置にあった八幡神社を取り込み、その編成を浸透させていった。

以下、それぞれ補足する。①は「梁川八幡宮祭礼規式」（弘治期作成とされる）から、十七世紀以降の八幡神社神主を中心とした神職編成の萌芽を評価した見解である。この史料は全体で七十七人の人々が八幡神社の祭礼に参加し、何らかの役を果たした者の書き上げとみられる。その内訳は神主が一人、禰宜が六十九人、守子が七人となっている。その内、姓をもつのが菅野左京大夫であるが、この者には禰宜の肩書きがふされる。しかし姓のない因幡守が神主の肩書きをもっている。この点に同史料への若干の疑問も残すが、重要な点は七十七人もの人々が八幡神社の祭礼に参加していたことになる。また、この七十七人の参加者は東根郷・西根郷にのみ該当する。

図１　信達地域の概況

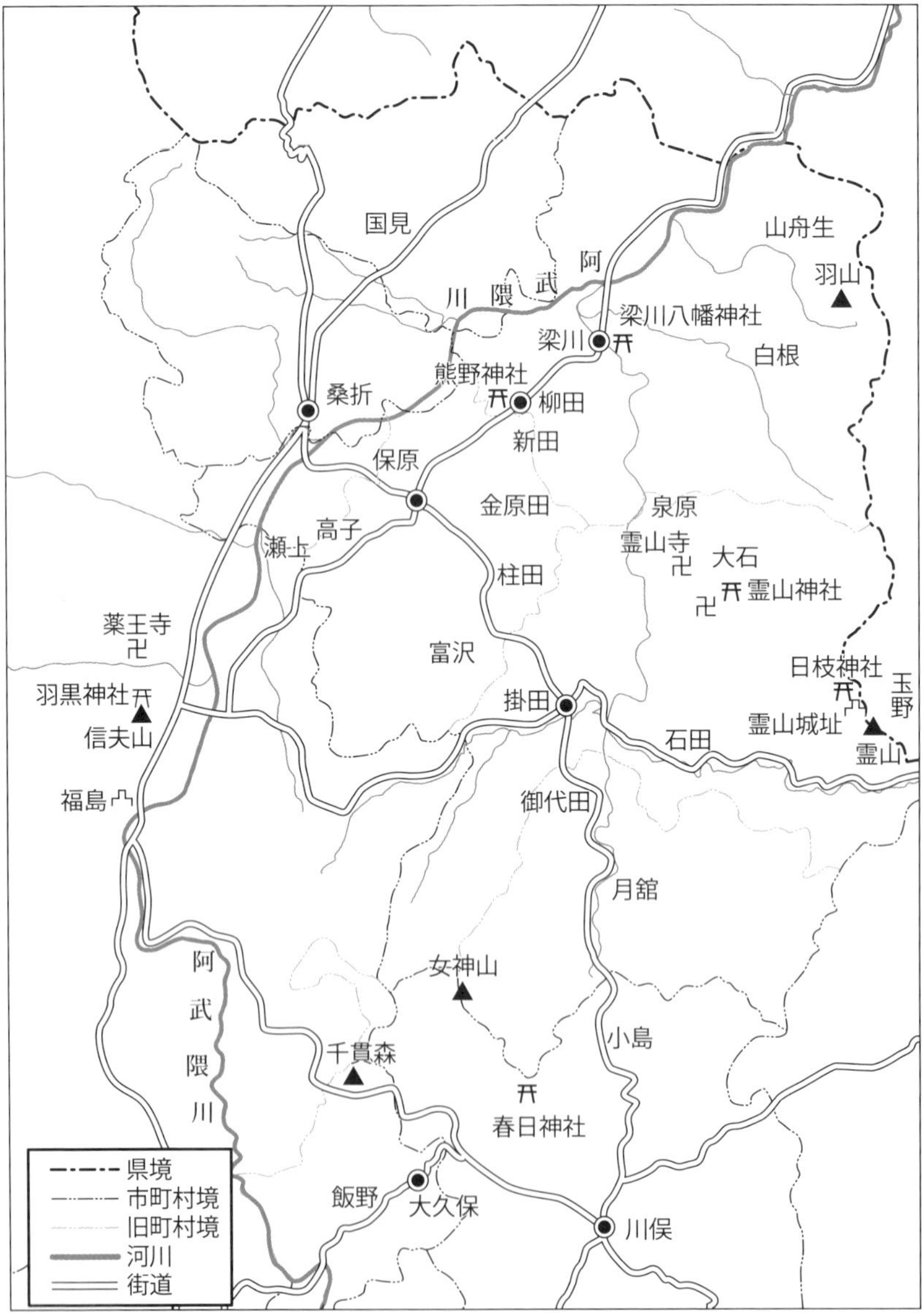

国見
山舟生
羽山
阿
武
隈
川
梁川八幡神社
梁川
白根
熊野神社
桑折
柳田
新田
保原
金原田
泉原
高子
瀬上
霊山寺
大石
柱田
霊山神社
薬王寺
富沢
日枝神社
玉野
羽黒神社
掛田
信夫山
霊山城址
石田
霊山
福島
御代田
月舘
阿
武
隈
川
女神山
小島
千貫森
春日神社
飯野
大久保
川俣
県境
市町村境
旧町村境
河川
街道

つまり伊達郡内の小手郷や信夫郡の人名はみられない。以上の点から、藤田氏は近世以降の伊達郡内部での神職編成の萌芽を示す。②は当該期（戦国期から元和期）の八幡神社（在地側）及び本所吉田家の動向をふまえた見解である。①にみる梁川八幡神社の位置を吉田家が積極的に捉え、編成の中心軸にすえたことを意味する。このように藤田氏により十六世紀後半から十七世紀初頭に、後の神職編成の基礎が構築されたとする見解が示された。次に八幡神社と別当寺亀岡寺の関係について述べる。

二　梁川八幡神社と亀岡寺

亀岡寺は、真言宗寺院で小池坊末の寺格をもち、信達地域において真言宗寺院の中心的位置を占める保原村長谷寺と一線を画する(17)。ここでは亀岡寺が梁川八幡神社の運営へ、いかに関与したかを述べたい。

元文元年、八幡神社の本社建立に伴って、別当亀岡寺と八幡神社神職の間で争論が生じる。ここでは内済された主な三点を確認する(18)。

①八幡神社への供物などは、「別当方ニ而可捧之、往古より十石余之祭免、別当方ニ而領地故扱順之」とあり、別当に取り分がある。

②「本社幷拝殿賽銭柩之鑰者別当方ニ而可所持之」とあり、八幡神社の本殿・拝殿に関する賽銭は別当の取り分であった。さらに「亀岡寺無住之節者、八幡村役人可預置之」とあり、別当が無住のさいには村役人が管理にあたった。ただし「賽銭柩之封印神主可致之事」とあり、神主側への一定の妥協的取り決めもある。

③この他、観音堂や弁天社地については、亀岡寺の支配が確認される。なお観音堂は、信達三十三札所の一つに該当する。

このように八幡神社の管理については、賽銭の徴収などをめぐって、別当寺支配が浸透していたことが判明する。この点をふまえ、元文四年には、八幡神社祭礼について惣社神主菅野家と伊達郡内の神職が取り決めを結んでいる。

【史料1】(19)

覚

惣社八幡宮四月朔日・二日、八月十五日・十六日壱年ニ両度之御祭礼之節、私共従古来罷出神役相勤候刻、賄之儀先前者私共扶持米木銭面々ニ持参仕、伊勢守宅ニ而支度仕、神役相整来候処、元文弐年辰九月別当亀岡寺方ニ而私共賄請候儀定、御引合被成候ニ付、元文三年巳ノ四月御祭礼神役之節より私共扶持米木銭持参不仕、三月晦日之夕賄より四月三日賄朝賄迄一日ニ三度宛之賄、別当と御頭出入ニ付、御頭之御物入ニ而御賄被下候、尤同年八月御祭礼之砌者、八月十四日夕より同十七日朝賄迄、一日三度宛之御賄御頭御物入ニ而午ノ年四月・八月未年四月・八月御祭礼迄六度之神役下人召連罷出相勤、御賄御頭御物入ニ而被下候儀相違無御座候、仍而連判如此御座候、以上

元文四未年八月

斎藤　筑前守
同　伊　織
土田　左太夫
佐々木勘太夫
幕田　源太夫
(二十九人後略)

菅野神尾太夫殿
同　左京太夫殿

史料の要点は、八幡神社祭礼における神職らの「賄」のあり方である。いくつか箇条書きにして整理する。なお史料の差出人は、伊達郡内の神職である。つまり惣社祭礼への参勤を実施していた者となる。以下、三点を確

認する。

①惣社八幡神社の祭礼は年に二度実施され、それまで神職らは、神役を勤めてきたが、「賄」は神職自らが扶持米を持参してきた。

②元文二年には、神職らが亀岡寺から「賄」を請けたため、翌年から扶持米などを持参しなかった。

③三月晦日から四月一日には、別当と御頭（惣社神主）が出入りのため、御頭が賄った。さらに、その年の八月も御頭が賄った。

ここから次のことが確認されよう。①では元文期以前において、伊達郡内の「神職」とみられる人々が、惣社八幡神社の祭礼へ参勤していた。②では「出入り」により、祭礼の「賄」のあり方に変容がみられたことを示す。ここでの「出入り」は、先述した八幡神社再建についての問題と考えられる。このように元文期における「賄」は、別当から御頭へ移行したと理解される。

しかし享和元年には、次の記事（指出申一札之事）がみられる。「惣社八幡宮祭礼年々両度宛ニ御座候処、祭礼中社家方賄之義者、先年より亀岡寺ニ而致来候事ハ、定例ニ御座候」とあり、「賄」は亀岡寺が実施していたことがうかがえる。ここから考えると、八幡神社祭礼の神職への「賄」は、別当寺亀岡寺が実施していたと言える。元文期は八幡神社の造営により、神主と別当で争論が生じたが、その「賄」のあり方は一時的に神主側に移行したと推察される。

これ以上の詳細な点は不明であるが、別当亀岡寺は八幡神社に附属する権益を握りつつ、その神社運営に関与していた。一方で、元文期には既に多くの神職が、惣社八幡神社の祭礼へ参勤していたことも判明する。換言すれば、惣社の祭礼は、別当寺―惣社神主の関係を軸に機能し、その上で伊達郡内の神職が参勤していた状況がわかる。伊達郡内部の神職は、惣社祭礼を軸として、一つの社会集団を形成していた[20]。しかし、弘治期にみられた七十七人の人数は確認されず、少なくとも八幡神社の位置が十六世紀段階とは明らかに違いがあったとみておきたい。次節以降では、惣社神主と神職との関係に焦点をあてる。

三　伊達郡における地方神職の編成

本節では、八幡神社を中心とした郡域神職の組織化を取り上げる。①神道裁許状の文言、②組織化の動向に伴った郡域神職の動向、以上二点を検討する。

(1)神道裁許状をめぐって

次の史料2は、寛永十六年（一六三九）の惣社神主（菅野家）への神道裁許状の写しである。

【史料2】[21]

奥州伊達郡六十六郷之惣社八幡宮之神主左京大夫藤原之広、任先例下神人神楽神役等可申付也、次神事参勤之時、可着風折烏帽子狩衣者　　神道裁許之状如件

寛永十六巳卯年八月廿八日

神道管領長上卜部朝臣兼英　朱印書判

注目点は、「伊達六十六郷之惣社八幡宮」の文言である。惣社神主は、本所吉田家から「神主」として神道裁許状を受給した。また「伊達六十六郷」と表現されるように、伊達郡一円の惣社であることを表現している。この点は後述するが「惣社」の解釈をめぐり、伊達郡内部の神職間で争点となる。このように寛文期以前に吉田家は、在地の八幡神社と接触し、惣社を認可した。したがって先の藤田氏の見解が肯定される[22]。

次に寛文元年（一六六一）の神道裁許状を取り上げる。当裁許状では「奥州伊達郡西根三十三郷・東根三十三郷

合伊達六十六郷之惣社八幡宮之神主菅野神尾守藤原之広」とある。したがって、伊達六十六郷とは、西根三十三郷と東根三十三郷をあわせた文言であることが判明する。[23]菅野家は、吉田家から東根・西根両郷の惣社神主と認定された。また惣社神主は「菅野神尾」と認定され、姓が付与される。ここに惣社神主菅野家が確認される。続けて配下神職である桑折諏訪神社の神道裁許状（史料3）について述べる。

【史料3】[24]

奥州伊達郡桑折村諏訪大明神之祠官菅野摂津守藤原広忠、任先例神事参勤之時、可着風折烏帽子狩衣者

神道裁許之状如件

宝永五戊子年三月五日

神祇管領長上従二位侍従卜部朝臣朱印書判有

宝永五年（一七〇八）において、桑折村諏訪神社神職菅野摂津は、本所吉田家より神道裁許状を受給したが、注目点は当家が「祠官」号で免許を受けていることである。惣社神主が「神主」であることに対して、配下神職は「祠官」で受給し、身分上で明確な差異が認められる。しかし、このような身分上の差異は、いつの段階から形成されたのであろうか。じつは、寛文元年の桑折諏訪神社の神道裁許状には「奥州伊達郡西根之内、桑折諏訪大明神之神主菅野摂津守[25]」とあり、この段階の桑折諏訪神社神主は神主号で免許を受給したことがうかがえる。管見の限り、寛文期段階における伊達郡内部での八幡神社神主以外の「神主号」免許は、この史料のみである。そのため当史料は、惣社制の整備前段階として評価できる。寛文期段階では、八幡神社＝惣社及び一部神職が「神主号」認可を受けていたことを示す。

以上、寛文期段階（領主上杉氏段階）において惣社神主の優位性は確認できるものの、依然として神職間の関係性に曖昧さも残していた。これ以降、組織編成が整備されていく（後述）。

（2）梁川八幡神社と配下神職

次に、二例（岡村・長倉村、桑折村）の郡域神職と八幡神社の関係について述べる。ここでの目的は、八幡神社の神職編成の浸透過程を明らかにすることである。

まず岡村・長倉村の神職土田家を取り上げる。なお岡村・長倉村は、『邑鑑』[26]によると、村高はそれぞれ、七百四十五石余り・千三百六十一石余りと記されている。家数は、それぞれ十二・四十二とある。また山伏や脇役といった記載がみられるが、禰宜や社家の記載はみられない。しかし、延宝期になると、神職（土田家）の記載が確認される[27]。十七世紀後半となり、村内において土田家の神職としての位置が明確化する。

さらに土田家は、次の史料から岡村と長倉村の二村にまたがり、神事に関わっていたことがわかる。ここでは、土田家の神職としての明確化が、いかに惣社制の整備過程と関連するか。また伊達郡内部での領主変遷にも注意しながら検討を加える。

【史料4[28]】

伊達郡六拾六郷之惣社神主左京大夫幷ニ組下西根岡長倉村伯耆守出入ニ付、小手惣社神主遠藤左衛門大夫・同名信濃守、同郡組下下糠田村筑前守羽田村薩摩守、殊ニ西根・東根惣社社家寄合相済申添状之事

一熱田・牛頭・天王法龍権現之社家、去ル申年京都御本所様より三社之神主号御許状頂戴仕、罷下り候ニ付而、神主方より相改、京都御本所様迄御披露申上候得共、就夫於国法ニ相改、神主号（　）取揚候共、京都江其者ニ指為登申様ニと被仰遣候得共、指上不申候ニ付、神主方より御飛脚ヲ京都江申上候得者、岡村御代官岡嶋甚右衛門殿江御召之御状被遣候ニ付、右之社家仲間双方ヲ思召被寄、此度件ニ御取被成候

一三社之社家伯耆守壱代ハ神主号名乗可被申候、継目之代ニ至而ハ祠官之御許状可申請候、其節伯耆守継目ニ罷登申時分ハ、祖父主馬正来伯耆守神主号御許状弐通、右仲人之方へ相渡シ御添状可申請候官職相勤罷帰候

ハヽ、右弐通御許状御返シ可被下候、若又右弐通之神主号御許状火難盗難、又ハ紛失仕候抔と申候而、我儘仕候継目官位仕間敷候、其上神職御取上被成候共、御恨ミ申間敷候事

一導師名開き幷我等持来候三社宮造立仕、其上遷宮仕候奉幣祝詞修行、惣社神主ヲ以相勤可申候、神事祭礼神役等御座候時分ハ、御指図次第ニ罷出相勤可申候、殊ニ六拾六郷ノ社家並（ママ）神祇道御作法相背申間敷候、右之品々違背仕候ハヽ、小手・西根・東根社家寄合急度埒明可申候事

一六拾六郷組下ニて神主号願候共、御添状被下間敷候、其第一代切神主号願候共、自今以後御本所様より被仰出候共、西根・東根ニて頂戴仕間敷候事

一岡村社家土田主馬正・豊前亮・伯耆守三代証文御状共に、数多所持被成候得共、此度惣社家中、色々御取扱被申候ニ付、相済申候

右添状之儀、末世之事ニ御座候、京都御本所様江壱通指上申候、殊ニ小手神主方江壱通西根・東根社家方江壱通伯耆方江壱通神主左京太夫方へ壱通所持仕候間、双方子々孫々迄違乱申間敷候、為後日連判一札如件

宝永五年戊子二月六日　　八幡宮東根

梁川惣社神主　菅野左京太夫㊞

同断　同名宮内太夫㊞

梁川八幡宮末社岡長倉村神主　土田伯耆守㊞

同名豊前亮㊞

西根東根惣社家衆中

小手川俣神主
遠藤左京太夫㊞
同断
同名信　濃　守㊞
同下糠田村
伊藤筑　前　守㊞
同羽田村
吉田薩　摩　守㊞

追書、伯耆世倅継目之節、右之御許状上京仕候迄御請取置可申候、受取候刻、御取互ニ手形取引仕候付、請取可申罷帰候ハヽ、相返可申候、以上

史料4は、伊達郡内部の岡・長倉村の土田家と八幡神社神主菅野家の間で生じた争論の済口添状である。史料差出人には小手郷の遠藤家（他組織の神職）などが確認される。また史料冒頭に「伊達六拾六郷」の文言があるように、惣社神主の立場が示される。惣社神主は、伊達六十六郷の範囲を、自らが神事を主導するテリトリーとして誇示したとみられる。

争論の争点は、土田家の「神主号」認可の可否である。すなわち土田家は吉田家から、「神主号」を受けることを企図する。一方で、菅野家は先例との齟齬から、認可しない旨を示す。つまり伊達郡での「神主号」は、菅野家が吉田家から一元的に保証されることを主張した。以下、史料に即しながら、この一件の経過を整理する。

まず一件は、土田家が上京して吉田家より「神主号」を受けたことにより生じる。そして惣社神主（菅野家）の改めにさいして問題があり、一件に展開したという。以下、先の史料4の内容（神職間の取り決め）をまとめる。

①今回、土田伯耆が一代に限り、神主号を有し、次回の継目にさいしては「祠官号」を認可する。
②遷宮や導師・名開きといった神事は、惣社神主（菅野家）の指示を受ける。この点は小手・東根・西根の神職間で定まり、土田家が「神主号」を有していても、実態としては惣社神主の指示を受ける。
③今後、「伊達六拾六郷」において、「神主号」に関する添状を菅野家は発給しない。神職間で、今後は一代限りの「神主号」も認可しない。

以上により、伊達郡（西根・東根）の神職は、八幡神社の菅野家を除いて、本所吉田家から「祠官号」の免許を受けることが定められた。これは八幡神社（菅野家）が「神主号」を一元的に有することを意味し、それ以外の土田家などの神職は「祠官号」を有するという形で編成されていくことを意味した。これ以降、度々繰り返される菅野家と配下神職間との争論において、この土田家との取り決めが先例となっていく。宝永五年の神職間の裁定は、惣社制の基本的なあり方を示したものと言える。

(3)桑折村諏訪神社と梁川八幡神社

次に桑折村諏訪神社と八幡神社の間で生じた一件を取り上げる。当一件は、享保十六年（一七三一）に桑折村鎮守諏訪明神の神職（菅野摂津）の継目に際して、八幡神社側と訴訟になったものである。桑折村側の主張は、今度の神職継目にさいして、神主号を習得することにあった。一方で、八幡神社側は、先の岡・長倉村の一件と同様に、配下神職の神主号習得は認めない立場をとった。

この問題の背景には、郡域における領主配置のあり方を念頭におく必要がある。注目すべきは、元禄十三年（一七〇〇）の桑折藩成立である。[29]桑折藩は、白河藩主松平忠弘の養子、松平忠尚が二万石で封ぜられ、桑折村を含む西根郷一体の二十村の範囲からなる。なお、この当時（天和三年から享保十四年までにかけて）、梁川村及び周辺村は尾張藩支藩となっていた。概して、十七世紀末から十八世紀初頭にかけて、伊達郡は阿武隈川を境として、領主の差違が確認される。このような領主側の動向もふまえ、以下訴訟内容について整理する。

まず享保十六年の桑折村氏子惣代長右衛門の桑折代官に対する願書を取り上げる。当年、桑折村側は惣社神主から神道裁許状の習得に動く。しかし「惣代氏子三人被召連、伊予守去月廿四日同郡梁川村惣社司菅野神尾大夫殿江被願遣候へ共、神主号決而不被罷成、祠官之許状頂戴仕候様、御添簡可被成候ニ付」(30)とあり、氏子らは神主号の神道裁許状を受けるために八幡神社へ出向いたが、祠官号習得を促されたことが記される。さらに桑折側は「松平陸奥様江梁川桑折同格之守札、年々御献上」と主張し、松平陸奥(伊達政宗)の段階で八幡神社と桑折諏訪神社が同格であったことを進言する。最終的には、「一社神主之御添簡」の受給を願っている。さらに桑折村側は、八幡神社菅野家を「同苗本家たりとも」と記し、菅野家同士がいわゆる「一家」としての縁戚関係が存在することを主張した。さらに享保十六年に桑折側は「松平玄蕃頭領地ニ左京大夫支配下摂津守支配下五人宛御座候、前々より宗門御改吉田御本所様御書付を以神子・社家面々支配之通、同帳一判別帳ニ而両人より桑折役所江差上来」と主張する。(31)これは桑折藩成立以降の神職の人別管理についての主張である。すなわち左京大夫(惣社神主)と摂津守(諏訪神社)が、この当時、五名宛の人別管理を実施していたことをうかがわせる。(32)この状況は惣社神主側からみれば、配下神職の人別編成の未徹底と言え、領主をこえたレベルで神職編成の整備が必要になったことを意味する。

以上、桑折村側の動向を整理すると、桑折村側は元禄期の桑折藩の成立、それに伴った人別帳管理に代表される神職のあり方など、新たな地域事情を主張の論理として、「一社神主」の習得を企図したと整理できる。最終的には、先述した岡村・長倉村の先例が重視され、八幡神社側の勝訴になる。したがって、惣社制は領主制の論理をこえた形で組織化されたと評価できる。

この他、やや細かな事象となるが、改めて訴訟の経緯を追い、惣社制の特質を示す。享保十九年、惣社神主ら菅野頼母・幾代は吉田家宛ての窺書を作成している[33]。この中で、次の記載がみえる。「去丑之四月主水神主号御免許被下成候由ニ而、主水神主号名発之神事、諏訪明神之神位之遷宮、主水以壱身我儘執行仕、代々神主下知を以神事相勤来候所ニ古例相破、神主職方被奪、殊惣社八幡宮神事祭礼之節、支配之神人共召集神役申付神事相勤来候処ニ、右主水新規神主ニ罷越古例相破、神主下知を用不申候」とある。主水（諏訪神社神主）が、「神主号」習得に動いたこと、惣社神主の指示の元に行う名発神事・遷宮を執行したこと、惣社祭礼への参勤を勤めないこと、以上がみえる。ここでも主水が神主号を受けることは、惣社神主の位置を相対化することに繋がる状況が判明する。

さらに、惣社神主は次のように述べる。「梁川領方之義ハ、　松平主計頭様御領地、殊先年　主計頭様八幡宮被為遊御崇敬御真筆之御書き物御印判之御封印ニ而御奉納被為遊候由緒之神社之義、依之尾州迄、去暮中罷登、右之趣共願出候所」とある。梁川領は尾張藩支藩である旨を「由緒之神社」の論理とする[34]。この主張は、桑折村側が桑折藩成立に伴って、「神主号」習得を企図したことへの対応と言えよう。つまり、桑折側・梁川側、両者それぞれが領主配置のあり方を巧みに利用して訴訟を優位に運ぼうとしたと評価できる。

以上から、惣社制形成の要点を整理する。八幡神社菅野家は「一社神主」を排他的に獲得し、郡内部の神職を編成した。この点に八幡神社菅野家を中心とした神職編成の特質が存在した。特に伊達郡では、宝永期から享保期が神職組織（惣社制）の枠組みが形成されたと理解できる。その要点は、菅野家が本所吉田家―「神主号」（惣社神主）―「祠官号」（支配下神職）といった組織編成上の特質を強調することにあったと位置づけられる。

ところで、この一件には西根郷の神職の動向も見逃せないものがある。一件が解決した享保二十一年、西根郷の一部の神職（北半田村菅野出雲他三名）は、次の一札を惣社神主へ出している[35]。一札の内容は、この一件の背景とも関連する。たとえば「菅野主水家より宗門御請合印形請候ニ付」とあり、神職の人別帳管理を桑折諏訪神社菅野主水から受けていたことをうかがわせる。この点は、桑折側が主張した神職の人別帳を管理していたことを想起させる。一時的にせよ、桑折諏訪神社菅野主水は西根郷の神職の間では、主導的な立場にあったことが推定される。このような状況からも諏訪神社の神職が「祠官号」ではなく「一社神主」の習得を目論んだ背景が想定できる。

さらに、桑折諏訪神社菅野家の例は、先述の土田家の例との差違も明らかである。土田家の場合は「神主号」習得に論点が集中していたが、桑折菅野家は西根郷の神職「編成」のあり方とも関連していた。これ以降、八幡神社神主菅野家は、宝永期から享保期にかけて生じた、二つの先例を軸として、配下神職の編成にあたっていくことになる。次節では、より具体的に八幡神社の配下神社に対する主導性を示す。

四　惣社制の機能

ここでは惣社制の諸機能について整理する。行論上、初めに諸機能を提示する。①配下神職の継目、②配下神職の行う遷宮等の指示、③惣社神主による宗門帳管理、④郡内の配下神職屋敷と惣社神主の関係、以上を取り上げる。

まずは①の配下神職の継目のあり方を述べる。郡内の神職は、継目にあたり惣社神主から添状を受けることになる。宝永四年の細谷村三之正及び清重の例は、「今度継目官位岩崎清重上京仕、官位相勤申度奉願上候間、此儀ニ付御添状申請候」と惣社神主からの添状を請ける必要があった旨を記す。その代わりに、三之正らは神祇道を執行すること、神木を売らないことを確約する。そして「惣社より神事祭礼之節、御指図次第ニ何様成共罷出神役相勤」とあり、惣社神主からの神事祭礼に際しての指図に従うことも確約する。さらに「神職等ニ付、諸貢キ加金相勤」とあり、神職は組織へ新たに加わるため、貢金をつとめることになる。なお同年には、同様の請状が飯田村の勘太大と惣社神主との間で定められている。このように郡内の神職は継目にさいして、惣社神主の認可が不可欠なものとなった。

次に②の遷宮についてみていく。次の内容の一札が惣社神主と半田村菅野出雲の間でかわされている。元文五年「私奉仕之神事遷宮幷私父子名開き神事之儀、当春差上候証文ニ差図次第ニ可仕旨申上」とあり、半田村で実施される遷宮は、惣社神主の指図の下に遂行されることが確約された。惣社神主は、郡内の配下神職が実施する遷宮の指図を実施していたことを物語る。この点は、先述の岡村土田家と惣社神主との争論の過程で確認されている事項でもある。惣社神主は、配下神職の神事を主導する立場にあった。

次に③について述べる。寛保二年（一七四二）には、森山村の横山備前が「御頭（惣社神主）御下知違背仕、其上職分ニ不似義共仕」の理由から「御頭御宗門御除被下置（中略）一札願申請」として、宗門帳から人別を除くことの一札を作成している。人別帳管理は、先述したように享保段階にはみられ、それを自明として配下神職が寛保期には宗門帳からの除帳を申請している。さらに横山備前は、天明五年（一七八五）に「私女房神子職之御免許御願申上度（中略）御添簡被成下度奉願上」と惣社側へ願っており、神子の免許状習得にも惣社神主が関与していた状況が判明する。

最後に④の屋敷をめぐる問題について述べる。寛文五年（一六七〇）には、岡村の「天王明神社家主馬屋敷之儀、梁川神主へ無相談ニシテ、寺を相建」とあり、社家（神職）の屋敷に、梁川神主（惣社神主）へ無断で寺院を建てたことが問題であると記されている。さらに「社家屋敷之儀神主方へ急度相返し」とあり、社家屋敷が惣社神主へ返すべき旨が村側で認識されている。この屋敷をめぐる問題は後述するが、十七世紀半ばにあたって、惣社神主が配下神職の屋敷管理へも関与したことをうかがわせる。(36)

以上、主な惣社神主の機能について述べた。このような機能が十七世紀末から十八世紀初頭にかけ整備された。

五　信夫郡における神職の集団化——黒岩村丹治家をめぐって——

前節までをふまえ、ここでは信夫郡における丹治家（惣社神主）のあり方を概観する。信夫郡における惣社神主は黒岩村の丹治家らが担った。「奥州信夫郡社家神子連判証文」（享保四年二月）は、信夫郡における神職組織の取り決めである[37]。また同家が支配下神職・神子との間でかわしたものである。主な要点を十点に整理した（表1参照）。また表1では、主な内容と梁川八幡神社との比較を試みた。

主に①〜③は、概ね伊達郡と同様の状況が確認できる。つまり、信夫郡でも、丹治家を中心とした惣社制が整備されていた。

④は「社家・陰陽師不分明ニ付、其職分を相守神道無之他法受用」とみえ、陰陽道との職分が不分明であるが、他法を実施しない。⑤は「御公儀御法度之切支丹宗門累年御改之節、御支配下社家・神子・神人以下ニ至迄吉田門弟ニ無御座、葬祭等神祇等ニ而執行仕候旨御頭御請合を以宗門相改来候条、年々御頭より御改私共連判仕」とあり、宗門改めは御頭（丹治家）が実施し、葬祭等は丹治家が主導する。さらに「社家・神子・神人以下之者迄死去仕候節、葬祭之義古来より神祇道」ともあり、神葬祭の実施が掲げられる。伊達郡同様に惣社神主の主導性が認められる。

⑥は「私共跡敷相続之事嫡子御支配宗門帳ニ記上置」とみえ、嫡子は世襲にするが、他にも病身の場合などは丹治家に伺いをたてる。⑦は「私共継目御許状頂戴」とみえ、神道裁許状などを受けるさいには丹治家より添状を受ける。⑧は「弟子を取（中略）宗旨を致吟味、親元より証文を取、師弟之契物可仕候、（中略）御頭へ相達、拙者共証文指上御支配宗門帳江記上可申候」とあり、神職が弟子を取るさいには宗旨を糺し、親元から証文を取

表１　信夫郡惣社神主の主な機能

No.	主な内容	梁川八幡神社との比較
1	社家・神子等の支配	同様に存在
2	神職(社家)の装束規定	同様に存在
3	吉田家指示の神事作法の遵守	同様に存在
4	惣社制と陰陽師問題	陰陽師への対応はみられない
5	社家・神子等の人別問題など	同様に存在
6	嫡子の対応	嫡子への対応はみられない
7	配下神職(社家)の継目	同様に存在
8	弟子への対応	弟子への対応はみられない
9	神社の修復や神領への対応	同様に存在
10	正月八日の惣社祭礼の参勤	同様に存在

り師弟の契りを結ぶ。ただし、親のない者は確かな者から証文を取り、丹治家へ伺い、宗門帳に記載することが掲げられる。⑨では、神社の修復を怠らず、ほかに神領などを売買しない。さらに「御社修復造営有之時、遷宮之義往古より惣社之神主御支配とし、遷宮被成奉幣祝詞棟札等御納入神役社役ハ不及申御下知を以相勤」とあり、遷宮などは丹治家の指示に従う。⑩は「正月八日御頭江出勤之事」とあり、正月八日の惣社の祭礼に社家（神職）が出勤する。

以下、これらの諸要点の一部を分析する。概して、惣社神主（丹治家）は、配下神職の神事祭礼へ出向き、惣社祭礼のさいには配下神職が惣社へ参勤する旨が定められている。たとえば、⑤惣社神主の宗門帳管理、⑦配下神職が神道裁許状の受給にあたり、丹治家の関与が必要であること、また⑩は八幡神社の惣社制のあり方とも重なる。したがって、信夫郡でも伊達郡と近似した惣社制が形成されていた。しかし、若干の差違も認められる。①の丹治家が神子の編成に関与した点である。この点は、伊達郡でも散見されるが、信夫郡（丹治家）のほうがより明確化されている。

さらに④の人別管理の方法を補足する。[38]神職の人別管理については「寺払一札」を取り上げたい。当史料は明治期に「寺払一札」として綴られたものとみられる。寺院から惣社神主丹治家への人別移行を示す一札などが綴られている。ここでは主に丹治家宛の史料を取り上げる。

延享元年、米沢摂津から丹治家宛への一札がある。当一札は神職米沢摂津養子の織部親勝膳幷妻次男の宗門請合を願ったものである。この中で「併陰陽師ニ而御座候間、神役・社役・諸社家中御寄合等之節者相勤申間敷候、随分諸旦家御村方之衆中江大切ニ為仕可申候、仍而一札如件」とあり、陰陽師を「抱え」ることに関しても、丹治家に一札を提出している。先の表中④では、神職と陰陽師の職分が不分明とする記載がみられた。この一札から神職の「家」へ陰陽師が入ることも比較的スムーズに展開したことが想起される。この他、山口村安洞院（曹洞宗）から、丹治家宛の人別関係の一札（宗旨送一札之事）がある。(39)

【史料5】

一拙院配下仁井田村大応院弟寛隆儀、当寅四拾歳ニ相成候処、今般貴官注連下庄野村神主梅津石見正養父ニ差遣シ候条、右ニ付宗判送り候儀願出候、則安楽院宗帳相除差遣候間、以来貴官ニ而人別御奥印可被成候、為後《（ママ）》証宗印送一札如件

慶応二年　　　　　　　　　　　　　　　　　　信夫郡土舟村

寅三月　　　　　　　　　　　　　　　　　　年行司

　　　　　　　　　　　　　　　　　　　　　安楽院㊞

黒岩村

注連頭

大宮司

御知事

宗旨送り　　　　　　　　　　　　　土船村より

黒岩村行

史料5は本山派修験年行司安楽院から丹治家へ宛てたものである。安楽院の宗門帳から仁井田村大応院弟寛隆が除帳されている。慶応期ではあるが、このような形で神職と修験の人別移動が実施されていた。つまり、修験・神職の人別管理は惣社神主や年行事（本山派修験）が担った。

最後に、神子・守子の問題を補足する。神子について、元禄十六年二月九日、福島稲荷神社の左門は丹治家と一札をかわす。「今度私儀神子五人弟子ニ取申候、右之内山伏衆之女房も有之候処ニ、先様よりも何分かまひ無之候ニ付、拙者之神子仕候、右之者共ニ何方よりも何様之六ヶ敷義申来り候共、貴様御くろうニ掛不申」とあり、支配下神職が神子（一部は山伏の女房）を抱えるにさいしても、惣社神主の許可が必要となっている。[40] 信夫郡でも、山伏（修験）の女房と神職が縁威をもっていたことが確認される。

以上、人別問題を整理すると、惣社制下の神社では、惣社神主（丹治家）が神子（一部山伏の女房）や陰陽師といった諸宗教者のあり方にも関与していたことになる。そして、概ね信夫郡の惣社制は、伊達郡の八幡神社と近似したとみてよかろう。

むすびに

本章は、梁川八幡神社の例を中心として、惣社制の整備過程を中心に検討してきた。本章の要点を整理する。

これまで伊達郡における惣社制は、藤田定興氏の成果に集約されてきた。伊達郡の神職は、弘治四年（一五五八）の「祭礼規式」を萌芽としながら、その後編成が進展したというものである。本章はこの見解を受け、改めて惣社制のあり方を検討した。藤田氏の見解を再確認する部分も多いが、明らかになった点を付け加えたい。

①惣社制は、郡単位に惣社神主（神主号を認可された神主）をおき、その配下の神職が祠官号を有した制度であっ

た。これは領主変遷の違いも克服した制度であり、郡単位を軸として形成されていた。南奥州における本所吉田家の神職編成は、惣社神主が管理した。ただし、郡単位といっても、伊達郡には二つの惣社が並存する(41)。

②惣社の主導的位置を明確化させる契機として、八幡神社の祭礼が位置づけられる。八幡神社の祭礼は、別当寺との競合の上に形成されて、配下神職は「神役」として参勤することが義務づけられた。

③惣社制形成の背景を、惣社神主と配下神職の間で展開した争論から注目した。組織形成には漸次性が認められた。この漸次性には伊達郡の非領国地域という領主配置が関係した。元禄十三年、桑折藩成立は郡内の領主配置を大きく二分した。領主の二分は、阿武隈川を境界とした「東根」「西根」といった地理的把握とも重なりをもった。八幡神社を中心とした惣社制は、領主の差違をも克服することで形成されたと評価できる。そのため伊達郡における八幡神社神主を中心とした神職組織の形成は、十七世紀末から十八世紀初頭と理解される。

④桑折諏訪神社菅野家は、享保期の争論で八幡神社神主菅野家へ対して、「同苗本家たりとも」といった文言を記し、惣社制のベースに神職間の縁戚関係がうかがえた。

⑤惣社制は、配下神職の神事（遷宮など）の指示、人別管理などの社会的機能を有した。これは惣社神主が郡域の神職に対する主導的立場を示したものである。さらに、信夫郡でも人別管理を軸として、修験や陰陽師への対応にもあたった。

以上、概ね信夫・伊達郡の惣社制は、十七世紀末から十八世紀初頭にかけて形成されたことを示した。この前提条件には、慶長・元和期の在地神職と本所吉田家の関係が掲げられる(42)。このような段階からの規定を受け、十八世紀前半、少なくとも信達地域において惣社制が確立したとみるべきであろう。つまり当該期において本所吉田家―惣社神主（神主号をもつ）―郡内配下神職（祠官号をもつ）といった形のヒエラリッシュな編成機構が構築された。なお惣社神主菅野家は、この組織整備に伴い、「伊達六拾六郷」という地域認識を持ち出していた。また十六世紀半ばに確認された「梁川八幡宮祭礼規式」への評価も重要となろう。当史料は後の神職編成の基盤となり、郡域の人々が惣社祭礼参勤を行ったことを示す。十六世紀後半、郡域の人々は惣社祭礼へ結集することに何らかの意義を見出していたとみられる。(43)

(1) 一般的に惣社は一国内の神社祭神を一ヶ所に合祀した神社を指す。しかし当惣社制は、このような意味をもたない。本章では、伊達郡の例から南奥州に展開した惣社制の特質を明らかにしたい。当地の惣社制については、藤田定興『寺社組織の統制と展開』(名著出版会、一九九二年)がある。
(2) 高埜利彦『近世日本の国家権力と宗教』(東京大学出版会、一九八九年)、主に八九頁から一〇二頁参照。
(3) 西田かほる「近世的神社支配体制と社家の確立について」(『地方史研究』二五一、一九九四年)。
(4) 田中秀和『幕末維新期における宗教と地域社会』(弘文堂、一九九七年)。
(5) 澤博勝『近世の宗教組織と地域社会』(吉川弘文館、一九九九年)、ほかに、引野亨輔「近世中後期における地域神職編成――『真宗地帯』安芸を中心として」(『史学雑誌』一一一―一一、二〇〇二年)。
(6) 井上智勝「近世中期における吉田家批判の現実化」(高埜利彦編『中近世の宗教と国家』、岩田書院、一九九八年)、同「寛政期における氏神・流行神と朝廷権威」(『日本史研究』三六五、一九九三年)参照。
(7) 小野将「近世の『国学』的言説とイデオロギー状況」(『歴史学研究』七八一、二〇〇三年)、同「国学者」(『シリーズ近世の身分的周縁二　芸能・文化の世界』(吉川弘文館、二〇〇〇年)。本所論の成果をふまえつつ、当該期の文化事情に迫った重要な成果である。
(8) 靭矢嘉史「近世神主と幕府権威」(『歴史学研究』八〇三、二〇〇五年)。
(9) 米沢では成島八幡宮など戦国期以来の寺社を媒介とした諸政策が遂行されている。本編全体を通じて検討する梁川八幡神社は、伊達政宗が戦勝祈願を行った神社として知られる。
(10) 本章では領主の差異と神職組織の形成のあり方を念頭におく。

(11)長谷部弘『市場経済の形成と地域』(刀水書房、一九九四年)。
(12)杉仁『近世の地域と在村文化――技術と商品と風雅の交流――』(吉川弘文館、二〇〇一年)。
(13)田島昇「蚕種本場と蚕種議場」(『日本歴史』五五〇、一九九四年)。
(14)落合延孝『猫絵の殿様』(吉川弘文館、一九九六年)。新田岩松氏の猫絵を介した社会関係の中に、信達地域の百姓の名前が確認される。この他、『鹿沼市史叢書一〇 鹿沼の絵図・地図』(鹿沼市、二〇〇五年)一一六頁。当地には、正保期、伊達郡の人々が石裂大明神へ蚕種社建立をしたとの伝承がある。
(15)註(1)藤田書及び同『近世修験道の地域的展開』(岩田書院、一九九六年)、真野純子「諸山諸社参詣先達職をめぐる山伏と社家――吉田家の諸国社家支配下への序章」(『論集日本仏教史七 江戸時代』、雄山閣、一九八六年)。
(16)註(15)藤田書『近世修験の地域的展開』参照、弘治四年「梁川八幡宮祭礼規式」から導き出された見解である。この他、同社は社領をもち、米沢藩領段階における八幡神社の社会的影響の強さがわかる。
(17)本章は、八幡神社神主の史料である関根家文書を中心に検討する。同家は、後に梁川八幡神社神主に就任する。八幡神社神主は十六世紀から菅野家による管理が確認され、十八世紀後半に関根家へ移行する。史料群全体を見通せる目録等はないため、本編で使用する史料には史料名と年代をふす。市町村史等で活字化されているものについては、その旨を記す。なお現状では、亀岡寺の史料は確認していない。
(18・19)関根家文書。当社祭礼については次のような記事がある。享保十六年には、「八幡宮之御開帳御座候事享保十六年亥八月一日より十六日迄御開帳大キニにぎやか成儀ニ御座候、其節ハすまい弓、色々有」とある。大友家文書(『梁川町史資料集二四集』、梁川町、一九八八年)参照。
(20)後述するが、惣社祭礼への参勤は神職の「神役」として義務づけられている。
(21)伊達家文書(仙台市博物館で閲覧)。
(22)註(1)藤田書参照。
(23)関根家文書。伊達郡は阿武隈川を境として、東根郷・西根郷に分けることができる。これらの表記は神職や修験の家に残されてきた史料に確認される。史料文言では、「東根三十三郷」・「西根三十三郷」とある。また寛文十二年の神道裁許状では、「伊達六拾六郷之惣社八幡宮左京大夫」とみられ、「伊達六拾六郷」の文言も確認される。この点、本所吉田家が郡単位に「左京大夫」（菅野家）を軸として神職編成を試みていることと関連する。この後、惣社神主は八幡神社が「六拾六郷」の惣社であることを配下神職へ強調する。

(24・25)　関根家文書。
(26)　同史料は慶長期の作成とされている。「邑鑑　伊達三」（『福島市史資料叢書』一四、福島市、一九六四年）参照。
(27)　「伊達両郡寺社修験録　全」（『梁川町史資料集』二四、資料叢書(六)、一九九八年）参照。
(28)　関根家文書。
(29)　註(11)等参照。
(30〜33)　関根家文書。実際に諏訪神社神職が、いかに人別編成を実施していたかどうかの詳細は不明である。少なくとも、この段階で人別編成を実施していたという論理の浮上にも留意しておかねばなるまい。
(34)　梁川藩の政策は、曹洞宗寺院興国寺の僧録成立とも関連する。梁川藩内は米沢林泉寺の僧録支配を外れている。註(1)藤田書参照。
(35)　関根家文書。
(36)　本編第三章で神職の屋敷をめぐる問題を検討するが、惣社神主は配下神職の屋敷管理の権限をもったとみられる。
(37)　福島大学附属図書館所蔵史料。同図書館史料は、福島師範学校時代に収集された史料が移管されたものである。史料群については、現在の福島県に関する様々な史料が収集され、保管されている。
(38)　福島大学附属図書館所蔵史料。郷土史料目録三六一。
(39)　註(38)と同様。なお文久四年、丹治家は安洞院へ「神祇道送り一札之事」を出す。ここでは「拙官宗印相除」とある。
(40)　註(38)、郷土史料目録二三一近年の神子の研究及び成果については、西田かほる「神子」（高埜利彦編『シリーズ近世の身分的周縁一　民間に生きる宗教者』、吉川弘文館、二〇〇〇年）参照。また渡辺左京の例を取り上げた井上智勝氏の指摘も参照した（同「神道者」、同前書）。
(41)　もう一方の例（小手地域）については本編第二章で取り上げる。
(42)　註(1)藤田書参照。
(43)　この問題は、本編第二章で、再度取り上げる。

第二章　近世中後期における惣社制を支えた人々——伊達郡小手地域の修験を中心に——

はじめに

本章は、前章に続き、惣社に集団化した人々（神職・修験）のあり方を追求するものである。惣社制は、当地の神職編成を理解する上での重要なキーワードであるが、ここでは惣社制についての本質的理解を示したい。

これまで多くの修験・神職に関する研究は、それぞれに組織編成のあり方が取り上げられ、論じられる傾向が強かった(1)。端的に述べれば、神職は神職間、修験は修験間での組織編成という形で取り上げられてきた。また一般に、十七世紀末から十八世紀初頭に入ると多くの「宗教者」の組織編成が進展し、修験や神職がそれぞれの組織へ編入され、個々の立場が分化していくとみられてきた。このような理解を前提に信達地域を改めて見直すと、スムーズに理解できない状況が存在する。本章は、このような状況をいくつか取り上げながら、冒頭の課題に迫っていくが、次の二点を中心に考察を加える。

一点目は、信夫郡及び伊達郡の小手地域の惣社制と「六供《ろっく》」（以下「　」とる）と称される人々のあり方を取り上げる。信夫郡信夫山は、羽黒神社・黒沼神社・薬王寺が立地し、僧侶・神職らの他に六供が居住していた。御山村と関係の深い信夫山は、「修験道」との関係性の深さが指摘されて久しい(2)。一方、小手地域では、当地の惣社＝春日神社の祭礼へ関与した六供の存在が知られる(3)。後述するが、六供の中には本山派修験の一部も確認される。

信達地域における六供の身分上の問題も含めて、改めて惣社制のあり方を再考する。

二点目は、小手地域における本山派修験五大院の組織編成のあり方を取り上げる。小手地域では、十八世紀以降、五大院が大正院下に編入されるかをめぐり混乱が起きた（後述）。また当該例の修験については、藤田定興氏の成果がある。(4) 同氏の成果をふまえ、小手地域における修験の状況を復元する。

また、本章の全体を通じて、次のような問題意識も、あわせて示しておきたい。これは、当該期における「呪術的世界観」の性格を、どのように説明するのかというものである。つまり、「呪術的世界観」の形成には、多くの宗教者が関与することは自明と考えるが、この世界観は領主の勧農にも関係する。(5) さらに、「呪術的世界観」は、合理的とされる世界観とも不可分に関係していたとも評価される。(6) 一般に、これらの世界観が芸能や医療などの諸領域とも不可分であるとも言えよう。(7) したがって、当該期における人々の「呪術的世界観」が様々な領域で再生され続けると想定できる。特に本章では境内において実施される祭礼市のあり方に注視し、この問題を捉えていきたい。

一　信夫郡御山村における六供と黒沼神社

まず、当該期において六供と呼ばれる人々のあり方を信夫郡の事例から確認する。(8) 十七世紀段階の信夫山には、黒沼神社及び薬王寺などが立地し、主な祭祀の権限を有した。なお信夫山については、「青羽山」と史料文言が散見され、羽山信仰との関係が示唆される。先に信夫山には、神職や僧侶以外に六供が居住したことを述べた。まず、六供は、文字通り六つの「家」からなり、羽黒神社までの参道途中の小祠を管理することに特徴を有した。六供それぞれの「家」と小祠の関係を明治三年の「除地書上」から確認する。(9)

それによれば、天神宮が西坂隼人、八幡大神が渡辺蔵人、三宝荒神が加藤大学、山王大神が菅野主計、一之宮大明神が西坂内匠、天王大神が小野掃部となる。なお肩書きに「社主」と付されている。また明治元年十二月の燈明料受取書にも、同様に六つの「家」が確認できる。[10] ただし、寛政十一年（一七九九）の吉田家宛の願書には、「斎藤蔵人・加藤織江・小野掃部・西坂隼人・菅野主計・渡辺主水」とみえ、西坂内匠のかわりに斎藤蔵人がある。[11]

次に六供について、信夫山に立地した黒沼神社との関係から述べる。黒沼神社は、式内社としての由緒を有する。元文期には神職富田家が由緒書を作成し、神職としての立場を強めていく。[12] また由緒書には「京都吉田神祇官領烏帽子下」や「御山村一山別社神主」ともある。なお、信夫郡内では、黒岩村丹治家・入江野村斎藤家が惣社神主としての位置を有したが、特例として「別社」になったとみられる。その後、十八世紀後半にかけて拝殿等の整備を進める。寛政十一年には、富田家が吉田家より神道裁許状を「神主」号で受給する。この神道裁許状の受給に関連したとみられるが、六供の人々も吉田家との関係構築を志向した。たとえば「四組木綿手襷」獲得の願書が伝来する。

次の史料は、六供の人々が富田家の添書を通じて、吉田家からの「四組木綿手襷」許状を受給するにあたり作成した一札である。

【史料1】[13]

差出申一札之事

一此度私〆四組木綿手襷御許状頂戴仕度候付、御本所様江奉願ニ付、願書奥印幷御添書被成下難有存候、依之定式之御礼録進上仕候、右ニ付以来御支配御下知之儀者不申及、先年先祖より連印を以差上添候通り証文次第可違背仕間敷候、尤従公儀被仰出候御法度之趣、急度相守、天下泰平国家専定祈無怠懈祈禱可仕候、猶又遷宮名開等之義者、御定之通り相勤可申候、勿論添状之外一品ニ而も勝手之願等仕間敷候、為後証一札如件

享和三年亥三月廿四日

加藤大学㊞
渡辺内匠㊞
小野掃部㊞
菅野主計㊞
斎藤蔵人㊞

注連頭格社神主
富田淡路正様

寛政期から享和期にかけて、六供は吉田家との結びつきをもち、遷宮などにさいしては富田家の主導性を認めたことが判明する。このような富田家の主導性は、伊達郡の梁川八幡神社の例でもうかがえ(14)、富田家の六供に対する主導性は惣社制と近似した性格を有したと言えよう。十九世紀の六供は、黒沼神社富田家に属する形で、「神職」としての立場を明確化したことになる。以上、信夫郡における六供の存在を確認した。

二　小手地域における六供と川俣春日神社

(1)六供三常院と川俣春日神社

次に小手地域の惣社＝春日神社を取り巻く状況を、六供のあり方から述べる。小手地域は「小手廿一郷惣社神主遠藤家」が神職編成を担った(15)。先述のように、梁川八幡神社が「伊達六十六郷」として関根家が神職編成を担ったが、旧伊達郡は二つの神職編成が並存していたことになる。このような状況を念頭におき、次の史料を考察する。

【史料2(16)】

指出申一札之事

一此度京都伊予御坊様小先智見院様より拙僧方江御尋之儀有之候而、貴院方江被仰付候ニ付、御尋之次第委細物語仕申候、拙僧儀者代々伊予御坊様御直同行ニ紛無御座候、依之御公儀之宗門帳ニ茂、右之段数年書記シ指上置申儀ニ御座候、且又地方之儀者川俣春日山神宮寺六供ニ而御座候、右之通相違無御座候間、智見院様方江右之段御申上頼入申候、且又宮様御入寺御祝儀物之儀茂、当春迄ニ急度指上ヶ申筈ニ御座候得共、困窮之拙僧故来春中迄延引仕申事ニ御座候、是亦宜敷御申上頼入申候、為念如此ニ御座候、以上

宝暦四甲戌十月十日

東五十沢村

三常院 ㊞

飯野村

五大院御房

この史料は、東五十沢村三常院が五大院に対して、三常院の由緒などを記した一札である。主な内容は、①三常院が代々伊予坊の直末であること、②①の点は宗門帳にも記してあること、③「地方」は川俣神宮寺六供であること、④聖護院の祝儀物は来春まで延引したいこと、以上である。

このうち、①②の点は後に詳述するが、三常院及び五大院が本山派修験の院家の一つ、伊予坊直末に編入されていたことが確認される。④は本所への上納金に関する記事であり、修験編成が当地に進展していることを物語る。そして、ここでの注目点は③の内容である。つまり三常院が六供に該当する点である。しかも、この点は神宮寺下に編入される形で存立していることもうかがわせる。「地方」文言の詳細な意味は不明であるが、先の羽黒神社の例を参照すれば神宮寺下で何らかの「役」負担をおったことを意味しよう。なお、ここでの神宮寺のあり方については、少なくとも二つの点が自明となっている。一つは、川俣春日神社（惣社）の別当を主張する立場

であること（後述）。二つは、寛永寺直末寺院の寺格をもつことである。

以上を整理すると、三常院は本山派修験（伊予坊直末）に属しながら、神宮寺を介して川俣春日神社＝惣社との関係をも有した。

（2）春日神社祭礼をめぐる神宮寺と惣社神主

次に、これらの事情をふまえ神宮寺のあり方に注目する。享保二十一年（一七三六）四月には、神宮寺側が遠藤家（惣社神主）の問題点について十点から成る願書を作成する(17)。主な内容は、祭礼運営をめぐり、神宮寺と惣社神主が鋭く対立したことを示す。以下、関連記事をみていきたい。

【史料3】

乍恐以書付奉願上候事

（中略）

一五十沢村佐渡と申社家、往古より春日御宮之鍵持役人ニ御座候、然所ニ神主大炊祖父大膳親左衛門大夫諸事諍多キ者共御座候由ニ而、①右かぎを神主方江取上、御宮之内諸色自由ニ神主一人ニ而取計候、別当初社諸役人之証拠ニも相成るべく品々けづり自己之勝手宜様ニ計、数十年来相計候、神宮寺儀ハ代々東叡山より被　仰付多ハ、他国之僧移り諸事不案内ニ御座候、神主ハ数代之者ニ而色々之儀申掛候故、代々証拠ニも可相成義ハ、右申上候通取失、別当社僧ハ年々相衰、名而已相残、神主ハ日々ニ相募諸事私之働仕候間、右大炊被召出、且亦社役人曳地茂右衛門儀ハ古来之訳も存罷有候、五十沢村佐渡儀ハ前々かぎ役相勤候者ニ御座候へ者、右両人之者をも被召出、御吟味之上、往古より別当之訳を相立、神主我儘取計不申、万端和融之上ニ而諸役人等迄古来之通相立、向後異論無之不相替、天下御長久之御祈禱も相勤候様ニ被仰付被下置候ハヽ、難有奉存候、拙僧以私歎を御訴訟申上ニ而も毛頭無御座候、②既ニ六供之社僧之五十沢坊儀ハ山伏持ニ被成、泉蔵坊・等覚坊・橋本坊ハ当時妻子兼帯之俗ニ而農業を渡世ニ仕、御神役相勤申候、栄林坊儀無住ニ罷有申候、大円坊計往古之通清僧ニ而、漸寺相続仕罷有候、ヶ様ニ至極之衰微ニ罷成候上者、末々ニ至候ハヽ、別当者有ヶ無ヶ様ニ罷成、退転可仕と歎奉存候ニ付、不得止事御訴訟申上候、右之段被為聞召訳御吟味之上、何分宜御裁許被成下候様ニ奉願上候、委細之儀御尋之上可申上候、以上

享保二一年辰四月

春日別当

訴訟人

神宮寺

寺社御奉行所

越中

紀伊

河内

（裏書）

飯野町本山修験写之

史料冒頭には、五十沢村社家佐渡（同村熊野宮高橋佐渡カ）が春日神社の「鍵持役人」であったことが記されている。傍線部①にあるように、その「鍵持」の権限を神主（遠藤家）が掌握した状況がみられる。さらに史料では、社役人等が「古来」の通り、別当支配となる内容が主張される。

注目すべきは傍線②である。六供の社僧の内、それぞれ五十沢坊は修験、泉蔵坊らは俗人でありながら「神役」をつとめ、栄林坊は「無住」、大円坊のみが「清僧」の立場となっているというものである。先の史料2では五十沢村三常院（修験）が六供に属していたことをみた。史料3では「五十沢坊」とあることから、同坊跡の可能性も

考えられるが、春日神社周辺に居住した修験が惣社運営に関与したことが明らかである。[18] 史料の最終部分には、衰微する六供を神宮寺が代表する旨が取り上げられている。

なお、これ以外の神宮寺の主な主張も確認しておこう。まず神宮寺は、自らを「春日山神宮寺」と主張し、社僧の六供の支配を掲げる。年三度の春日大明神祭礼は、別当および六供の社僧・神主・社人が実施してきたとも言う。この他、祭礼運営の配役をめぐっての記事もある。たとえば正月五日の祭礼には「鐘押孫左衛門」が神宮寺へ訪れ、「春日山牛玉宝印」を受取り、村々役人へ「引申候」ことが記されている。さらに祭礼のさいには「鐘押孫左衛門」までが、神主支配のように対応することを問題視する。

そして社役人曳地茂右衛門の由緒をめぐって「出入」（神主との間）となったことが掲げられる。曳地の由緒には、「春日社役人曳地茂右衛門儀者、往昔明神之社地引立候由緒を以従　御公儀様為御供物米と往古より玄米三石宛被下置、祭礼規式諸事相計候旧例ニ而御座候」とあり、玄米を受けるなど、祭礼に関与していたことが判明する。神宮寺は、このような曳地の由緒があるにもかかわらず、惣社神主が「出入」をおこすことを問題視する。

そして、諸商人の見世店が毎年九月の祭礼に社地へ出ることについて、次のように記載される。「毎年九月八日・九日恒例之祭礼ニ而明神之社地諸商人見世店出し候而売買仕候、御手洗場所之上、鳥目六拾六文宛ニ借し来候、酒見世壱間ハ別当神主両方ニ而借し、見世賃両方ニ而取来候場所ニ御座候、尤六供之社僧并鐘押孫左衛門等迄銘々見世場所持来候、神宮寺事者、右之場所より外ニ無之様ニ只今ニ而ハ罷成候」とみえる。毎年九月八日・九日恒例の祭礼のさい、見世店の御手洗場所は鳥目六十六文で「借し来」った。酒見世壱間からの見世賃は、別当・神主双方が獲得したとも言う。[19] なお、ここでの「別当」文言は、神宮寺の主張を含んだものである。さらに六供及び鐘押孫左衛門も見世場所を所有していたという。六供が、何らかの経済的取り分を有したことを物語る。そして神宮寺は、これらの「取り分」を神主側が強め、一元的な把握を問題視する旨の記事が続く。この他、神宮寺は当寺院無住のさいには、神主が賽銭などを一元的に得ることや、四年以前に住職となったにも関わらず、去る寅年の神社建て替えにあたっては相談がない点などを問題視する。

この訴訟の顚末は不明だが、元文二年（一七三七）三月には、神宮寺から寺社奉行宛の一札が伝来する[20]。以下、この史料から神宮寺側と遠藤家側、双方の主張を整理してみたい。

まず裁定の基本的な内容は、史料巻末に「神宮寺儀社職支配等一切差綺申間鋪候、神事祭礼之節者、只今迄之通可致出勤候」とみえ、神宮寺が社職（神職）側の支配を遂行しないことなどが記される。また神事祭礼はこれまでの通り神宮寺が出勤することが確認される。すなわち先に述べた神宮寺の主張は、認められていない。また「寺山号之儀茂別当之証拠ニ雖申立、口上而已ニ而証拠書物茂無之申分難相立候」とあり、「春日山」の山号が「別当」とする証拠には不十分である旨の裁定が下った。

遠藤家側は、同史料で先の神宮寺の訴えに対して、次のような正当性を示す。「吉田家之許状を以神主相勤候」と主張し、本所側の公認を受けた「正当」な神主としての立場が示されている。また「同所神宮寺儀別当ニ而者無之、尤滅罪寺ニ付、本社江入候事不罷成、唯年中弐度之祭礼ニ六供一同ニ長床江相詰候」とみえ、神宮寺を「別当」というよりは滅罪寺の機能に収斂させ、本社へ入ることなく、年に二度の祭礼に六供と共に長床へ詰めるのみの存在であると主張する。ただし、この主張も却下され、祭礼には、神宮寺が「神主同様ニ致出勤（中略）両部習合之社地」と確認されている。

以上、裁定をみると、少なくとも神宮寺の祭礼への関与、社職支配への不干渉が確認された。そして、六供の一員の三常院は、遅くとも宝暦期に惣社から「地方」支配を受けていた（史料2参照）。したがって小手地域における惣社制とは、少なくとも享保期から宝暦期にかけて、修験三常院（六供の一員）の関与をみながら展開したことになる。在地社会における惣社は、神職遠藤家を軸に神職編成の象徴的な「場」として機能すると共に、修験などの六供の人々をも「編成」していく「場」でもあった。つまり、当該期における惣社（春日神社）は、神職に限らず、在地社会における様々な人々（社役人など）の利害が集約する「場」であったとみられる。また、これらの状況は惣社制の本質的理解をする上で捨象できない問題をはらもう（後述）。次に、以上の状況を念頭におきながら、三常院と深い関係をもった本山派修験の動向を取り上げる。

三　小手地域における本山派修験の編成

ここでは、小手地域の本山派修験の動向を取り上げる。また三常院の位置づけを組織編成のあり方から考えてみたい。先に結論を述べておけば、三常院は大久保村五大院下に編入されつつ、六供を担う存在であった。以下、五大院を取り巻く状況を中心に、三常院のおかれた位置等を述べる。

(1)小手地域における修験編成の変遷

小手地域の修験編成は、複雑な変遷を経ることに特徴がある。まず当地の修験編成の変遷過程を取り上げた藤田定興氏の成果に依拠し、現状の理解を確認する[21]。なお表1の年表も参照されたい。

①当地は、寛永十六年（一六三九）以前、大久保村年行事大正院が積善院下となった。②寛永十六年、大正院は追放となり、当地では伊予坊の預かり支配となる。③享保十二年には、大先達伊予坊直末に、五大院・極楽院・菩提院、翌年に三常院も編入される。また大正院も享保十二年に年行事として小手地域の同行を編成した。ただし、大正院は元文二年、「法外な行為」を理由に追放となる。この追放により、小手地域の修験は五大院・極楽院・菩提院が伊予坊の小先役として小手地域の修験を編成する。しかし、その直後に小手地域の「修験頭」を大正院の子貴見院とし、補佐役として下糠田村清水寺ほか一院が「頭役」を担うようになった。④宝暦七年（一七五

七）頃になると、伊予坊が聖護院から職務停止を受け、小手地域は積善院支配が命じられる。ただし、積善院が無住であったため、聖護院が諸事の指揮にあたることになった。このさい、五大院・極楽院・菩提院は聖護院直末を願っている。⑤寛政四年（一七九二）になると、五大院らが大正院支配を命じられるが、檀家らも含めて、これまで通りの積善院直末を願ったという。なお、延享四年（一七四七）まで、五大院らが「伊予坊直末」、安永八年（一七七九）には「積善院末」の文言が確認され、この時期に積善院下に編入されたと述べられている。

かなり複雑な変遷をたどるため、すぐに理解できないが、要は大正院（貴見院）と五大院の属する編成機構が大正院へ一元化する場合と分化の場合が時期によって違いが認められることにある。また藤田氏の見解では、元文期から宝暦七年頃までには、五大院は大正院（貴見院）配下に属していたことにもなる。そこで改めて、本章では③の元文二年から四年にかけての大正院と五大院らの動向、⑤の寛政四年以降の五大院らの対応を詳述する。

なお、ここで宝暦元年作成の「信達寺社修験録」を参照すると、五大院は貴見院配下と書き上げられている[22]。この点も考慮して、元文期以降の事情に迫る。

表1　小手地域における「修験頭」の変遷

年　次	主な内容
寛永16年以前	大正院が積善院配下となる
寛永16年	大正院が追放
享保12年	五大院らが伊予坊直末となる
同上	大正院が小手郷の修験を編成する
元文２年	大正院が追放、五大院らが小先役となる
同上	大正院の子貴見院が「頭役」を担う

（2）元文期の五大院と伊予坊直末支配

先述の藤田氏の見解にあるように、元文期の五大院らはいったん大正院支配下を離れたが、その後支配下に編入されたという。しかし藤田見解とは違い、五大院は伊予坊の直同行であることに変化がない状況も認められる。

【史料4】(23)

差上申一札之事

一今般貴見院出入ニ付、段々被仰渡候趣、委細奉承知候、然上者和順仕一切野心ヶ間敷儀相企申候ハヽ、何分ニも急度可被　仰付候、頭役之儀三人之者退役被　仰付奉畏候、尤三人之者先達伊予坊御直同行ニ而御座候、

此上者一言之儀少茂申間敷候、為後証一札仍而如件

元文四年未十月十九日

奥州伊達郡小手

五大院

菩提院

極楽院

観　照

本山御役所

小先中

この史料4では、五大院らが「頭役之儀者（中略）退役」として頭役から退くことがわかる。この点では、藤田氏の見解を肯定すべきである。またこの史料の前日付で、五大院らの「頭役」が廃止、貴見院と清水寺及び他一名が編成を担ったことを示す一札が確認される。したがって、史料上では元文四年（一七三九）十月十八日、五大院らは貴見院らに属する形をとったと理解できる。

以上をふまえ、史料4の傍線後半部に注目する。傍線部には「三人之者先達伊予坊御直同行」として、三名が直接に伊予坊下に編入となったことがわかる。さらに同年十一月三日付の、五大院らから羽木権蔵宛「注進」書では、史料4と同様の内容が記載される。さらに「別山ニ御座候」の文言がみえ、五大院は貴見院らとの「別山」を「注進」する。したがって、元文期は貴見院を当地の「支配頭」とする一方で、五大院らを伊予坊直末とする、

妥協的な合意が図られたと評価すべきであろう。

この評価は、先の藤田氏の見解にはみられない。さらに元文四年十二月二日、飯野村天正院他十一院は伊予坊宛の窺書を作成している。[24]ここで天正院は、主に享保十二年以来の五大院支配を願っている。

この中で貴見院らは次のように同行を呼び集めて申し聞かせたという。「五大院・極楽院・菩提院、右三人共ニ直同行之儀、一代ニ相極り候之由、（中略）貴見院下惣同行ニ申渡候由ニ而諸人一同ニ、当五大院一代切り之直同行ニ而、夫過候而者五代院義茂、貴見院支配請申筈之由風聞仕候間、拙僧共茂一切難心得、又候出入ニ罷成可申哉と彼是迷惑ニ奉存候」とある。貴見院は、五大院らが「一代」限りで伊予坊直支配となった旨を同行へ申し聞かせたというのである。また、あくまで「一代」限りで五大院らが貴見院下に編入される「風聞」もあるとする。なお、この内容は、同行の天正院らにとっては合意できないという。つまり再度、後年に貴見院と五大院らの間で「出入り」が生じる可能性を危惧するのである。

以上、五大院らは伊予坊直末へ編入された状況がうかがえた。ただし、前節末で述べた宝暦元年時の「信達寺社修験録」には、五大院らが貴見院（大正院）配下となった記載がみえる。したがって当地では、支配系統をめぐって混乱が生じていたことも間違いあるまい。これらを勘案すると、元文期以降における五大院らは大正院と異なった系統に入ることを志向し、在地社会において大正院と対峙していた状況が実態とみられる。

（3）延享期の五大院をめぐって

延享元年（一七四四）八月、五大院は伊予坊から「金襴白地」の免許を受ける。[25]「此度金襴白地御許容有之候間、一代令着用、御法度之趣諸事隠便ニ相勤可申条、仍而如件」とあり、「一代令着用」の文言もみえる。ここでも五大院が伊予坊直末であることをうかがわせる。

同年には、五大院と大正院が宗教活動をめぐり鋭く対立する。ここで検討する史料は、五大院から寺社奉行宛の願書である。本史料の主な内容は、大久保村（史料5中は大窪村）における大正院と五大院の活動の競合を示す。主に九つの箇条から成っているが、史料を元に五大院の問題認識を確認し、若干の考察を試みる。

【史料5―一】(26)

一乍恐申上候、大窪村諸檀用之儀、従往古師檀代々相勤来り申候趣者、毎歳四季之祈禱月待・日待幷伊勢・熊野・湯殿山参詣之節、引導幷七五三幣帛、其外背戸神氏神之注連幣帛等、品々師檀代々相勤来り申候、尤
御公儀様御本寺様御下知之趣相守、檀那次第ニ相勤来り申候処紛無御座候御事

まず一条目をみてみたい。これによると大窪村（大久保村）の諸檀用について、月待や日待、伊勢・熊野・湯殿山の引導などは、檀那次第で勤めることが記されている。この認識は、史料全体を通した五大院の認識である。つまり、祈禱活動は檀那の「心次第」というものである。なお、この認識をめぐっては、元和・寛文期において修験と神職との職掌をめぐる争論が生じたさいの、聖護院や吉田家の裁定に従ったものとみられる(27)。

また、この認識（論理）の背景には、大正院の次のような行動を問題視するためでもある。たとえば、大正院は「当村諸社別当年行事大聖院」と願書に記す。この点、五大院は五条目で根拠が薄いとして反発するが、大正院と五大院が互いの活動を侵すことが、この一件の背景にあったとみられる。「別当」や「年行事」の文言が、修験間の活動の主導性を考える上で重視されている。

この他、七条目では、大窪村の五大院の檀那が伊勢へ参宮するにあたり、大聖院が五大院の注連祓いが必要ない旨を示すなど、大聖院が五大院の檀那を奪取する行為が問題視されている。

【史料5―二】

一去亥ノ霜月中大窪村之檀那共羽山籠りと申行仕候節茂、行屋之地主角内と申者之方江大聖院申被越候ハ、羽

山大権現行屋之七五三幣祓者大聖院相勤申筈ニ相極り候間、余人者不罷成候由、大聖院被申候ニ付、是又出入ニ罷成申候而ハ、金銭之物入りを嘆き無是非大聖院を相頼候由承申候、右角内儀茂五大院檀那ニ御座候故、右羽山籠り之注連幣帛茂五大院方ニ而相勤来り申候、師檀之儀ニ御座候得共、拙僧儀者一切指構不申罷有申候御事

さらに、史料5—二の記事では、これまで大久保村における羽山籠りのさいに五大院が七五三（注連）祓いを実施してきたとする。しかし、今度大聖院が注連祓いを実施することに決まり、檀那も「無是非」に対応する状況を五大院は問題視する。なお、この場合の檀那は、五大院と師檀関係を結んでいるという。そして、最後に次のような大正院及び五大院の主張もある。

【史料5—三】

（前略）①其後大聖院方より拙僧方江使僧を以申越候様者、大窪村檀用之七五三幣祓之儀急度申遣候通り小手弐拾六郷者惣而拙僧霞ニ御座候処、就中大窪村者大聖院霞ニ有之候間、右之檀用五大院相勤申儀堅無用ニ候と申被越候間、五大院返答申遣し候様者、②霞場と申儀者京都大先達伊予坊之御霞ニ御座候而、従　聖護院宮様大先達伊予坊江被為下置候霞場之御朱印者、大先達伊予坊被致御頂戴候御事儀ニ御座候者、唯今者当住大先達大学御坊之御霞ニ而御座候、然ニ大聖院儀者霞と申儀如何心得被申候哉、但し霞と申名而巳存候而御本山表之霞所持之法式者一切不存候儀ニ有之候哉、且又従　御本寺様今般新ニ被　仰付候儀ニ御座候哉、但し大聖院儀小手同行組頭役被相勤候役儀之威光を以強勢我儘ニ申被越候哉、一円難心得候、③拙寺儀者別山ニ而万事之御下知者京都より直ニ被仰付候儀ニ御座候而御下知格別之寺法ニ御座候処、今更理不尽ニ大窪村檀用之七五三幣帛五大院相勤申儀不罷成候由申被越候儀、聊難心得候と右大聖院使僧両人之山伏共ニ返答申遣し候事

傍線部①の大正院の主張は、五大院が自ら（大正院）の編成下（霞下）にあることを示したものである。これに

対し、傍線部②の五大院の主張は、自らが伊予坊の霞場を所有することを示して、対立の姿勢を示す。さらに傍線部③では、五大院は大正院との「別山」を主張する。

前節では、元文期以降、五大院は伊予坊直末、大正院と「別山」という裁定を得ている状況を示した。この点、五大院は延享期においても同様の姿勢を保っていたことが確認された。また史料5の一件から、五大院にとっては大正院下に属するか「別山」となるかでは、在地社会での宗教活動に大きく影響したことを物語ろう。組織編成のあり方は、在地の修験の活動と不可分な関係をもっていたことが指摘できよう。

(4)寛政期における五大院の積善院直末編入

再度、藤田氏の成果を参照すると、宝暦七年（一七五七）頃には五大院らが積善院配下となる。寛政四年（一七九二）には、再度、五大院らのあり方が問題視され、五大院らは大正院下に編入されるという。ただし、後述するが、その混乱は継続している。また寛政期以降の状況については、藤田氏の見解では不明となっている。そのため、再度寛政期の状況を述べる。

まずは、先に述べた六供の一員＝三常院の状況を取り上げる。寛政四年四月には、「三常院義者　東叡山御末奥州伊達飯野村神宮寺六供地ニ致借住来り候」とみえ、三常院は寛永寺直末神宮寺六供の地に借り住まいしていたことが判明する。さらに「大正院触下ニ被　仰付候而ハ、神宮寺六供地借住仕候儀者難計、三常院者不申及」[28]とあり、大正院触下に編入されると、六供の一員＝三常院のあり方が問題となることが記されている。六供三常院が大正院の支配下に属さない状況がうかがえる。

さらに寛政六年、五大院が修験の人別管理を担ったことを示す史料が確認される。つまり、五大院を中心とした修験編成の動きと言える。先にも述べたように、寛政四年時で大正院支配が進展したとされるにも関わらず、次のように「右者本山修験道ニ而是迄奥印仕差上候所、去子二月中伊達郡大久保村大正院支配ニ被　仰付候得共、今以大正院後住相続無御座候ニ付、大正院より人数書上無御座候、依之拙寺より人数帳差上申候通相違無御座候、以上」[29]とある。これは当時、大正院の相続問題が浮上し、それにより五大院が人別管理を実施したというものである。

結局、寛政十一年（一七九九）、五大院は積善院から「黄色衣着用之免許」を「積善院直院　五大院慈観」宛で受給した[30]。つまり同年以降、大久保村大正院は院家積善院直末、同様に飯野村五大院・六供の三常院など数院が積善院直末に確定する。二つの積善院直末の修験が、当地には並立したことになる。なお大正院は、寛政十年時の相続問題で聖護院との間で軋轢を生じさせている[31]。

以上、本節を整理すると、五大院は元文期・寛政期の二度にわたり、大正院から編入の動きを受けながらも、伊予坊及び積善院直末の本山派修験と主張し、在地社会で宗教活動を展開させていた。組織編成のあり方は、在地での修験の活動の主導性や正当性を確保する意味で機能していたことも確認された。なお、このような五大院の立場は、宝暦期の「信達寺社修験録」の記事と齟齬する[32]。したがって当該事例は十七世紀末から十八世紀初頭において、有力な修験が一元的な編成機構を整備できなかったため、その後混乱状況が継続した例と位置づけられよう。そして、六供の一員＝三常院が、五大院下の修験として編入されつつ、惣社制を支えていたことも明らかとなった。

むすびに

最後に本章の内容を整理し、惣社制の位置づけを試みる。本例（川俣春日神社）を前章で検討した梁川八幡神社（惣社）のあり方と比較してみたい。

一点目は、六供と呼ばれる人々が惣社制を支えた一員であったことを確認した。六供は、神職に属した信夫山の例と春日神社に修験として関与した例がみられた。特に後者の例を中心に取り上げたが、惣社という「場」が、組織編成機構を異にした宗教者が関与した在地神社であったと評価できた。惣社神主が本所吉田家との関係を構築した意義は、これら惣社と関係を有した様々な人々との間で主導性を確保する意味をもったとみられる。

二点目は、小手地域の修験編成の変遷を確認した。藤田氏の見解を基礎にしながら、元文期と寛政期の二つの画期となる時期を改めて取り上げた。概ね、元文期から五大院は大正院下への編入を拒んでいた。寛政期には、五大院が積善院直末「別山」の位置を確定したと位置づけた。十八世紀以降の小手地域の修験は、少なくとも実態レベルにおいては、二つの編成機構の異なる人々が並立していた。なお、延享期において大正院と五大院が宗教活動をめぐって生じさせた一件を取り上げ、大正院と五大院の競合状況を述べた。この一件も、大正院の権威が五大院へ及んでいないことを示す証左と言える。

最後に冒頭で課題として掲げた惣社制のあり方を示しむすびたい。先にも述べたが、五大院下に編成されていた三常院は、春日神社＝惣社を支えた。これまで惣社制は神職組織としての性格に収斂させて理解されてきた傾向が強い。梁川八幡神社を中心とした惣社制では、別当との祭礼の取り分をめぐる一件が確認されるが、春日神社のような修験の関与は認められない[33]。したがって、梁川八幡神社の例は、惣社に関与する人々を神職として編成することに成功した例と位置づけなおせよう[34]。一方、川俣春日神社の場合は、本章でみたように、修験の関与が認められるなど、神職が一元的に惣社をおさえる形とはならなかった。これに関連して、春日神社（惣社）は、様々な人々（六供・社役人など）の「役」のかかる「場」として存立していた。これは惣社神主が社地における諸商人の「見世店」の「権利」を掌握することにも関連した[35]。このように在地社会における「市」の編成をも惣社を介して形成されていた。

惣社制とは、まさに惣社に付随した様々な「役」を惣社神主が主導的に掌握することにより機能していくと捉えられる。これに関連して、郡域レベルでの神職編成が進展したとみられる。したがって、当地における神職を中心とした宗教者編成には、惣社の「場」としての権威が重要な指標であったと言えよう。このような惣社制が十七世紀後半以降、当地において機能し、在地社会を規定していくことになる。

（1）本章は本編第一章で取り上げた惣社制のあり方を補う。藤田定興『寺社組織の統制と展開』（名著出版、一九九二年）、伊達郡の梁川八幡神社の例では、惣社神主が吉田家から神主号を受け、配下神職は祠官号を受けた。近年では、神職組織と国郡制の問題等を論じた井上智勝氏の成果がある。同「近世の神職編成と国郡制・領主制」（『近世の宗教と社会二国家権力と宗教』（吉川弘文館、二〇〇八年）参照。なお、本章では高埜利彦氏の次のコメントも念頭におく。「（前略）同時に、全国組織に組み込まれ、編入された場合でも、旧来の組織構造や慣行、あるいは宗教儀礼を残していることが少なくなく、いわば『近世の中の中世』とでも呼べる特質に注目しておく必要があり、その特質の解明は今後の課題の一つとなろう」（『近世日本の国家権力と宗教』、東京大学出版会、一九八九年、一一一頁参照）。

（2）梅宮茂『復刻版　西坂茂　信夫山』（蒼樹出版、一九八七年復刻）など参照。ここでは改めて六供を取り上げ、その存在形態を確認する。いわゆる一山組織の研究については、月光善弘『東北一山組織の研究』（佼成出版社、一九九一年）など参照。

（3）『川俣町史　第二巻　資料編Ⅰ』（川俣町、一九七六年）など参照。

（4）藤田定興「第二編宗教行為」（『近世修験道の地域的展開』、岩田書院、一九九六年）。

（5）落合延孝『猫絵の殿様』（吉川弘文館、一九九六年）。

（6）鯨井千佐登『境界紀行』（河出書房、二〇〇〇年）。

（7）たとえば、医療の研究史については、「生命維持と「知」――医療文化をめぐって――」（『関東近世史研究』六二、二〇〇七年）参照。

（8）註（2）梅宮書参照。

（9）富田家黒沼神社文書『福島県歴史資料館収蔵資料目録三八』（福島県歴史資料館、二〇〇七年）参照。史料番号三一。以下、書名は省略する。
（10）富田家黒沼神社文書・史料番号三〇。
（11）『福島市史別巻Ⅶ　福島の文化』（福島市、一九八八年）、主に一〇五頁から一三三頁を参照。富田家は信夫郡惣社黒岩村丹治家に対して、「延喜式信夫五社之社」筆頭として神主号を受ける。信夫郡では、遅くとも一八世紀初頭から「延喜式」を意識した神職が顕在化してくる。
（12）富田家黒沼神社文書・史料番号六。
（13）富田家黒沼神社文書・史料番号一九。
（14）本編第一章参照。梁川八幡神社の例でも、惣社神主が配下神職の「神事」等を指示する旨が定められる。
（15）小手地域の神職編成については、註（11）『福島市史別巻Ⅶ　福島の文化』、『月舘町史Ⅰ　通史編』（月舘町、二〇〇九年）など参照。
（16）五大院文書『福島県歴史資料館目録』三二（福島県歴史資料館、二〇〇一年）、これ以降五大院文書資料目録三二と表記及び『福島県歴史資料館目録』三三（福島県歴史資料館、二〇〇二年）、これ以降五大院文書資料目録三三と表記。本節以降は同文書を参照した。史料2は五大院文書資料目録三三・史料番号三一。
（17）五大院文書資料目録三三・史料番号四三九。
（18）『川俣町史　第一巻　通史編』（川俣町史、一九八二年）。同書では、三常院（三条院）の前身が五十沢坊であることが示されている。
（19）神田由築『近世の芸能興業と地域社会』（東京大学出版会、一九九九年）三七六頁参照。同書での市はすべて祭礼市をあつかったものとされ、寺社による「市支配」の重要性を課題として掲げられている。この課題提起は、本章の例＝惣社で実施される祭礼市を考えるにあたっても注目されよう。この他、註（18）書『川俣町史　第一巻　通史編』では、川俣近隣において、惣社祭礼市が活況を呈した市であったことが述べられている。
（20）五大院文書資料目録三三・史料番号四四三。
（21）註（3）書『川俣町史　第二巻　資料編Ⅰ』参照。本章では、註（15）書『月舘町史Ⅰ　通史編』を参照した。同書（藤田氏執筆分）は、五大院文書の分析成果を組み込んだものと考える。

(22) 福島県立図書館蔵「信夫伊達寺社修験録　聞書」（『月舘町史近世Ⅱ　資料編』、月舘町、二〇〇二年）参照。

(23) 五大院文書資料目録三三・史料番号四六二。当史料は寛政期に作成され、「在京日並記」と表題が付される。元文四年以降の一件が書き留められた史料でもある。

(24) 五大院文書資料目録三三・史料番号四五六。

(25) 五大院文書資料目録三一・史料番号二四六。

(26) 五大院文書資料目録三三・史料番号四六四。端裏書に「七五三幣帛之儀下書」とある。この他、註(4)藤田書参照。

(27) 五大院文書資料目録三一・史料番号一一五。この裁定は、神職・修験の職掌をめぐる問題から生じたものである。ただ、この場合、五大院の主張の根拠となっていることは注目されよう。また史料番号一一五は、寛文三年の吉田家裁許状写であり、神職に対する認識もうかがえる。本書第一編第三章参照。

(28) 註(20)参照。

(29) 五大院文書資料目録三三・史料番号二二。

(30) 五大院文書資料目録三一・史料番号二六〇。

(31) 五大院文書資料目録三一・史料番号一六八。

(32) 註(22)参照。当例は、基礎的な記録内容と実態の違いを示したものと言える。

(33) 本編第一章参照。八幡神社の例では元文期において、別当と争論が発生している。この例は、単なる別当と神主の主導権争いではなく、物社をめぐる「権利」を争った例として捉え直せよう。

(34) 八幡神社（物社）の例年の祭礼に配下神職が参勤するが、単なる参勤の「役」ではなく、本来は物社に附随した「役」が物社神主の元に「編成」されたと考えられる。物社神主は吉田家より神道裁許状を受け、物社への関わりを強めた。このような性格を元に、十七世紀後半以降、物社制が機能していくと考える。

(35) 註(19)神田書『近世の芸能興業と地域社会』参照。物社の社地において「商い」の場＝祭礼市が開催されていたように、市の開催と物社が不可分に立地していた。物社が祭礼市の「場」として機能している点は注目されよう。

第三章　地方神職・修験の活動と在地社会——奥州伊達郡を中心に——

はじめに

本章の目的は修験と神職等の活動に注目し、在地社会と宗教のあり方へ迫ることにある。前章まででみたように、十八世紀初頭の当地では神職組織が整備された(1)。一方、修験に関しては、藤田定興氏の研究成果が知られるが、当地における修験組織のあり方に迫った研究はみられない(2)。

そこで本章では、まず本山派修験の編成のあり方を明らかにする。その上で、神職と修験の活動に注目するが、特に両宗教者の競合の局面を取り上げる。そして、この分析素材として、南奥州の広範囲で確認される羽山（葉山・端山）信仰に注目する。羽山信仰は南奥州（福島県から宮城県北部・山形県北部）にかけて展開したことが明らかにされている(3)。概して、当信仰の内容は当該期の人々が村落の近隣にそびえる羽山を神聖視し、そこで祭祀を行うものである。修験道とも言うべき事象を内包しているが、これに深く関与した宗教者が神職や修験である(4)。そのため、特に神職が仏教的諸要素を多分に含んだ羽山信仰と、いかに関わりをもったのかという課題が挙げられよう。

また前章で述べたように、当地の神職は、本所吉田家—惣社—在地の神職という形で位置づけられる。したがって、本所の意向が在地神職へ影響を及ぼしていた。本章では、この影響力のあり方へも迫ってみたい(5)。

以上の問題を考えるにあたって、真野純子氏[6]・藤田定興氏[7]の見解を参照する。両者は、寛文期以前の神職と修験の宗教活動をめぐる争論の位置づけを行っている。以下、三点に整理した。①争論の原因が神職・修験の活動の類似性から発生する。それぞれの宗教者が自らの活動維持のため本所側と結びついた。②本所との結びつきは、南奥州は比較的早い（元和期から）。③争論は、寛文期に概ね解消にむかっていく。この見解を受けると、一定度、修験と神職の争論は止揚する印象をもつ。しかし本文中で述べるが、両宗教者の混乱は継続する。その象徴的存在が、羽山信仰の中心的な担い手＝先達である。端的に言えば、先達は神職とも修験とも分化できない存在である[8]。また先達は十七世紀段階の史料文言である。したがって、羽山信仰のあり方を明らかにする意味でも先達の位置づけが必要となる。寛文期以降、修験・神職とも明確化できない存在（先達）を分析の対象に据えることで、より具体的な在地の状況を復元できるのではなかろうか。さらに真野氏らの③の見解を受けて、寛文期以降に生じた神職と修験の争論の意義についても考えてみたい。

一　本山派修験の集団化と自身葬祭——東根郷大善院霞下を中心に——

（1）大善院と修験編成

ここでは、東根郷における本山派修験の組織化を明らかにする（三二一頁図1参照）。まず東根郷における大善院の位置を確認する。大善院は柳田村熊野神社の別当で、東根郷における本山派修験の年行事に該当する[9]。この点は、既に藤田氏の研究で明らかであるが、十七世紀段階の位置について整理する。

注目すべきは、寛文期の神職・修験の宗教活動をめぐる問題である[10]。寛文三年（一六六三）の聖護院側から「奥州伊達郡諸山伏中」宛の史料を取り上げる。史料には、①元和五年七カ条の条目を基準にする。これは本所吉田家からの免許を受けた神職と修験の作法について、「吉田神道格別之儀也」と神職との差異を示す。②伊勢や熊野・富士・白山・三島・日光の引導をめぐる問題は「如神道作法執行上者違乱有間敷事」と記され、神職との作法の混乱を禁じる。③「神子者神職也、修験道之守子」とあり、神子（巫女）と守子の混乱を禁じる。④「修験道用結袈裟・輪袈裟」とあるように、修験の衣類についての取り決めを守る。⑤諸旦那の祈禱活動は、「旦那次第」で決める。

概して、修験と神職の宗教活動をめぐる争いを止揚することに重点がある。ただし、最終的には⑤にあるように、修験・神職の活動は氏子や旦那といった宗教活動の依頼側の意向に沿うことが明示されている。結局は、在地側（諸旦那・氏子）に宗教者（修験や神職）の活動が規定される。

また大善院霞下において、修験の「切支丹改め」（延宝八年＝一六八〇）は、大善院が中心になり遵守することが確認されている。[11] 天和三年（一六八三）には霞下の修験が「諸修行本山ニにわざる修行一切仕間敷候事」と修験としての活動の遵守を示す。[12] さらに元禄五年（一六九二）には、本山派側から、「宗旨判形之事、毎年年行事者両人宛罷登判形仕候、諸同行者毎年年行事方ニ而可致判形候事」とあり、修験の宗旨人別は年行事が実施するものと命じられる。[13] この他にも、金襴地着用や大峰への峯入りの回数、さらに峯入りのさいには年行事が添状を出すことなどが指示されている。さらに次の史料には、大善院と配下修験（同行）のあり方が明示されている。

【史料1】[14]

御霞下同行寄合遂吟味候一札

一先年従御本寺様修験ト禰宜ト出入之刻御曖被為遊候義、[①] 是以不調法仕出不申候様、御条目之通弥堅可相守候、尤山伏之作法勿論相背間敷候、若違背之同行有之候者、何分之曲事ニ可被仰付候、幷毎々茂御触出被遊候弟子・養子之義無差仕間敷、其外女房・嫁・婿・名跡ノ縁組等仕おいてハ、貴僧様御下心申請可申候、就中御公儀様御披露ニ及候ハヽ、御末書奉貰可申候

一②面々新宅之刻、火伏・屋敷祟り祈禱他之物一切頼申間敷候

一③死人有之節御引導等ハ勿論頼上、其刻者村々組合御霞下弐つニわけ、先壱分組ニ仕候分シ、上保原・下保原・泉沢・金原田・柱田・大石・玉野・石田・掛田・富沢、是迄一組下郷之組合ハ、二野袋・柳田・新田・二井田・関波・梁川・船生・白根是迄ヲ一組、右之組村之内相果申者見届、親子・兄弟・嫁・此外をじ・甥山伏ニ御座候ハヽ、銭弐拾文宛々持寄見届仕、④野送りハ勿論、昼夜ニ不限其役ヲ聞合ニ而修験之儀式ニ而急度相勤可申候、若病気ニ御座候者倅を以可相勤可申候、他病気仕もの御座候者同行中間ニ而遂吟味詮義仕御披露可及、左候ハヽ、いか様之越度ニも可被仰付候

一⑤正月七日、六月七日二度之行者講、面々皆持合之装束ニ而自身ニ罷出、御法事之烈座連経急度無懈怠相勤可申候

一⑥御廻状之刻為檀用共不参仕間敷、罷出可申候

一⑦同行之ために思召他所江御出被成、又ハ使僧被遣之入方、惣同行貫可申候、其外同行中間寄合かけ貫入方、若滞申候者五人組之内頭ニ罷成申物、其組合世話ニ致弁、急度埒明可申候、右指上申通、何ニ而も同行中間詮義致弥堅相守可申候、若此間相背同行ハ急度越度可被仰付候、為後日一札如件

宝永八年辛卯天　　組合ノ一組　　組合ノ一組

三月十二日　　二ノ袋村　　留《ママ》沢村

伊法院㊞　　長正院㊞

年行事　　梁川村　　上保原村

大善院様　　地明院㊞　　膳正院㊞

（修験十四名後略）　　（修験二十名後略）

この一札は、大善院霞下における修験の取り決めを示したものである。差出人は当地の三十六名の修験である。ただし、宝暦期段階に写された史料と比較すると、修験の人数が多い。たとえば宝暦期段階の柱田村や大石村では、修験がみられない(15)。

傍線①は、修験と禰宜との競合性が明示されている。何らかの形で、神職との競合関係に緊張が生じる可能性があった。その他、修験の弟子や養子・女房なども修験の定めを遵守することが定められている。傍線②では、火伏せや屋敷祟りなどの祈禱は他へ依頼しないことが記されている。傍線③では、修験に死人が出たさいには、大善院に依頼することが定められている。さらに霞下を二組にわけることや野辺送りなどを実施することが記載される。傍線④では、同行が正月七日の行者講に参加することが定められている。また大善院からの廻状は、檀用であっても不参は許されない（傍線⑤）。さらに同行のためを考え、他所に出向くことが促されている（傍線⑦）。なお傍線③のように、宝永段階での修験の自身引導は、霞内部を二つに分けるという形で取り決めがなされており注目される。さらに傍線④の内容（行者講）も修験の集団化を理解する上で注目される。

十七世紀半ばから十八世紀初頭において大善院を軸とした本山派修験の集団化が浸透していたと考えられる。史料1は、これらの事情を象徴した内容となる。

(2) 自身葬祭と禅宗寺院

次に、修験の自身引導の問題もふまえながら、葬祭を軸とした禅宗寺院と修験との社会関係に迫る。次の史料は、安永期に本山派修験が禅宗（曹洞宗）寺院を訴えたものである。表題後の中略には、「一派宗門御請印差止幷修験職分之条道相障候」とある。本山派修験が修験一派として禅宗寺院と対峙することを明示している。また訴訟人は「信夫郡土舟村」の「聖護院宮末年行事　安楽院」と、安楽院の配下の「十五ヶ院惣代訴訟人　大宝院」

である。一方で、禅宗側は「信夫郡仁井田村　宝勝寺・大笹生村　陽林寺・小倉村　陽泉寺・前田村・円通寺」が該当する。主に、修験大応院をめぐっての争いである。

【史料2[16]】

乍恐以（ママ）書御訴訟奉申上候事

（中略）

右訴訟人安楽院申上候、修験宗門之義者、聖護院宮御支配ニ而天台宗相兼候故天台修験宗門ト申、①前々より一派引導仕来候義ニ御座候、然処拙僧同行同国同郡仁井田村修験②大応院と申者方へ、同村曹洞宗宝勝寺より去年中申来候者、其院家内義往古者宝勝寺旦那と相見へ、過去帳ニ戒名等有之候、何之頃より中絶致候や、何れニも当年より者曹洞宗門ニ相改、宝勝寺ニ而宗門請印致候間、左様ニ可被相心得旨申来り候付、大応院挨拶仕候者、拙僧義幼年ニ而師父ニ相離れ候得共、中伝ニ茂其寺宗門ニ有之候と申義者不及承、③只今迄年行事安楽院ニ而宗門請印申請一派引導ニ致来申候間、今更無故宗門相改候義者不相成、勿論家内妻子とも曹洞宗者帰依不仕候故難承知旨挨拶仕候、其後拙僧方へ大応院右之趣申聞候得者、④修験一派之義聖御門主より自身引導被仰出、他宗無混雑様相勤可申旨被仰渡も有之、殊ニ其院義者家内先々代々一派引導之院跡ニ而、去戌年迄宗門帳拙僧御請印ニ而指上年来相済来候儀を此度相破、宝勝寺申通ニ者決而不相成之旨大応院へ申聞、猶又拙僧よりも宝勝寺へ右之段挨拶仕候処、宝勝寺より村人へ相改、大切之宗門御請印を只今以差御留置候段、不奉恐御上不法之致方難心得奉存候、依之仕来之宗門御請印江不差障様被仰付被下置度奉願上候

一十五ヶ院惣代訴訟人大宝院奉申上候、拙僧共義乍恐天下泰平之御祈禱者諸宗同様不及申上、⑤伊達・信夫両郡村々葬道者、曹洞宗八十三ヶ寺菩提所旦那ニ御座候、月待・日待祈念祈禱一切之祭道祈願等者拙僧共日中ニ御座候而古来より寺整相勤仕来申候

然処此度相手宝勝寺頭取仕、陽泉寺・円通寺荷担ニ而、伊達・信夫両郡曹洞宗八十三ヶ寺会合相談之上、六ヶ寺之筆頭寺より伊達・信夫之曹洞宗へ申触ニ者、⑥曹洞宗旦家江山伏之祈禱一切入申間敷、勿論旦家之者共修験方江も出入も不致様ニ色々役人方へ相達置候様触渡申候

乍去心有住寺者得心致兼候趣ニ而、触を請候而旦家へ者一通りニ呼置候寺茂有之候得共、宝勝寺・陽泉寺・円通寺三ヶ寺者別而急度申付、向後者諸祈禱茂菩提所ニ而致候間余方之札守為入候義罷不相成、只今迄受置候札守茂取捨、修験方へ者決而出入等不致様申渡候ニ付、拙僧共旦家之者共義も菩提所へ対而無拠祈念祈禱不相頼、差障ニ罷成、気之毒ニ奉存候

勿論伊達・信夫両郡葬道者菩提所ニ而仕、⑦祭道諸祈念之義者是迄修験之職分ニ仕来、旦家思寄ニ相可勤旨之儀相守、旦那相争不申国風之仕来以相勤候処、今般拙僧共職分之祭道迄一統仕、曹洞中ニ而被相勤候而者拙僧共職分ニ相離、院跡退転之基嘆敷難儀仕候、依之何卒古例之通曹洞宗門葬道相守、以来拙僧共祭道相妨不申様被仰付被下置候様奉願上候

右之通り相違無御座候、相手之内陽林寺・東禅寺儀者筆頭六ヶ寺之内御座候ハヽ、右二ヶ寺末寺旦家之内へ拙僧共拾五ヶ院入込祭道法式取祈来候義ニ御座候、然処右二ヶ寺を筆頭寺ニも御座候間、古例之義等相糺邪法之儀不致様末寺へ申渡候得者御公訴ニ茂不及処、右二ヶ寺より末寺へ厳敷触渡候間、末寺より拙僧共十五ヶ院者別而厳敷出入も不致様祭道法式を差留、殊ニ宝勝寺義大切之宗門帳御請印差障候義等其侭差置候段全右二ヶ寺も荷担と奉存候、何卒以御慈悲相手十五ヶ寺被召出、右之段々⑧御吟味之上仕来之宗門請印へ不差障、以来右体不法之義不申懸幷修験宗門祭道へ相障不申様被仰付被下置候ハヽ、重々為難有仕合奉存候、則陽林寺・東禅寺・宝勝寺廻文之写之義者御吟味節奉差上奉へく候

年号月日

如斯訴状差上候間、致返答、来月廿七日美濃宅内寄合へ罷出可対決、若於不参者可為越度者也

安永　亥九月十九日

備後　豊前　美濃　因幡　備中

まず安楽院の訴えを整理する。安楽院によれば、これまで修験は自身引導を実施してきたと主張する（傍線①）。そこで今回争点となるのが大応院のあり方である。禅宗寺院宝勝寺は、大応院が「宝勝寺旦名」であることを主張する。特に過去帳に、先祖の名前が記載されていることを述べる（傍線②）。それに対して大応院は、そのような事実はなく、安楽院の霞下において自身引導を実施していること（傍線③）、さらに自身引導は聖護院からの指示であることを主張する（傍線④）。そして大宝院（惣代）は、伊達・信夫両郡ともに曹洞宗八十二寺院の「葬道」の檀家の月待・日待の祈禱活動など、一切の祭道祈願は修験が実施することを主張する（傍線⑤）。大宝院の主張は、禅宗寺院との関係を優位に運ぼうとする意図があったとみられよう。

一方で、禅宗側（六ヶ寺筆頭）は、曹洞宗の旦那になっている者（檀家）は修験の祈禱を受けないことを村々へ触れ渡したという（傍線⑥）。さらに禅宗側は「祭道」までの活動拡大を実施しようとする（傍線⑦）。なお、修験側は宗門帳についても問題がないことを主張する（傍線⑧）。ここに禅宗と修験の競合関係のあり方が確認できる。

次に争論惹起の背景であるが、史料に即せば、宗門帳の管理をめぐる問題があげられる。修験の集団化が、禅宗側との関係に変化をもたらしたと理解される。当例の修験は、明らかに禅宗からの宗判を忌避している。それに対する形で禅宗側は自らの檀家には修験からの祈禱活動を受けないことを触れ流す対応をみせている。修験の集団化も顕著であるが、禅宗側も宗教活動の主導権をめぐって結束を強めている(17)。

なお当訴訟は、安楽院霞下で生じた問題であったが、傍線⑤の伊達郡も巻き込んだ二郡レベルの問題として展開したとみられる。禅宗側は、一派として自立しようとする修験への対抗関係を構築していたことになる。残念

ながら当一件の詳細な結果は不明である。そのため、ここでは修験側の動向を補っておきたい。

文政九年の聖護院側から大善院宛の「定書」によれば、「於一派者自身引導、自己滅罪之御作法也、他宗之引導を請、或者他僧徒を雇語合候儀、堅致間敷事」と自身引導の実施については変化がみられない[18]。さらに「宗旨之儀者、諸同行之輩毎年触頭方ニて可致印形事」と宗旨改めは触頭（大善院）が実施することが定められている。このような状況は信夫郡でも該当したと推定される。そのため、史料2の一件は、修験側（大宝院や大応院）の意向が認められる点もあったとみられる。しかし実際には修験が禅宗寺院との関係を失うことになれば、「祭道祈願」に関与できなくなり、この訴訟は修験側の後退をもたらせた可能性をもつ。

いずれにしても、史料2にあるように、安永期以降、当地の修験の組織化が進展したことは指摘できよう。このことは禅宗寺院との関係を再編することにも繋がったと推察される[19]。

二　村社会における神職・修験の競合について

次に、神職と修験の存立状況に注目する。注目点は、①羽山先達、②神職及び修験の編成のあり方、以上二点である。そして神職側が羽山信仰に、いかに関与するのか。神職の民俗的信仰への介入といった視角でアプローチしていきたい。

(1)羽山先達と神職・修験

まず羽山信仰に関与した先達に注目する。先達は、冒頭で述べた羽山信仰の中で宗教活動に従事した「宗教者」である。すなわち百姓―修験―神職の間に位置する、いわば身分的には曖昧な存在であった。また百姓層が宗教活動に関与していた状況を考える上でも重要となろう[20]。なお、先達を検討するにあたって注目する史料文言は、「わき禰宜」・「羽山先達」・「先達」である。

【史料3[21]】

相渡申証文之事

一梁川本町御羽山先達あと敷之儀ニ付、金子弐両弐分指上申候、新介以後子供之内、先達致申者無御座候ハヽ、
貴様より御羽山先達御定可被下候、為其仍而如件

延宝四年　　粟野村
丑ノ二月廿五日　　金平㊞
神尾様　　（後略、七名）

史料3は羽山先達の跡敷をめぐって作成された証文である。そのさいに、金子二両二分を神尾様（梁川八幡神社神主以下、八幡神社）に出金することが判明する。「新介以後子供之内」の後に先達を行う者がいない場合には、神尾が羽山先達を定めることも取りかわされている。ここで確認すべきは、八幡神社神主（惣社神主）が「先達」に関する証文を取りかわしていることである。つまり先達（百姓）は、八幡神社神主と宗教活動を介して社会関係を形成する必要があった。

また寛文十三年（一六七三）には、山船生村先達卯之助と百姓が惣社神主に対して証文を出している[22]。これでは「今度山船生村羽山権現之脇禰き卯之助と申もの相立申候ニ付、梁川名主衆幷何も頼入申神主方江訴訟仕、禰きに相極り申候」とあり、脇禰宜卯之助が神主方に属することが明示される。さらに「乍此上正月八日之前之はん《（晩）》、けたいなく罷出」とあり、正月八日の八幡神社祭礼の参勤も確約される。

以上から、次の二点を確認する。①十七世紀段階では、在地レベルに先達が存在した。②先達の活動は八幡神社神主との間で取り決められることがあった。このことは、先達が惣社制の枠組みと関連したことを意味する。つまり、惣社神主は、先達を編成する立場であったと言えよう。

さらに享保六年（一七二一）には、羽山社人佐太夫が惣社神主と一札をかわしている[23]。羽山社人は、「今度山船生村司官継目官位罷登り申候ニ付、別而書付を以申上候、御免状頂戴仕候而、帰国之刻自今以後神役御用等可相勤候」と本所吉田家から免許状（本所吉田家から）を受ける代わりに、八幡神社への神役の徹底を認めている。また、「惣社司より如何之御用等何時成共、御指図次第ニ罷出急度神役相勤可申候持来申候、宮遷宮主人名開道師神道宗門判形、先年之通り頼入可申候」と続く。羽山社人の神事祭礼は、八幡神社神主の指示を受け、さらに宗門帳も八幡神社神主の管理であることが記されている。羽山信仰の担い手＝先達へ、惣社制が浸透していたことがうかがえる。

享保十二年（一七二七）にも、「梁川羽山先達社人新太夫、去年病死仕候ニ付、私子供権兵衛と申者、今度右之社人新太夫名跡続御願申候旨、先前之通り貴社之御支配ニ被成上者」とあり、新太夫継目である権太夫とその親類・請人が、名跡について八幡神社神主との間で一札をかわしている。

以上、この時期には「羽山社人」・「羽山先達社人」の文言が確認できた。両例ともに、先達が惣社神主との間で宗教活動を保証されていた。八幡神社神主の宗教者の編成とは、このような羽山信仰という、いわば山岳信仰に関与した先達を組み込んだものであった。なお享保十六年（一七三一）の山舟生村の「村明細帳」には「御領所梁川村支配社家、当村菅野神尾大夫支配社家　当村羽山先達近江」等の記載がみえる[24]。さらに、同年の梁川村でも「羽山先達　新助」とみえ、村方でも先達が把握されていた[25]。その上で、次の例をみていく。

【史料4[26]】

覚

一各四人江尋候山船生村羽山権現祭礼十月朔日より参詣之者共精進ニ各々宅江籠り寄合、同八日致登山候節、参詣之者ハ如何様之着類者いたし参候、又各々ニハ何様之姿ニ而羽山神前ニ而祓計り読み候哉、又仏之名入候

のつと（祝詞）与申事唱へ候哉、右之のつと者何者より免シ来候、又数珠錫杖持候哉有体ニ御書付為御登可有之候、

以上

卯ノ八月

菅野神尾大夫　㊞

斎藤筑前守殿

同　伊織殿

幕田源太夫殿

志母田長門殿

御羽山祭者十月二日晩より八日迄精進ニ筑前宅・源太夫宅江籠之者寄合精進仕、八日朝山登山仕候、籠之者者女かたひら赤き物ヲ着申候、筑前守者装束えはしニ而登申候、源太夫・長門者行衣かたひらかんむり（冠）立申而、白き布ニ而あたまを包、参詣者之先達仕候、筑前守者祓ヲ読候而後、参詣之者共ニ御先達祝詞ヲ上候様ニて進申候儘仏之名之入候祝詞ヲ申候、源太夫・長門者祓を習而も覚不申候儘祝詞計申候、誰れに習べくもなく、前々親之代より申来候、御頭より前々之儀申なく御坐候得共、祝詞を不申候得者、籠之者合点不仕、籠茂なくなり候間、ちち左京様御代外ニ而者申ス事御羽山之時計申様ニ与御座候、前々よりとない候ハ、苦しからぬと御申付候、九日ニ者早ク精進止肴ヲ祝申候、長門御代ニ成而白根村之籠者無御座候、明神計はやり申候数珠錫杖者参詣之者持候亦者でこハ船生村伝法院持参申候、私共者持不申候、有体ニ御座候、以上

斎藤筑前㊞

幕田源太夫㊞

志母田長門㊞

斎藤伊織㊞

菅野神尾大夫殿

右皆之者共申候通ニ御座候、以上

この史料は羽山籠り（宗教行事）への人々の関与のあり方を示すものである。作成年代は、延享四年（一七四七）以降のものと推定される。

山船生村の祭祀（羽山籠り）は、十月一日より始まり、八日まで精進し、その後に登山する（傍線①）。そのさい、参詣者はいかなる衣服で参詣し、四名の者（先達）はいかなる衣服で参詣するのか、また仏の名の入った祝詞を読むのか、その祝詞奏上は誰からの許しを得ているのか、以上の事情説明を惣社神主（菅野神尾大夫）が問う。

そこで四名の者は、山船生村の事情を説明する。これが史料の後半部分に照応する。まず祭礼は、十月二日晩から開始され、筑前宅や源太夫宅へ籠り、寄合や精進行為とする。籠りの者は「かたひら赤き物」を着する。斎藤筑前は装束烏帽子、幕田源太夫は行衣の「かたひらかんむり」を立てて、白い布で頭を包み、先達行為を行うことがわかる。そして筑前は祓いを読み、仏の祝詞を上げる。源太夫や長門は、祓いの方法を習ったわけでもないが祝詞を読む。それが親の代からの「作法」であるという。そして御頭（八幡神社神主）からの特別の指示などもないが、祝詞を読まなければ、籠りにきた参詣者たちとの合点がいかないという。

これらの事情は、羽山祭礼に限定的な状況であることも記されている。さらに長門代には、白根村の籠りはなくなり、「明神」のみが盛んになり、参詣者は数珠や錫杖を所持したことなどが明示されている。また「でこ」は惣持院が持参するという。ここに修験が関与した宗教行事であることもわかる。つまり、この羽山祭礼は神職及び修験の共存関係のなかで催されていた祭祀と評価できる。

以上の状況から読みとっておきたいのは、先達が修験に近似した活動をしていたことである。特に祝詞は仏の名が入っているなど、仏教的意味合いが強い。さらに参詣者が錫杖などを使用することも同様の意味と捉えられる。ここに先達の活動の一面が判明する。そして改めて断っておきたいのは、史料中の斎藤筑前などは、既に享保段階では八幡神社の編成下に入っていることである。いわば斎藤筑前は神職とみなせるが、実態としては居村において修験に近い宗教活動を実施していたことになる。以上から、当地の神職の中には、本所吉田家―惣社神主の編成を受けながらも、実際には修験と近い活動を実施していた例がみられた。

このように惣社制下の神職には、宗教活動レベルにおいて分化できない状況があったと言えよう。ここに当地の神職実態の一面を指摘したい。次に実際に修験と神職が活動をめぐって、争論を引き起こした事例を検討する。

（2）神職・修験の競合と村社会――延享元年萩原内膳の帰属を中心として――

ここでは修験・神職の競合の実態について追及する。後半では、先達萩原内善のあり方へ注目する。まず次の史料からみておきたい。

【史料5】[27]

覚

一岡村極楽院方より申来候者、極楽院代々日家同村伴六と申者、当年九月日待御自分方江頼候旨、右伴六と極楽院出入在之内与申、代々之旦家ニ候間、一をふ《(ママ)》極楽院方江相断り、伴六与極楽院和だん之上ニ而日待可相勤候処、右案内なく勤候ニ付致出入、岡御役所江願被申上候ニ付、今日依御尋申上候、右伴六と極楽院出入之儀日待ニ伴六方江参候夜中承候、其已前者不承候、①尤伴六私方江日待頼候儀、今年始而之儀無御座候、私当所江参候而者あるひハ正月又ハ九月日待等伴六私方江茂日待頼候間、今九月日待祈念相勤候、②其上伴六申候者極楽院方江日待頼候処ニ極楽院日待頼之儀不罷成之由被申候に付、弥以私方江頼申候旨

一養父左太夫与私去冬中取合候旨、其節私不埒ニ而候得共、③御頭江おぢをい之御間候間、頭を威光ニ懸、左太夫ヲむたい手こめに仕候様極楽院方より申来候旨、其節之儀委ク者覚不申候得共、全ク左様不仕候、養父左太夫兼而御酒機嫌ニ罷成候得者、不埒仕候に付取しつめ申候、左太夫江こんい《(懇意)》之者共ニ御座候間、左太夫江申候

者、其方本家之儀ニ候間、隼人ニ手こめニ成儀有間敷候と取沙汰申候を、極楽院被承左様可被申候、其節之義
極楽院立入不被申候
右之通重而申上候共、少茂相違無御座候、万一極楽院申つのられ江戸表江被罷登候節、私御召ニ而罷登り候
節、御頭登り被成候者、道中御上下物入、江戸御滞留中御物入共ニ御くろうニ懸申間敷候
寛保三亥十月五日
岡村神職　土田隼人 ㊞
御頭
菅野神尾大夫殿

この「覚」は、岡村の神職土田家が修験極楽院との間で檀家の取り合いになり、その状況を土田家が御頭（惣社神主）の菅野神尾大夫に申し述べたものである。なお極楽院は本山派修験の西根郷における年行事である。(28)

争点の要は、百姓伴六の日待ちを誰が実行するかである。すなわち極楽院か土田隼人なのか。伴六の日待ちは、これまで極楽院が実施してきたようであるが、傍線①にあるように、土田家にも依頼していたという。また今回、伴六が極楽院に依頼しても、取り合ってもらえない状況もうかがえる（傍線②）。これまで土田隼人と養父の左京の関係が悪かったことも問題視する（傍線③）。この「覚」の内容が、どのように処理されたかは不明だが、ここでも修験と神職の競合状況が確認できる。

このような修験と神職の関係を念頭におきながら、羽山信仰に介在した先達を改めて取り上げる。具体的には、次の三点に注目する。①「流行神」の出現にさいする修験及び神職の動向、②先達の組織帰属をめぐる問題、③神職の屋敷地をめぐる問題、以上である。

まずは①の問題について、次の史料からみていく。延享三年、船生村では次のような怪奇的事象が生じる。

「船生村江御不動様七つかま岩屋へ御飛付あらわれ被遊候儀、延享三年寅十月八日九日時分より段々世間ニて、るふいたし卯春中より大分之御参詣御座候、然者卯春四月中、川前伝宝院と御はち《鉢》出入ニ罷成候、則神尾大夫先達江戸へ罷登り申候得共、伝宝院まけ申候、此時ハ伝宝院・志覚院沙汰立者ニいたし候、羽山先達公事ニ神尾大夫金銭無之故、伝宝院金子ニ而羽山公事ニ罷登りかち申候」とある。(29) これによると、船生村の七つかまへ不動の「飛び付き」があり、それに伴って、神職神尾大夫（八幡神社神主）と修験伝宝院が争論となった。その経過について整理すると、延享三年に世間に「飛び付き」の「噂」が流布し、多くの人々が参詣に訪れるようになった。翌年になると、その「鉢」（賽銭管理とみられる）をめぐって出入りが生じたという。そして神尾大夫が江戸に訴えでたが、伝宝院に敗訴したというものである（記事の後半部分は後述）。不動の「飛び付き」という状況から、参詣人が増加し、それに伴った「鉢」の管理が問題として浮上した経過がおえる。

この過程で、伝法院側の修験年行事大善院は次のような対応を示す。すなわち「船生村月日山と申所ニ不動出現之場所取立、支配下志学院申付差置候」とあり、不動出現の場所に配下の志学院を、いわば派遣し、おさえることを企図したのである。しかし大善院は「不調法千万奉誤候」とあり、謝罪する。いずれにしても、それまで「鉢」の管理は神職と修験の間で、かなりの曖昧さを残していた状況が垣間見えよう。このような修験と神職の競合は、次の史料からもうかがえる。

【史料6】(30)

差上申一札之事

奥州伊達郡梁川村惣社八幡宮神主菅野神尾大夫訴上候者、先祖代々伊達郡六拾六郷神職相勤、郡中之社人神子致支配神事祭礼社役等下知仕、宗門神祇道ニ而請印致来候、然処同村羽山富士両社之社人萩原内善儀、①先期より支配之者ニ而致下知来候処、神役ニ召呼候得共不参、其上社用又ハ吉田表祝儀入用等之出銭茂及違背不指出候、依之外社人支配之隣ニ相成候間、内善神職取放後職申付、②且内善屋敷禰宜屋敷之内ニ而神職ニ附候屋敷故是又取上申度候、③勿論社人斎藤数馬与申者之母修験大善院守子ニいたし、大善院弟子義宝院を遣し、数馬屋敷梵天建候付、梁川役所江願出屋敷取上候例茂有之、将又内善儀も大善院支配ニ可致旨申之、此度内善ニ致荷担相妨候間、右之者共被召出急度吟味被成下候様ニ願上之候

一相手同国同郡同村羽山富士権現之社人萩原内善答上候者、④先祖代々同宗禅宗万久院宗門ニ而候処、八年以前申年如何様之儀ニ候哉、親彦内儀内善儀壱人神職宗門ニ仕候、依之神尾大夫方江年礼等計相勤罷有候処、近年神事祭礼之節者罷出候様ニ神主申越候得共、先例無之儀故不参候得者、宗旨印形仕間敷旨申ニ付無拠罷出候処、神役等相勤候様ニ申候、⑤先達之儀、前代より仏道ニ而相勤来候者、神道不存候付得不相勤候処、難題申掛ヶ屋敷家財共ニ差置立退様ニ神尾大夫申越候、乍然私屋敷者先達不納屋敷と申、先祖より譲受候屋敷之儀故迷惑仕候、先規之通先達相勤候様仕度旨答上之候

一同国同郡柳田村修験大善院答上候ハ、内善儀神尾大夫支配之由申立候得共、内善儀社人ニ而者無之修験道ニ而候、内善事何方よりも支配請不申旨申ニ付、先達と申訳ヶ致吟味候処、上杉播磨守領地之節、梁川城須田大熕田地三反歩寄附之書付ニ先達任先例相勤候様ニと有之、⑥先達と申儀相違無之候修験道ニ而社家之支配受候例無御座候間、内善大善院支配ニ仕度旨答上之候

右双方数回遂御吟味候処、内善儀先祖代々神尾大夫支配ニ而勿論社家宗門帳ニ相附、証拠之書物数通神尾大夫差上之相違無御座候付、内善儀支配相背候趣、段々御吟味之上不調法之段申上之候、⑦且内善儀先達と唱候儀ハ、修験道之称号ニ而ハ無之、羽山権現江参詣人之先き立いたし候ニ付、俗ニ唱来り候事ニ候、併行衣を着シ数珠錫杖を持、羽山社前ニ而修験之唱方、先代より致し来り候由ニ候、依之此度大善院支配ニ可致旨申候得共、俗体之者を修験之身として可致支配筋有之候哉と御吟味ニ逢申披無之誤入候旨大善院申上候、梁川百姓

共江御尋之処内善儀、⑧平正者百姓同様ニ農業致し、神尾大夫方祭礼之節者罷出相勤候旨申上之候、⑨且神尾大夫より斎藤数馬居屋敷取上候儀、梁川役所ニ而申付候ニ無之、勿論取上候例格有之儀ニ而も無之、数馬と相対之上請取候得共、数馬屋敷者神職屋敷ニ而無之百姓屋敷ニ付、此度之例ニ者御取用難成候、内善禰宜屋敷之内と神尾大夫中上候付、⑩梁川御領主江被仰遣検地帳御取寄御吟味之処、内善屋敷不納先達与有之、禰宜屋敷四軒之内ニ而神職ニ属候屋敷ニ紛無之候、依之小出伊勢守様御内寄合御列席江双方被召出被仰渡候ハ、内善儀禰宜屋敷ニ罷有、其上神主支配無紛証拠数多有之候処、支配を相背前後不揃成儀を申、不埒千万ニ付急度可被仰付候得共、此度者其分ニ被差置候、如先規神尾大夫支配相請可申候、大善院儀筋目茂不相糺内善儀を可致支配と不埒成儀申上不届ニ付、自今一切相障申間敷旨被　仰渡候、儀宝院儀者為指儀茂支配候ハヽ、争論ニ茂及間敷処、数年来支配之致方不届不念之事共ニ候、右之通被　仰付候上ハ向後古来之通作法正敷可致支配旨被　仰渡之双方奉承知難有奉畏候、為後証連判一札差上申所仍而如件

延享四丁卯年十一月

井上河内守領分
奥州伊達郡梁川村
六拾六郷惣社八幡神主
菅野神尾大夫

右同断
同国同郡同村
羽山権現富士両社之社人
萩原内善

松平越中守領分

同国同郡柳田村
修験　大善院
井上河内守領分
同国同郡梁川村
同　儀宝院

寺社奉行所

史料6は八幡神社神主（惣社神主）菅野家と本山派修験大善院が起こした訴訟の解決を示す一札である。争点は萩原内善という「宗教者」の帰属問題である。なお、斎藤数馬という「社人」の事例もみられ、神職・修験の帰属のあり方を示す一件とも考えられる。史料冒頭には、神主菅野家の意見がみえ、さらに萩原・大善院の意見、最後に解決内容が記される。

まずは、当一件の発端を確認する。当一件は、神主菅野神尾大夫による訴えから始まる。傍線部①は、菅野家が問題として掲げている部分で、一件の争点が萩原内善の帰属問題であることがわかる。

神主によれば、八幡神社の神役に伴い萩原内善を呼び出しても応答しないという。そのため萩原の屋敷を取り上げることにした（傍線部②）。このような例は、かつて斎藤数馬の場合も実施したという。なお斎藤数馬の事例では、数馬の母が大善院の守子（神子）であったためという。斎藤数馬の屋敷取り上げにあたっては、大善院が弟子の儀宝院を遣わして、数馬の屋敷に梵天を建てさせたともいう（傍線部③）。そして萩原は大善院の配下として、修験への移行を志向したことがうかがえる。八幡神社神主は、萩原の神職から修験への、いわば身分移行を問題視したと言える。

これに対する萩原の意見を整理する。傍線部④は、この訴訟の重要な争点とみられる。すなわち萩原は先祖代々、禅宗（曹洞宗）寺院（万休院）の宗門を受けていたが、いかなる訳か親の代であった八年以前から神職の宗門になったという。この状況は、彦内の段階で百姓から神職へ「身分」が移行したと考えられよう。そのため先述した八幡神社菅野家の意見の正当性がうかがえる。しかし注目点は、萩原が先達は「仏道」であって、八幡神社側の「神道」という主張は難題であると示すことにある（傍線部⑤）。また屋敷についても、取り上げに該当する「不納屋敷」（後述）ではなく、先祖から譲り受けてきたものであると主張する。つまり、萩原は自らの実態面から、神職でないことを主張したのである。ここでの注目点は先達が神職なのか百姓なのか、さらには修験かといった、その帰属のあり方である。また、役負担のあり方をめぐる問題が存在していることもわかる。

次に大善院の主張を整理する。大善院は萩原を先達でも神職でもなく、「修験道」であると主張する。そして、萩原は自らの配下、本山派修験の配下であることを示す。ここまでが訴訟の主な要点となるが、解決のあり方を示す前に、この訴訟に関連する史料が年未詳ながら伝来するので、あわせて検討を加えてみたい(31)。この史料は神主菅野家の訴えに対する大善院の返答書である。大善院の主張を整理する。

①寛文検地帳記載の「不納屋敷」とは、どこからも支配を受けない屋敷である。

②「先達名目ニ而修験道ニ限り」とみえ、先達は名目上に呼んでいるにすぎない。

③修験が社家（神職）を支配することはあっても、その逆はない。

大善院の主張は、寛文期における検地の意義を相対化させ、先達は実質的には修験であることを主張するものであった。また返答書では、萩原の事例以外に屋敷地へ梵天を建てる行為の意義を主張する。すなわち、先述した関波村の重次郎（斎藤数馬）の母に関する事例である。この母は修験の「守子」であるので、関波村真言宗慈恩寺の宗門から外れていたという。これは慈恩寺の了解も得ていることが記される。

そのため大善院は次のような対応をとったという。「依之一宗ニ而立来り候、梵天為立候様ニと申付、拙僧支配下儀宝院遣師為相立候所」とある。大善院はこの母の屋敷に一宗（修験）の象徴として、支配下の儀宝院を遣わし、梵天を建てさせたというのである。ここでは修験側が屋敷に梵天を建てさせ、自らの帰属を企図した点は注目される(32)。最終的に、大善院・儀宝院の行為は不当なものとして処理される（惣社神主の意見採用）。先述したが八幡神社が屋敷を取り上げたと考えられる。

このような事例をふまえて、改めて萩原の事例に戻ってみたい。解決にあたり、萩原は神職組織の規制に背いた者として処理されることになった。すなわち惣社神主側の勝訴となり、神職として位置づけられた。しかし傍線部⑦のように、萩原が「先達」と唱えていたことについては、羽山権現へ参詣する者の前へ「先き立ち」として参詣するためで、俗に先達であったことが確認される。さらに史料では、先達の服装などが修験に近いものであったこともうかがえる。実際には、修験に近い存在形態をもっていた萩原内善であったが、最終的には神職側に編成されることになった。くり返すが、大善院は、このような萩原の実情をふまえて、修験配下に編入しようとしたとみられる。

また萩原について、梁川村の百姓へ事情をうかがうと、普段は百姓同様の生活を行い、梁川八幡神社の祭礼のさいに八幡神社へ訪れるにすぎないとする（傍線部⑧）。さらに斎藤数馬の屋敷取り上げの例は、相対の上での処理であったことが確認される（傍線部⑨）。さらに寛文検地のさいの、萩原の屋敷の名請については（傍線部⑩）、萩原の先祖の屋敷が「不納先達」として名請されており、神職該当の「四軒」には該当することが結論づけられた。最終的に萩原は小出信濃守裁定により、神職としての「身分」を指示された。

以上、訴訟の概要を整理した。これによると、萩原を神職へと組み入れることになった要因は、①親の代において宗門帳が百姓から神職へと移行していたこと。②先達はあくまでも、俗に唱えているものであること。この二点が指摘できる。そして、延享期において萩原は明らかに神職とも修験とも不分明な存在であったことが判明した。この段階まで先達という「身分」は在地社会のあり方に適合していたが、当該期の宗教者編成の論理とは齟齬をきたしていたと言えよう。結果的には、神職の人別編成が宗教行為や在地での実態（平生は百姓に近い）よりも優位に裁定されたことも判明する。

ところで訴訟時に問題となった、萩原の先祖屋敷についても付け加えておきたい。梁川村の延宝検地帳で萩原の先祖に該当する部分を確認すると、確かに検地帳には「先達」で名請けされている。つまり、検地帳には百姓名ではなく、「先達」と名請けされているのである。すなわち修験でも神職でもない先達という呼称が検地帳で確認される。なお、この名請の部分には張り紙が付され、本事例の延享期の問題が一部記されている。

また村方の史料には、この一件が「羽山先達公事ニ此時秋中神尾大夫・柳田大善院、儀宝院、本町先達内善・名主利三郎五人組長百姓代罷登り、かち候公事ニ候得共、神尾大夫ニ御さいきょ之袖之下寺社へ被遣候故、内善まけ申候事」とあり、当初は内善の主張で「かち」となったが、そのあと神尾大夫の「袖之下」により、八幡神社側の勝訴を記している。(33) これ以降、萩原内善は神職として帰属を明確化していくことになるが、じつは直後に欠け落ちとなる。ただ延享四年（一七四七）十二月の惣社神主への一札では、次のような確約をしている。

【史料7】(34)

差上申一札之事

一私奉仕之神社梁川村内御林ニ鎮座羽山権現、年々十月御祭礼之節、同月十二日より参詣之者共ものいみ潔斎ニ相籠、同十八日登山仕候、神事之儀先代より紛敷義有之候ニ付、向後御頭招請仕、御下知ニ而神事相勤候神事之式、左之通（後略）

これは訴訟直後の羽山権現の祭礼のあり方について、萩原内善・斎藤筑前・幕田源太夫・志母田長門から惣社神主（菅野左京大夫・同神尾大夫）に出した一札の一部である。

これをみると訴訟直後、羽山権現の祭礼は神事による執行がうながされている。特に「向後御頭招請仕」とみえ、惣社神主が羽山権現へ出向き、神事の指示を出すことになった状況が判明する。そして史料では、続けて「神事之内白張烏帽子着、紛敷衣類仕間敷候事」（後略部分）とみえ、神職による装いで神事が実施された。さらに「同十七日より羽山社前江榊を立、注連引候事」ともみえ、社前で榊をあげることもみえる。これは先達として羽山権現祭礼を担う立場から、神職（萩原内善）として祭礼を担う立場へ変容したと評価される。ここからも延享期に生じた萩原内善を争点とした神職と修験間の争論は、神職側の勝訴に終わったことが判明する。

十八世紀半ばにおいては、不動の「飛び付き」に伴った「鉢」の管理方法、本山派修験及び神職の編成が浸透してきた段階に延享期争論の特徴があった。特に争論の過程で先達という呼称自体が否定された。そして先達は次第に史料上には名前をみせなくなっていく。史料上では、神職名あるいは修験名が書き記されていくことで、在地での先達行為を執行していくことになると考えられる。

むすびに

本章では、本山派修験の動向、それをふまえた神職との競合を中心に述べてきた。注目点の一つは、羽山信仰に関与した先達であった。先達は、梁川村の延宝検地で名請けしながら、百姓か宗教者か不分明さを残していた。この不分明さは、神職及び修験の編成が進展するなかで、問題視された。神職は惣社神主を中心とした編成、修験は東根郷年行事大善院による編成が進展していた。大善院の編成は十八世紀初頭には、自身引導の実施にみられるように集団化が図られていた。なお一般百姓の葬祭は、修験と禅宗との競合関係もみられた。

延享期に生じた伊達郡の争論結果は、先達の神職への編入をもたらしたが、神職となっても先達行為は否定されていない。本所吉田家は惣社神主（触頭）を通じて配下神職を編成した。しかし延享期まで先達（神職）は仏教的要素の入った活動を実施していた。その意味では、十八世紀半ばまでの惣社制の特質とは、仏教的要素を包含していたとみられる。そして、十八世紀後半になっても神職による仏教的行事（羽山信仰）を取り込む状況が争論惹起の背景として位置づけられよう。

そして神職は、仏教的諸要素を取り込みつつ（仏教的世界を改編する場合もあろうが）、一部改編するなど、それは在地の状況に対応させていったのではなかろうか。十八世紀後半における信達地域の神職は、このような「仏事」の世界を取り込んでいくことで、自らの社会的位置を整備していったとみられる。端的に述べれば、神職が修験の世界を奪取していったとも言えよう。

このような点を念頭において改めて神職編成について考えてみると、次の状況が明らかである。江戸幕府創設以降、南奥州においては、神職は吉田家・修験は聖護院というように、比較的速やかに各宗教者が本所側にすり寄っていった[35]。特に、寛文期以前の神職や修験のあり方を説明するさいには、重要な見解である。そして、寛文期が画期となって両者の争論が止揚したことも明らかにされている。しかし、実際には両者の活動の明確な指針が示されたわけでもなく、結局、そのあり方は在地社会に委ねられていた。ここに神職が在地社会における神仏未分離の世界を取り込んでいく背景があったとみられる。神職は、本所権威を梃子に先達を組織に編入していくことで、先達行為の正当性を確保していったと言えよう。この点は、十八世紀段階までの当地における神職のあり方の一面として指摘できよう。しかし、このような神職のあり方は、やがて国学者の吉田家批判などへと顕在化していくのである[36]。

（1）　本編第一章参照。
（2）　藤田定興『近世修験道の地域的展開』（岩田書院、一九九六年）。
（3・4）　岩崎敏夫『本那小祠の研究――民間信仰の民俗学的研究――』（岩崎博士学位請求出版後援会、一九六三年）。

（5）本章では本所吉田家へ編入以降の神職のあり方に注目する。

（6）真野純子「諸山諸社参詣先達職をめぐる山伏と社家――吉田家の諸国社家支配下への序章」（『論集日本仏教史七　江戸時代』、雄山閣、一九八六年）。

（7）註（2）藤田書参照。

（8）羽山信仰は、羽山への「先達行為」を実施する先達が主導した。ここでは先達の存立事情に注目していく。

（9）大善院文書（東北大学附属図書館所蔵）。同館に史料群が移管された経緯等についての詳細は不明である。主に伊達郡東根郷の本山派修験の動向が判明する史料群である。本節では大善院と配下の修験のあり方に注目する。

（10）一般に奥州岩城における修験と神職の問題などが知られる。これまでの研究では、「社家と山伏の出入」として注目されてきた。『修験道辞典』（東京堂出版、一九八六年）、一七二頁参照。

（11・12）大善院文書。

（13）「福島藩日記」（『福島市史　第七巻　近世資料Ⅰ』、福島市、一九九〇年）参照。福島藩では、元禄期（領主堀田段階）に自身引導の実施が命じられている。元禄五年段階の書留めでは、「修験道作法」として三条目が確認される。①「一天台山伏修験道之外ニ　旦那寺頼不申事」②「一山伏守子葬送引導之役義等　則年行事以修験之作法相勤候事」③「一山伏末子之俗体ニ而居申候仁者　別に宗門頼候事」以上の条目が積善院より申し渡されている。それぞれ①修験道以外の旦那寺をもたないこと。②山伏（修験）とその守子の葬送は年行事を通じて行うこと。③山伏の末子は旦那寺に任せること。これらは積善院から年行事良蔵院・安楽院を通じて同行の修験へ申し渡された。

（14）大善院文書。

（15）「信達寺社修験録」（福島県立図書館所蔵）。

（16）大善院文書。

（17）禅宗側も宗教活動の実施に伴って、修験との違いを十分に認識し、集団化を図っていった例と言えよう。信夫・伊達の両郡にわたって集団化が遂げられている。

（18）大善院文書。

（19）葬祭の問題については、第二編で取り上げる。当地でも禅宗と修験の職掌が競合することを確認しておく。

(20) このような十七世紀段階での百姓層の宗教的問題への関与のあり方は、今後も追求すべき問題とみられる。
(21・22) 関根家文書。関根家文書については、本編第一章を参照されたい。
(23) 関根家文書。ここでは差出人が「羽山社人」となっている。先達とは確認できないことに留意しておきたい。先達から社人への移行ともみられる。
(24・25) 『梁川町史資料集 第六集』(梁川町、一九七七年)。
(26) 関根家文書。
(27) 関根家文書。同史料は『伊達町史 第五巻資料編Ⅰ 原始・古代・中世・近世』(伊達町、一九九八年)に所収。
(28) 註(2)藤田書参照。なお十九世紀の編纂史料=「信達風俗問状」では、修験および神職の記事がみられる。たとえば鎮守祭礼については「大方吉田流の神道、山伏又は寺社持の社もあり」とみえ、神職と修験の競合を記す。また庚申待や巳待については「山伏又は神職を頼む」とあり、両者への依頼があったことがうかがえる。『日本庶民生活史料集成第九巻 風俗』(三一書房、一九六九年)参照。
(29) 大友家文書(『梁川町資料集 第二四集』、梁川町、一九八八年)。
(30) 大善院文書。この史料は、一部文言の違いもあるが関根家文書でも確認される。伊達郡内部における神職・修験の関係を考える上で注目すべき史料とみられる。
(31) 大善院文書。
(32) 修験が梵天を建てるという行為は、修験の帰属を象徴的に明示する意味があったとみられる。この他、一般に境界決定の際に「梵天」を建てる行為があることも知られる。
(33) 註(29)文書参照。
(34) 関根家文書。
(35) 註(2)藤田書参照。また高埜利彦「江戸時代の神社制度」(『日本の時代史一五 元禄の社会と文化』、吉川弘文館、二〇〇三年)、ここでは静岡県富士宮市の神職と修験の争論が明らかにされている。神職の「輪袈裟・数珠」などの使用は、寺社奉行裁定で禁止の方向が確認される。本章の例は、このような動向とも近似する問題とみられる。
(36) 本編第五章で検討する。

第四章　惣社制と地方神職の動向

はじめに

奥州信達地域の神職は、惣社神主を中心に編成された[1]。しかし十八世紀半ばに、惣社神主菅野家はその立場から退く(後述)。ここに組織の矛盾が顕在化したと想起される。このような動向をふまえ、十九世紀以降の当該地域における神職とは、どのような立場にあったのか。特に、惣社神主と神職のあり方を念頭においた理解が求められよう。

そこで本章は、惣社制展開を念頭におきつつ、具体的に次の三点に注目する。①惣社神主の相続が配下神職にとっていかなる意義を有したのか。②十九世紀初頭の神職による社号整備の動きを取り上げる[2]。③天保期以降における惣社制形骸化の過程を示す。①は、惣社神主の菅野家から関根家への移行に注目し、基礎的な作業を試みる。②・③は、惣社制から組織離脱を志向する神職、それに対応する惣社神主の対応をみる。なお本章は、十八世紀後半以降の惣社制の基本的な推移を明らかにすることも目的とする。

さて、このような課題を設定するにあたって、次の研究史に注目する。西田かほる氏[3]・土岐昌訓氏[4]らの成果である。西田氏は甲州国中の神職制度の形骸化に伴う動向について、最後に次のようなコメントを付している。「地域的な神職組織である勤番制度や、吉田家による全国的な神職編成といった旧来の組織は、近世中期以降、社家個々のイエが確立する中で実質的な機能を失ってゆき、社家のイエを保障する新たな社会体制への模索がすすめられるのではないか」と示される。この見解は、それまでの神職組織の弱体化を指摘したと共に、神職が新たな体制模索の段階に入ったことを示す主旨となろう。また土岐氏は、武州の神社秩序の形骸化について、それまで触頭格神社の祭礼に参勤していた神職が不参となった点を象徴的にみている。両研究に注目すれば、改めて吉田家と在地の触頭クラス神職―その配下神職との関係は、時代状況による変質が見出せる。

また本章では羽賀祥二氏の研究にも注目する。羽賀氏によれば、十九世紀には歴史意識の高揚などがみられ、各地で社号の復興が顕在化するという(5)。十八世紀半ばの村方レベルでの地誌編纂の状況と関連をもった提起である。そして十九世紀における社号の復興・式内社の確定といった状況に注目して、地域における宗教秩序のあり方を論じながら、その上で社号復興に基づいた神社を、いかに地域住民が受け止めていったのか。また式内社の受容が、どのような宗教秩序を醸成して、新たな宗教的な秩序が創出されたかを課題に掲げる。

このような課題も念頭におきつつ、本章は神職集団の再編から解体のあり方、それに関連した社号改編を志向した神職の動向に注目する。

一　十八世紀後半における惣社制の再編

(1)惣社神主の移行をめぐって

十八世紀後半、梁川八幡神社神主は菅野家から関根家へ移行する。戦国期以来とされてきた菅野家を中心とした惣社制は大転換となる。ここでは関根家が、どのような事情から惣社神主へ就任するのか、この点を考察する。まずは神道裁許状から、惣社神主就任以前の関根家の位置を確認する。

【史料1(6)】

奥州伊達郡梁川村白山権現之祠官関根権頭藤原高経、任先例神事参勤之時、可着風折烏帽子狩衣者　神道裁許状如件

享保十六辛亥年九月十五日

神祇管領長上正二位卜部朝臣兼教（朱印）

この史料から判明するように、関根家は享保十六年（一七三一）の段階で吉田家より梁川村白山権現祠官号の免許を受けた。したがってこの段階において、菅野家（神主号）―関根家（祠官号）という組織編成の進展が明らかである。

史料中の白山権現は、梁川村の曹洞宗寺院興国寺と関係をもっていた。元禄二年（一六八九）には、興国寺と惣社神主との間で、「後代之覚」をかわしている。そこでは「当社白山権現之祭礼ハ九月九日也（中略）任恒例ニ惣社司神尾氏ニ而代々可被幣帛者也、勿論関根家氏も罷出」とあるように、白山権現祭礼について、惣社神主菅野家及び関根家の関与が示されている。関根家は、少なくとも元禄期から享保期にかけて興国寺と社会関係を持っていたと理解される(7)。

さて、宝暦二年（一七五二）になると、関根家（関根権頭）は「伊達郡六拾六郷惣社若宮八幡宮神主」と名乗る(8)。同年には、「当国梁川惣社八幡宮之神主職幷触頭役とも今度改而被　仰付候段難有仕合奉存候、則御請奉申上候」(9)とあり、関根権頭が惣社神主及び触頭の両役を受ける。この時期には、惣社＝触頭であることが明確化している。惣社を中心にした神職のまとまりが、触頭体制とも重層化すると言えよう。また「毎年年頭之為御祝儀触下より上銀集取候而茂御本所様江者終不指上旨ヶ様之不埒、其外難儀筋之事、触下へ申触(10)」とあり、毎年の触下からの上銀の取り集めを遂行することも記されている。この他にも関根家は支配神職への命令の徹底、神道裁許状の取次ぎなどを吉田家との間で一札をかわしている。

なお宝暦四年には、関根権頭は修験儀宝院との間で争論を展開させる。[11] ここでは「伊達郡六拾六郷惣社八幡宮神主梁川村　訴訟人　関根権頭」とみえる。この儀宝院との間での訴訟は、「梁川村本町（中略）八郎権現宮先規より社主別当無之神主方ニ持来候所、此度儀宝院我儘ニ幣帛入可申段申由ニ付、権頭名代大膳当月廿一日、右儀宝院宅江罷越」とみえ、八郎権現の管理（神職は先規から管理と主張）、ここでは幣帛をあげる行為に伴って問題が生じている。一件のその後の詳細は不明であるが、いずれにしても関根権頭が惣社神主として確認できる。惣社神主は菅野家から関根家へ移行を確認している。

しかし菅野家から関根家への惣社神主の移行は、実はスムーズなものではなく、組織編成上の矛盾を内包した相克の結果によるものであった。次に、菅野家から関根家への移行に伴って生じた問題を取り上げると共に、その背景にある神職間のあり方に注目する。[12]

（2）惣社制と神職の縁戚関係

まず、惣社神主移行の直前、寛延二年（一七四九）における惣社制のあり方を確認する。[13] 同年、惣社神主菅野家は神職との間で六条の条目をかわす。

主な内容は、惣社神主（菅野家）と配下神職の出入りが書きとめられている。また、この中には惣社神主の優位性を確認する内容が掲げられる。たとえば桑折諏訪神社との出入りである。[14] また「神主号出入以来保原神明宮神子より御配下之神職とも誘引被成、（中略）神子御修行被成」とあり、伊達郡内部で神子編成も惣社神主が担ったこともうかがえる。[15] この他、神職による神道儀礼の徹底、特には修験との出入り等の問題が示されている。

注目点は六条目である。前章で取り上げた例が確認される。たとえば「去卯年萩原内善と出入り之後、一ヶ年ニ六度之神学会被仰付、誠ニ以為道職分之必要なる被仰付難有奉存」とあり、この時期に六度の神学会が実施されたという。そして、萩原内善とあるように、修験との争論を契機とした「会合」であったことがわかる。この時期には、伊達郡内部の神職が修験との対抗関係を明確化していた。このような状況を念頭におきながら、惣社神主移行の問題を検討する。

さて、宝暦元年（一七五一）、惣社神主（菅野家）は「刃傷一件」を起こす。ここでは既に明らかになっている事象を中心に再度整理を試みる。[16] 結果から述べると、①惣社神主が菅野家から関根家へ移行した。②「刃傷」に遭遇した神職縁戚筋は関根権頭への移行を拒絶する。結局、その後、関根権頭が病死し、民部が相続する。したがって、宝暦期の当地の惣社制は極めて混乱状況に陥った。

そして民部の相続は、配下神職の惣社制への非難をもたらした。民部は、権頭から相続されたが、じつは戦国期以来使用する「菅野」姓を復活させようとしたのである。たとえば「菅野之苗字家名相名乗り」とあり、配下神職らは、関根姓から菅野姓への復活を疑問視する。民部については宝暦十年（一七六〇）、「宝田薩摩守二男ニ男民部と申者取引家督相続為仕度奉願上候」とあり、宝田薩摩の二男（次男）が相続する。なお宝田家は奥州岩瀬郡の触頭クラスの家柄で、既に吉田家より「神主号」の免許を受けていた。他郡の有力な神職次男が伊達郡の惣社神主へ相続したことになる。

この経緯をふまえ、ここでは惣社（民部）側及び配下神職の動向を述べる。まず宝暦十三年の「菅野民部大夫」、惣社側の訴えから確認する。まず、民部（民部大夫）が「菅野」姓を復活させた意向がうかがえる。三点からなり、主な要点は①惣社神主の由緒、[17]②四年以前に惣社神主の跡職を継いでいること、③惣社制は仙道七郡域でみられ、配下神職の菅野中務の縁者たちの行為が制度への反目を示すこと、以上である。それぞれ補足する。

①まず史料冒頭で「陸奥国伊達郡六拾六郷之惣社若宮八幡宮之儀者、菅野民部大夫申上候」とあり、「菅野」姓が表記され、その立場を誇示した。

②「毎年従　御公儀様宗旨人別帳御改之節仕来候、社家共権頭御受印形仕相済来候所、権頭義病死仕候ニ付（中略）私義四年以前惣社神主跡職相続仕候事」とあり、惣社神主の跡職を継いで、毎年の神職の宗判を実施するものである。

③「奥州仙道七郡之儀者、往古より一郡之内惣社頭職之儀神主相立来、郡中之社家致支配罷有候」とあり、惣社制の制度的あり方を主張の論理として、郡中の神職（社家）の反目を批判する。

さらに③に伴い、「偽を以、吉田家より支配下ニ無之神主号申請、古来之社法古証文を相背候ニ付、惣社神主難相立難儀至極奉存候」とあり、民部大夫の配下に入るはずの神職が「神主号」を名乗ろうとすることを非難する。一方、配下神職は宝暦十年、「関根民部大夫当春中私共上京仕候、如何様成ル訳ニ而御座候哉、菅野家名相名乗申候」と、民部（民部大夫）が名乗る姓を問題視する。なお、この問題に対する宝暦十二年の村方（石田村・富沢村・下保原村・北半田村・岡村・長倉村の名主）は、「私共村々産神氏子ニ御座候得共、祠官状之格敷之儀、氏子より一図相勝候儀無御座」と記し、神職の「神主号」習得については懐疑的な姿勢を示す。

最終的には、明和元年（一七六四）に解決にいたる。その中で権頭は「菅野之苗字名乗候得者、祈願旦那之信仰茂厚、権頭も右之存心故、去ル巳年上京いたし惣社神主職相続仕」とあり、「菅野」姓が旦那へも厚い信仰をもつという。このような事情が、配下神職との間で対立を生み出していた要因と言える。最後に一連の経緯を主に三点で整理する。

①寛延三年（一七五〇）神学集会の際に一件があり、宝暦二年神尾大夫の孫である権頭（関根家）が惣社神主に相続した。この権頭は関根家への養子であった。

②権頭は「極老」で、相続後に直ぐに死去し、民部は岩瀬郡から相続した。

③民部は「菅野」姓に固執し、配下神職との間で軋轢を生じさせた。

そして最終的に「菅野苗字を名乗許状請候段心得違」となり、菅野から関根へと惣社神主の姓が移行する。また配下神職の「神主号」習得の意向も却下され、惣社制が維持される。この他、宗門帳の管理なども惣社神主関根家による機能であることが確認された。

ここから以下の点を評価する。①神職組織の内部は縁戚関係が存在していた。②惣社神主は、いわば伝統的に付与されてきた姓に固執したが反故にされた。これらの事情を組み込んで、伊達郡の神職組織は宝暦期から明和期にかけて再編されたと言える。

惣社制下の神職は、十八世紀半ば以降、自らの惣社神主へ対して縁戚関係を軸として捉え直し、場合によっては組織への批判を強めた。当地の神職は、惣社神主を相対化する志向を獲得していたと言えるだろう。

二　十九世紀における惣社制と配下神職の台頭

十八世紀後半、惣社制は関根家を軸として再編が図られた。十九世紀に入ると、神職は神社の来歴を誇示する者が登場する。十九世紀以降、確実に神職意識のあり方に変容が認められる。注目点は、①社号の問題、②天保期以降の組織の形骸化、以上二点を念頭におき、十九世紀以降の惣社制のあり方を述べる。

(1)文政期の石母田村国見大明神をめぐって

ここでは文政二年における惣社神主（関根家）と国見大明神石母田村神職菊池家との間で生じた一件を取り上げる。この一件は既に『国見町史』[18]で紹介されている。概要は国見大明神の勝訴を指摘し、惣社制の形骸化を示したものである。この点は後述するが、訴訟の結論は、明らかに惣社神主の勝訴となっている。また訴訟の争点は「惣社」および「惣鎮守」といった文言をめぐるものである。願書から返答書、そして済口証文の作成過程で、史料文言がいかに変容するのか[19]。この点を意識的に注目して、当一件を再考する。

　まずは、菊池筑後の訴えから生じる願書に検討を加える。菊池筑後は、国見大明神の社号を「西根郷惣鎮守」と主張する。要は「惣」文言の可否で惣社神主関根家と争う。先述したが、梁川八幡神社は伊達六拾六郷惣社としての位置をもつ。郡を包摂する「惣」文言の可否は、関根家にとって惣社制の根幹を揺るがすものと認識された。さらに菊池家は、「菊池市正跡株相続仕候処、八拾余年ニ罷成候老婆壱人有之、営々申聞候者、当社往古より西根郷惣鎮守ニ而、右惣鎮守与唱候儀、注連頭致嫉妬難渋申掛」とあり、八十歳余りの老婆の「語り」により、西根郷惣鎮守の使用を主張する。

　また菊池家は「惣社と惣鎮守者差別有之、惣社者六拾六郷神社之惣社ニ而、惣鎮守者其産地を守護之訳ニ而、殊ニ国見大明神者西根郷惣鎮守ニ而、惣社号ニ差障候筋無之旨相答候得共」とあるように、惣社と惣鎮守についての認識の違いを示す。この願書の差出人の肩書きにも、「西根郷惣鎮守国見大明神神職　菊池筑後」とみえ、「惣鎮守」号を記している。当一件は、菊池家が伊達郡内部にある「惣」文言の相対化を通じて、社号確定を企図した動向と評価されよう。

　さらに菊池筑後は、自らの相続のあり方を主張する。筑後は、田村郡海老根村菅船大明神神職の出身であった。海老根村において、筑後は既に「遠藤筑後」として吉田家から許状を受け、倅の丹宮に菅船大明神の職を譲り、石母田村に移ってきたという。つまり、石母田村では、前神職菊池蔵人の「欠落」により、遠藤筑後が相続人となった。他郡の有力神職（既に神道裁許状受給）が伊達郡の神職の「家」へ相続したことになる。

　次に惣社神主（関根家）の反論内容を示す。その中心は、菊池家による「惣」文言使用の拒否に象徴される。具体的には、次のように「一己の存寄を以御本所江戸御役所江罷出、如何様之手段ニ而御許状頂戴仕候哉、猶又其後桑折御役所より之御添簡を以（中略）又候寅八月中罷出、西根郷惣社鎮守与社額字拝受仕度旨願書差出候処」とあり、惣社神主は許状（神道裁許状）を関根家の認可を受けずに、直接に江戸に出向き受給しようとしたことを問題視する。さらに菊地家が「西根郷惣社鎮守」の額字を受ける旨を問題視している。関根家の主張の中心は、惣社（関根家）の許可を受けずに、その社号の確定を目論む菊池家への反論と整理できる。

当一件は、惣社神主関根家と配下神職菊池家の争論という意味において、それまでの惣社と配下神職との関係と同質であると考えられるが、いくつか新たな状況もみられた。次の史料から、当一件の解決のあり方に注目する。

【史料2[20]】

差上申済口証文之事

一奥州伊達郡西根郷石母田村国見大明神神職菊池筑後より同郡梁川八幡宮神主関根讃岐江相掛り、御社法差障職分難渋出入申立、御裏書頂戴相手方江相附候処、讃岐病気ニ付、同社之社役人丸山鉄平罷出返答書差上、当時御吟味中ニ御座候処、扱人立入掛合之上熟談内済仕候趣意、左ニ奉申上候

右出入双方篤と承引候処、訴訟方菊池筑後義、①同州田村郡海老根村菅船大明神神主遠藤越後倅ニ而、寛政十二申年三月遠藤豊前と改名職分継目　御許状頂戴仕候処、名前差支有之可致改名旨、領主より被申付筑後と改名仕、社職相続仕候処、石母田村国見大明神神職菊池古市正倅蔵人義、身持不埒ニ付致欠落、跡株相続人無之由緒も有之候ニ付、右海老根村菅船大明神神主職者倅丹宮江相譲、文化四卯年中石母田村江引移、菊池市正跡株相続仕罷在候処、右市正妻常々当社ハ西根郷惣鎮守ニ有之候処、惣鎮守と唱候義、注連頭より年来致嫉妬不幸ニして、是迄惣鎮守号御額字御幣納之儀も　御本所様江御願不申上旨申聞候を相心得罷在候処、去寅年二月中社用ニ而出府仕候ニ付、当御役所江罷出、右菊池市正跡株相続仕候段申上処、②菅船大明神神主職と御許状を以国見大明神神職　菊池市正跡株相続者難成候間、菊池市正跡株之継目御許状可相願処、無其儀

是迄罷在候段不埒之至、注連頭ニも右体之義不相糺差置候者不相済義ニ付、早々継目御許状可相願旨被　仰
聞候得共、注連頭添状持参不仕段申上候ニ付、職分差支無之様、御勘弁を以先御仮免御渡可被下候間致帰村、
右之段注連頭江申聞添状取之可差上、其節　御本紙御渡可被下旨被　仰渡難有仮御免許頂戴仕、帰村いたし
添状之義、③注連頭江再応掛合候得共、願方之儀ニ付差縺有之添状差出不申、④其外同郡森山村神明神職横山備
前・同松原村弁天神職佐々木大和両人義も未た職分継目御許状頂戴不仕、祖父亦ハ曽祖父之名前国名相名乗、
宗門人別帳江も書出、注連頭方ニ而糺も不仕、宗判印形いたし相済来候抔、筑後申立奉出訴候処、相手注連頭
方ニ而者右様之儀無之旨申之、篤と相調候処、備前相続人倅生駒之助・大和相続人養子斎宮と申候得共、在
方ニ而ハ神職国名者家名之様相心得継目　御許状頂戴不仕内も産子旦中ニ而者、親名前申習はし候儀ニ而
宗門人別帳江継目不仕もの江国名相記、宗判仕候義ニ者無之処、訴訟方ニ而、聢と不取留御社法ニ拘不容易儀
申立候者、⑤不行届相手讃岐義も近年病気ニ而打臥罷在候故、注連下取扱不行届之儀も有之、双方共御吟味詰
御座候而者奉恐入候ニ付、今般噯人立入社号之儀熟談仕候上ハ、双方よりも精々心附無官之神職者、夫々無
懈怠急度継目御許状為相願候筈、⑥訴訟方西根郷惣鎮守と申立候得共、此度噯之趣意を以西根郷大鎮守与相改、
筑後継目御許状江西根郷大鎮守国見大明神祠官と御書載被成下候様、此節添状差出、猶亦右西根郷大鎮守と
相改候ニ付而ハ御幣納御額字等引続願上候義ニ付、其節注連頭添状差出向後共継目　御許状願之筋同人添状
を以願上、其時々添状無差支差出、万一差支候ハヽ、其段申立候筈、且亦是迄之御額字、今度西根郷大鎮守
国見大明神と書替相掛、村々守札其外共、右之通相認尤注連頭注連下陸敷相互礼節堅相守、勿論注連頭江非
礼無之様仕候筈、至極聊無申分熟談内済仕、偏ニ御威光と難有仕合奉存候、然上ハ右一件ニ付、重而双方より
御願筋毛頭無御座候間、何卒御慈悲を以御吟味是迄ニ而御下ヶ被成下候様一同奉願上候、以上

文政二卯年八月　　寺西重次郎御代官所

奥州伊達郡西根郷石母田村
　西根郷大鎮守国見大明神祠官
訴訟方　菊池　筑後㊞
松平志摩守領分
同州同郡梁川
　六拾六郷惣社若宮八幡宮神主注連頭
相手方　関根讃岐煩ニ付代
　同社之社役人
　　丸山　鉄平㊞
松平越中守領分
　同州岩瀬郡柞鉾村
　鹿島大神宮正神主注連頭
取扱人
　　宝田　薩摩守㊞

　御本所様
　　御役所

差出人の肩書きをみると「国見大明神祠官」とあり、「惣」文言が使用されていない。さらに「祠官」とあるように、菊池家の意向は拒否されている。この点から、当一件が惣社神主側の勝訴にいたったことが明らかである。

再度経緯を整理すると、先述のように菊池筑後は田村郡海老根村出身であり、寛政十二年に海老根村で神道裁許状を受けた（傍線①）。その際、「遠藤豊前」で受給したが、領主から「名前差支有之」とあり、筑後と改名し神道裁許状を受給した。文化四年（一八〇七）には、国見大明神の蔵人が欠け落ちとなったために菅船大明神を倅の丹宮に譲り、筑後が国見大明神に入ったという。

留意点は、遠藤筑後が石母田村に入る以前に、既に神道裁許状を受けていたことにある。すなわち関根家の「取次ぎ」がなくとも、既に出身地で神道裁許状を受給していた。この背景から、筑後は石母田村に入った以後に、一件を引き起こすことになったと考えられる。当一件の争点となった社号については、最終的に「西根郷大鎮守国見大明神祠官」と示され落着する。先述したが「惣」文言及び「神主号」は却下となる。この他、主な注目すべき点を整理する。

①海老根村菅船大明神段階で受けていた神道裁許状では石母田村（国見大明神）の跡株相続が難しい（傍線②）。

②注連頭（惣社神主）は、菊池筑後の「神主号」を認める添状を作成しない（傍線③）。

③神職（松原村横山備前・佐々木大和）の中には、神道裁許状を受けていない者がいる。実際に横山らの神職は、祖父らの名前や国名を名乗り、宗門人別帳に許可なく勝手に記載しているという（傍線④）。つまり、神道裁許状を受けていなくても、村方で宗門人別帳に親名を「習はし」として使用しているという。

④関根讃岐（惣社神主）が病気がちで、社務に支障をきたしている（傍線⑤）。

特に③を補足すると、惣社神主による西根郷神職の人別管理が曖昧になっていることを示している。十九世紀以降、惣社制は西根郷の神職たちに十全に機能していなかったことになる。しかし伊達郡における「惣」文言の使用は、惣社梁川八幡神社の一元的な呼称と認められた（傍線⑥）。

なお、当一件以降の関根家と菊池家の関係についても確認する。慶応三年（一八六七）、菊池家は関根へ対して一札を差し出す。たとえば「私孫勇馬幷神子貢二人共、為継目と居官御許状頂戴仕度間、吉田御殿表首尾能御添状被下度奉願上候」と孫と神子の居官習得について、関根家へ願い出ている。[21]また、そのさいに「熊野宮・牛頭天王・義経大明神」といった、多くの小祠管理に関する添状を関根家へ願い出ている。このなかの「義経大明神」の存在は、北方史との関連で注目できようが、少なくとも文政期の一件により、惣社神主の配下から菊池家が離反していない。

(2)天保期以降の惣社制

惣社神主を相対化する神職は、天保期以降、様々な形で顕著に現れてくる。ただし、惣社制は、十九世紀に入っても機能を有した。ここでは天保期以降の惣社神主（関根家）と配下神職の間で生じた問題を取り上げる。特に組織の形骸化を示す状況について、次の四点に注目する。[22]

①関根家（惣社神主）からの触が全ての配下神職に廻らず、途中で頓挫する。

②惣社の祭礼へ配下神職が参勤しない。

③百姓が小祠の勧請を惣社の許可なく実行する。

④神主号を願う配下神職が頻発する。

これら四点から、概して惣社神主の権威低下が明らかである。それぞれの状況について述べる。①は、天保十五年（一八四四）に飯田村神職小野越中と惣社神主との間で生じた一件が示す。惣社制は「触下江之廻状両三度差留置、旧例相破り候義何等之筋合有之候哉」と梁川役所へ訴えている。すなわち「廻状」が差し止まることは、神職組織に支障をきたすことを意味する。最終的には、弘化二年（一八四五）に小野越中が「詫び」を出す形で解決が図られた。[23]②は文久元年（一八六一）に関根佐渡が岡・長倉村熱田天王社神職の土田隼人らとの問題である。

次の史料から、その状況を確認する。

【史料3】[24]

右訴訟人佐渡奉申上候趣意者、八幡宮之義者従往古伊達郡六拾六郷之惣社ニ而、私義者神祇官吉田家数代之門弟故神祇道社職之御条目支配仕来候ニ付、社家共年々正月八日神学集会与相唱、触下社家共銘々廻文を以出席為致　御公儀様御条目ハ勿論御触等之儀、聊心得違無之様（中略）土田隼人過ル万延元申年春中如何心得候哉、私方江一図添書願も無之、御領主添簡而已持参及上京、土田隼人継目初重法令典膳義居官ニ而継目許状等両人共申請、帰村之上、装束着用神事相勤候由（中略）①近年正月八日惣社両度之祭礼出勤無之、剰吉田家御触万事相背（後略）

これは関根家の訴えの内容で、配下神職土田家の動向を問題視するものである。一つには、土田家が関根家の添状なしで上京するというもの。二つには正月八日の梁川八幡神社（惣社）の祭礼に参勤しないというもの（傍線①）。惣社祭礼の参詣は、郡内の神職に参勤を義務づけており、組織形骸化をみる上で重要な現象であろう。[25]惣社祭礼の意義が、配下神職の中で相対化されていることを示す。

③は神社（小祠）の勧請をめぐる問題である。伊達郡内における小祠の勧請は惣社神主の権限で実施されることが原則であった。たとえば遷宮が配下神職の神社で実施される場合には、惣社神主の指示が必要であった。しかし、惣社神主の指示といった事項も、半ば黙殺される状況がみられていた。安政二年（一八五五）に関根佐渡は保原役所へ願書を提出する。「居屋敷江法外成る神明之宮社無故実勧請仕、多分之令銭を費出来之上、伊勢神主を呼入遷宮仕候（中略）伊勢参宮成兼候もの江与三郎勧請之神明宮ニ参詣ニ為致候」とあり、百姓（与三郎）が伊勢神主（御師カ）を呼び入れて神社（神明宮）勧請を実施し、遷宮まで実施したという。さらに神明宮に参詣者も訪れているという。郡域の外部に存在する「伊勢神主」を呼び入れて、惣社神主の権限を相対化する状況が指摘でき

よう。
④は文久元年（一八六一）に富沢村鎮守諏訪宮神職の原田摂津頭、名主の磯吉らが、関根佐渡に対して、「新規ニ大神主号御添状願上度候間」と神主号認可の願いを出したことに示される。また安政五年、石田村富田出羽らは桑折役所に対して、「大宮司号御免許為請度村内氏子一統之出願者拝請、殊更祖父代より志願ニ付」と大宮司号認可の願いが祖父の代からあることや「宝暦・明和両度之証書無趣意ニ差支不相成」と、前節で取り上げた関根家と配下神職の間でかわした証書などを「無趣意」とする。結局、これらの願いは却下されたが、当該期の惣社神主の立場を明示していよう。
ただし、天保十四年（一八四三）には「西根郷国見大明神神主菊池伊予」と神道裁許状の写しが確認される。天保期以降になると、「神主号」を認可される神職が散見される。[26]つまり惣社（神主号）―配下神職（祠官号）間のあり方が変容していることがわかる。また、次のような保原村岡崎右馬司の願書も存在する。

【史料4】[27]

以書付御願申上候事

一此度　　　私義

為継目与上京仕度候、依之十八神道一日法令行事、先例之通御添簡被成下度奉願上候、猶今般改ニ神主号迄尤上京以後神祇道不依何事ニ先例之通御頭之御下知相背申間敷候、為後日如件

嘉永六丑年九月

保原神明宮祠官
岡崎右馬司㊞

同村受人
喜　三　郎㊞

伊達郡六拾六郷
　物社大宮司注連頭
　　関根佐渡守殿

この史料は岡崎家が継目にさいして「十八神道」の添簡及び神主号の認可を惣社神主に願ったものである。ここから次の二点を読み取っておきたい。①差出人の肩書きには「祠官」とあるように、今度の継目から新たに「神主号」を願っている。②この段階にいたっても惣社神主の添簡が必要である。以上から、天保期以降、「神主号」認可の新たな動向がみられると共に、惣社制の機能も無視できない状況が確認される。(28)

以上をふまえ、最後に慶応期から明治初期における惣社制のあり方を展望したい。惣社制は明治初期の神仏分離に伴う動きの過程で廃止となる。明治初年、八幡神社神主は別当亀岡寺の同神社への介入拒否の姿勢を示し、明治二年に次の旨の願書を神祇官御役所に提出する。「是迄六拾六郷注連頭職相勤られ、惣社付配下社人数多御座候所、今般右職分御廃止相成候義、此上別当復職いたし、剰新規神主号相立候而者、（中略）往古より之神主壱人ニ被仰付被下置候様奉願上候、以上」(29)とあり、関根佐渡は惣社制度の廃止、さらには別当の復職に伴うことによる新たな神主との競合を問題視する。そしてこれまでの通り、惣社神主の立場を保持しようとする（しかしながら却下されていく）。

しかし、明治期を迎え、いわば単線的に惣社制が廃止へ向かったわけではない。信夫郡の丹治家は、「神祇官御役所」からの指示について配下神職との間で証文をとっている。(30)たとえば「天朝御法度之切支丹宗門毎年御改之節、注連下社家・神子・神人以下ニ至迄神祇官付属之神職ニ紛無御座候、葬祭等神祇道ニ而執行仕、注連頭御請合ヲ以宗門相立来候、年々注連頭より御改（中略）御頭宗門帳江記上可申候事」などと「王政御一新」を迎えても、注連頭（丹治家）の宗門帳による管理が確認されている。さらに葬祭が神葬祭で実施されることも同様である。明治初期、同じ惣社制が取られていた信夫郡と伊達郡だが、後の時代の規定の度合いは、それぞれに違いが認められると推察される[31]。

むすびに

本章では、主に、①十八世紀後半以降の惣社制の展開、②十九世紀以降の惣社制の形骸化状況について述べてきた。それぞれの問題について整理を行い、若干の展望を述べる。

十八世紀後半以降、伊達郡の惣社神主は菅野家から関根家へ移行した。この交代に伴い、関根民部は、それまであった惣社制の由緒を主張し、配下神職の編成を試みた。しかし配下神職は惣社神主関根家（菅野家と名乗る）の編成に反目する姿勢をみせた。結果的に、明和期に惣社制の再編が図られるが、配下神職の意向が組み込まれる形で、組織の再編が図られた。

そして、この場合の配下神職は縁戚関係を軸に反論にあたっていた。その意味では、組織の秩序は本所吉田家―惣社―配下神職（いわば公的な編成のあり方）として理解されるが、その実態面は神職の縁戚関係によってグループ化されていた。換言すれば、神職間の縁戚関係を軸にした社会関係の上に、惣社制が形づくられていたと言える。また、この段階において組織への帰属を相対化する神職が登場してきたことを示した。

さらに本章では、十九世紀以降の神職と組織のあり方について述べた。ここで注目したのは、社号の改編を主張する神職の登場である。国見大明神神職菊池筑後は、「惣」文言の認可を求めて惣社神主と争った。結局は、惣社神主の勝訴となった。社号改編を求める神職の登場は注目できよう。さらに天保期以降に入ると、惣社制の形骸化は顕著に確認された。たとえば惣社祭礼へ参勤を拒否する神職の登場などに象徴的である。ただし、神職は、自らの神社の由緒を語り、いわば格上を企図した。また他地域からの神職相続が、組織の論理に抵触する背景にあったことも指摘した。

なお文化期には信夫郡瀬上宿で国学者集団「みちのく社中」が結成され、惣社の相対化を図る。[32]この他、十九世紀以降、吉田家以外にも白川家が信達地域にも浸透した。[33]さらに信達地域は、東北の平田国学の拠点とも言うべき地であった。[34]このような潮流は、惣社制下の神職たちを取り巻くようになった。幕末期段階では、一部に「神主号」が認可される神職の登場も確認された。惣社制下の神職らは、様々な手法で惣社の権威を相対化することを志向していた。

以上から当該期の神職らが、新たな秩序形成を模索していたことを読み取るべきとともに、惣社権威に依拠した神職編成が機能不全となっていることを示していよう。

（1）本編第一章を参照。他に「諸国一宮と神社史研究」（『国史学』一八二、二〇〇四年）なども参照。

（2）本編次章で取り上げるが、十九世紀初頭の当地の国学者集団が惣社権威の相対化を図る。このような社号をめぐる問題を、本章でも念頭におく。

（3）西田かほる「近世後期における社家の言説――甲州国中・菅田天神文書を素材として――」（『史学雑誌』一〇六―九、一九九九年）。

（4）土岐昌訓『神社史の研究』（桜楓社、一九九一年）。

（5）羽賀祥二『史蹟論――十九世紀日本の地域社会と歴史意識――』（名古屋大学出版会、一九九七年）。この他、白井哲哉『日本近世地誌編纂史研究』（思文閣出版、二〇〇四年）、岩橋清美「地域社会における歴史意識の生成と展開――武蔵国多摩郡を中心として――」（『日本史研究』五二三、二〇〇四年）。

（6）関根家文書。以下、断らない限り同家文書を使用する。

（7）ここでは禅宗寺院と神職の共存関係を確認する。なお同寺院の寺歴を略述する。同寺院は慶長三年（一五九八）、信州から須田氏（上杉氏家臣）と共に移転する。臨済宗から、後に曹洞宗に改宗された。貞享期には僧録寺院として整備され、当地の有力禅宗寺院である。また梁川八幡神社・興国寺ともに旧梁川町に位置、当地に郡内での中核的寺社が集中することになる。藤田定興『寺社組織の統制と展開』(名著出版会、一九九二年)。

(8) 関根家文書。

(9) 当史料が管見の限りでは触頭文言の初見である。

(10～12) 関根家文書。

(13) 福島大学附属図書館所蔵文書「寛延二年十一月二日、神事に関する願書」(『郷土史料目録』八七五番)。なお『郷土史料目録』は、福島県旧師範学校時代の郷土史料室が収集した文書を目録化したものである。『郷土史料目録』(福島大学図書館、一九八〇年)参照。

(14) 本編第一章参照。桑折諏訪神社と梁川八幡神社間の争論である。

(15) 修験との争論については、本編第三章で検討した萩原内善の事例である。

(16) 関根家文書。なお当一件史料は『伊達町史　第五巻資料編Ⅰ　原始・古代・中世・近世』(伊達町、一九九八年)所収の史料である。

(17) 主に、「伊達六拾六郷惣社神主」が当家である旨が由緒として語られる。

(18) 『国見町史　第一巻　通史・民俗』(国見町、一九七七年)参照。この他、後年の写しであるが、次のような事情もうかがえる。文化四年(一八〇七)、松前騒擾に伴い堀田正郭が国見大明神へ祈願に訪れている。それに伴い、扁額を奉納することになるが、ここでは「西根郷総鎮守」とみえる。領主側の文化活動が、当社の格式に影響を与えたとみられる(『福島市史資料叢書四三　信達二郡村誌附録』、福島市、一九八五年)。北方問題を契機とした各地の神社のあり方は、注目すべき論点と言えよう。

(19) 宮原一郎「近世の村社会と文書作成――近世文書社会へのアプローチ――」(『関東近世史研究』五〇、二〇〇一年)、村文書の訴訟過程を追及した論考である。本節でも願書から済口証文までの作成過程に留意する。

(20～24) 関根家文書。

(25) 関根家文書。註(4)書で土岐氏の検討した武蔵の事例と同様の状況が指摘できる。なお熱田社が慶応二年の信達一揆結集の場であった。また全国の糸相場が決定する糸市が開催された場でもある。諸国の多くの養蚕関連の商人が岡・長倉村を訪れていたことになる。なお、幕末期には土田家が社殿改築を進めている。

（26）関根家文書。この点については註（7）藤田書でも指摘されている。

（27）関根家文書。

（28）信夫郡では、以下の例がある。文化四年（一八〇七）、信夫郡清水町出雲大明神・鹿島大明神両社之神主渡辺和泉は、継目にさいして吉田家への願書を作成する。この例は、惣社神主（触頭）丹治近江が「金子差出不申候而ハ添書難相成」と継目にさいして渡辺和泉の金子上納がない事を問題視している。それによって渡辺和泉は「無拠御代官所江奉願上候得者早速添簡被仰付候」と代官所へ添簡の作成を願い出て認可され、吉田家へ継目を願った。さらに同年「淺川村黒沼大明神神主明石上総義、文化二丑年継目御許状為願上京仕、御礼録御役銀共金壱両上納仕、黒沼神社神主与御許状被成下候ニ付、右類例ヲ以私義も此度御礼録御役銀共金壱両上納仕候間（中略）出雲神社神主与御書載」とあり、渡辺和泉は浅川村黒沼大明神神主明石上総の許状の例を取り上げている。ここでは明石上総が金壱両で「神主号」の許状を受けており、渡辺和泉も同様の「神主号」を受けることを願っている。配下神職は、金子料を上乗せすることで神主号習得を企図していた。（福島大学附属図書館所蔵史料「神主継目相続伺書」参照）。

（29）関根家文書。

（30）福島大学附属図書館所蔵史料、郷土資料目録五八七。「人別帳」参照。丹治家・荒川家・伊達家・桑原家といった神主の人別の書上げがあり、巻末に白川家もみえる。

（31）近代以降の問題については、今後の課題とする。信夫郡については本編第一章でも言及した。

（32）本編第五章で詳述する。

（33）『白川家門人帳』（清文堂、一九七三年）参照。他に、松原誠司「近世末期における白川伯家と地方神社――叙任を中心に――」（『国学院雑誌』九一―一二、一九九一年）。

（34）岸野俊彦『幕藩制社会における国学』（校倉書房、一九九八年）。この他、平田国学の信達地域への浸透も確認される。『信濃資料叢書』二〇巻（信濃資料刊行会、一九七八年）参照。『明治維新と平田国学』（国立歴史民俗博物館、二〇〇四年）参照。

第五章　霊山寺の復興と秩序形成――別格官幣社創出の諸前提――

はじめに

本章は、十八世紀以降の寛永寺直末寺院（霊山寺）を取り巻く諸状況に注目し、在地社会における宗教と秩序形成のあり方に迫るものである。また伊達郡内における宗教権威の変遷（物社のあり方などを含む）にも迫りたい。特に霊山寺が居した大石村の状況を取り上げる[1]。

前章まで述べてきたように、伊達郡では惣社制が存在しており、このシステムが在地社会のあり方に影響を及ぼしてきた。すなわち郡域の「神事」コントロールという点では、惣社神主の存在が大きな位置を占めるのである。しかし十九世紀に入ると惣社制が配下の神職に相対化されていく。このような動向と相対して、在地社会において影響力を強めるのが寛永寺直末寺院霊山寺である[2]。

また、霊山寺の動向に伴い大きな意義を持つのが北畠顕家の顕彰である[3]。霊山地域は、江戸時代において北畠顕家の居城として知られる地であった。そして、明治期には北畠が別格官幣社の祭神となり、近代国家構築と大きく関連する。すなわち後の霊山神社創出を考えるにあたっては、それ以前に当地へ存立した霊山寺の動向を考察する必要があろう。

そこで本章は、以下三点を主な論点として、霊山寺を取り巻く諸状況を検討する。①十七世紀段階の大石村による地域認識の問題を明確にする。②本所―触頭（惣社神主）を通じた当地における宗教者編成のあり方を取り上げる。特に惣社制が霊山地域に、いかに浸透したかを追及する。[4]③十八世紀後半以降、信達地域の人々が霊山地域の地域認識（史蹟顕彰や地誌編纂）を、どのように醸成させていたかを明らかにする。

それぞれ論点を補足する。①では、大石村の概要を述べ、当地における境界論争を通じた地域認識の醸成を読み取る。②では、日光門跡（輪王寺宮）を中心とした寛永寺と霊山寺の動向に着目する。これに関連して、霊山寺を中心とした「一山組織」に、惣社制がいかに関与するかを考察する。なお、ここでの「一山組織」には、霊山寺下に社家や神子の存在が認められる（後述）。したがって、惣社制と霊山寺下の社家や神子のあり方に関心がもてよう。また③に関連して、社号の復興・式内社の確定といった文化状況と霊山寺のあり方を追求する。さらに十九世紀以降の当地における相馬領との境界論争の展開を取り上げる。

特に③については、羽賀祥二氏の一連の成果を念頭におく。[5]羽賀氏は十九世紀における社号の復興・式内社の確定といった状況について注目し、地域における宗教秩序について論じている。また課題として、社号復興に基づいた神社を、いかに地域住民が受け止めていったのかを掲げる。さらに式内社の受容が、どのような宗教秩序を醸成して、新たな宗教的な秩序が創造されていったかを述べている。この点に関して、本章では十九世紀初頭、信夫郡瀬上宿で結成された「みちのく社中」の動向を取り上げ、この問題を追及する。

一　霊山境界論争と地域認識の形成――霊山寺の動向をめぐって――

ここでは霊山寺の位置を中心として、霊山境界論争に伴った大石村の状況を述べる。後述するが、この問題は十八世紀以降の霊山をめぐる文化動向、さらには明治期まで継続する境界論争の起点ともなる。まずは、村明細帳レベルでの大石村及び霊山寺の概況を述べる。

表1　大石村人別一覧

寺院名	村名	人数	男：女	備　　考
霊山寺	大石村	378	209人：169人	天台宗
大善寺	大石村	573	311人：262人	浄土真宗
普光寺	石田村	7	4人：3人	曹洞宗
成林寺	山戸田村	11	6人：5人	
久昌寺	山ノ川村	4	2人：2人	曹洞宗
龍沢寺	白根村	4	2人：2人	曹洞宗
連昌寺	泉原村	42	21人：21人	法華宗、本寺立子山村の一円寺、北畠顕家孫が開山の由緒をもつ
本覚寺	梁川村	4	2人：2人	浄土真宗
常福寺	梁川村	6	3人：3人	浄土真宗

(1) 大石村の概況と霊山寺

大石村『村鑑指上帳』（寛保三年＝一七四三）には次のような内容が記されている[6]。大石村は村高二千七十五余りで、家数が二百五十六軒である。そして村内には霊山寺・大善寺の二ヶ寺が確認される。また「社家・山伏・行人、是者当村無御座候」とあり、社家（神職）・修験・行人は存在しないことがわかる[7]。

また文化四年（一八〇七）の「人別目録」では、家数が二百五十軒・人数千三十八人と確認できる[8]。この内訳が寺院ごとにみられる（表1参照）。表1を参照すると、最も檀家数を有していたのは大善寺であった。大善寺は浄土真宗寺院であり、この地域の養蚕業で活況を呈した大橋家の菩提寺に該当する。霊山寺は檀家数では、大善寺に及ばない。その他は、泉原村連昌寺に檀家数が比較的多く確認されるが、それ以外の檀家は周辺村に散在している。

次に霊山寺の小社管理について『村鑑指上帳』から概観する（表2参照）。寛保三年段階の霊山寺には、日吉大権現大宮と二宮が存在する。大宮は「是者四月中申日ニ祭申候、社地之儀者、山之内ニ而、御検地ニ茂無御座候、往古より有来候迄ニ御座候」とあり、検地を受けずに、古来から存在していることが記されている。一方、霊山奥院千手観音については次のように記載される。

【史料1】[9]

一霊山奥院千手観音

天台宗南岳山山王院別堂　　霊山寺

是者、伊達信夫三拾三所之札所ニ御座候、境内之儀者、山之内ニて御検地と申義無御座候、往古より有来ル迄ニ御座候、此観音之儀者、当村霊山慈覚大師御開山ニ而、御代々国司様之御建立被遊候、其後天正十二甲申年伊達輝宗公様、同政宗公様御建立御堂御座候得共、百弐拾年以前、慶長九甲辰炎焼仕、其後建立不仕、只今者大杉壱本御座候、木口順礼札茂納申候

内容を整理すると、千手観音は信達三十三札所の一つで検地を受けていない。さらに慈覚大師の開山で代々の国司が建立し、伊達輝宗や政宗も建立にあたったが、慶長九年（一六〇四）に焼失した。現在は、大杉が一本あり、そこに札が納められているにすぎないという。つまり寛保三年段階において千手観音が未整備状態であったことが確認できる。

次に正一位日吉大権現二宮について述べる。「是者六月廿日より廿一日迄祭申候、右三ヶ所大石村・瀬成田村・牛坂村・山戸田村・石田村・玉野村・泉原村・飯田村・右八ヶ村鎮守ニ御座候」とある。ここでは「右三ヶ所」と「右八ヶ村鎮守ニ御座候」の部分に注目する。「右三ヶ所」とは正一位日吉大権現大宮、霊山奥院千手観音、日吉大権現二宮に該当する。そして「右八ヶ村鎮守ニ御座候」のなかに、玉野村が記載されていることが興味深い。先述したように、玉野村と霊山は境界論争を繰り返し引き起こしていたが、この寛保三年の段階では霊山側に位置する二宮の鎮守の「神域」に玉野村が該当する。なお多くの史料には、「七ヶ村」と記載されており、玉野村は該当しない（後述）。ただし、他例から考えると、玉野村と伊達郡の関係は、かなり密接であったこともうかがえる。たとえば本山派修験の霞下に玉野村が編入されている[10]。玉野村は伊達郡には入らないが、同郡の日吉神

表2　霊山寺管理堂社一覧

名　称	祭礼日	記載内容	備　考
正一位日吉大権現大宮	4月中申日	社地は「山之内ニ而、御検地と申ニ茂無御座候、往古より…」とある	検地が実施されない地である
奥院千手観音	記載なし	慈覚大師の開山、代々国司の建立、天正12年伊達輝宗・正宗建立、慶長9年焼失	信達三十三札所の一つ
正一位日吉大権現二宮	6月20日から22日	大石・瀬成田・牛坂・山戸田・石田・玉野・泉原・飯田の八ヶ村の鎮守	上記の正一位日吉大権現・奥院千手観音も同様に八ヶ村鎮守
羽黒権現	9月15日	なし	なし
弁才天	9月13日	なし	なし
愛宕二ヶ所	3月24日・6月24日	なし	なし
薬師	4月8日	なし	なし
地蔵	2月18日	なし	なし
阿弥陀	3月15日	なし	なし

社との結びつきや修験の霞場となるなど伊達郡と一定の地域圏を形成していた。

ここで表2を参照すると、大石村では羽黒権現、弁才天、愛宕二ヶ所、薬師、地蔵、阿弥陀の祭礼が実施されていたことがわかる。霊山寺は日吉神社を始めとした宗教施設を管理していた。したがって霊山寺は檀家数では大善寺に及ばないものの（表1参照）、多くの堂社を管理することを特徴としていた。大善寺・霊山寺が檀家数を二分しながら、霊山寺管理の多くの堂社では祭礼が実施され、大石村には七ヶ村ないしは八ヶ村の鎮守である日吉神社が存立したのである。

(2)霊山境界論争と地域認識

ここでは、十七世紀段階の大石村・玉野村の境界論争を取り上げる。大石村と玉野村の境界論争は、寛永八年（一六三一）に始まり明治期にいたって解決する。(11)この問題は玉野をめぐる仙台藩と相馬藩の境界確定をきっかけとして、米沢藩と相馬藩間の問題にまで展開した。承応三年、それまで米沢藩領とされてきた「トヤカハナ」より東を相馬藩に組み込むにいたり、玉野を含む西方霊山までの地域一体を入会地とする内容の幕府裁許を受け一応の解決をみる。

ここでは、改めて正保二年(一六四五)六月に作成された「山境目安」に注目する。[12] 着目すべきは、境界論争に伴って浮上する地域認識のあり方である。

【史料2】[13]

(前略)

一霊仙ノ儀、昔国司様ノ御時者山王モ御繁昌ニテ、房中モ三千八百房御座候由、其後退転致シ輝宗様正宗様御代ニハ、大石郷ニ十二房御座候、其時輝宗様十二坊エ祭田迄、少宛御付被成候、依之六月二十日之祭、霊仙ニテ仕候、児ノ舞御座候、其役者ハ大石・石田・牛坂・瀬成田・山戸田・飯田・泉原、右七郷の氏子共仕候、他郷ノモノハ壱人モ加リ不申候事

一近代十二坊ノ内、滝本坊、竹ノ坊ト申候テ、二ヶ寺、大石郷ニ御座候、霊仙山王堂炎上仕、社無之故、大石郷ノ内二ノ宮ト申社ニテ、六月二十日山王ノ祭仕候、相馬領ヨリ終ニ手ツタエ申タル事無御座候事

(中略)

一輝宗様御代ニ霊仙山王之宮御建立被成候刻、御納被成候棟札、村に今山王別当手前ニ御座候を此度持参仕候、御意次第可掛御目候事

(中略)

右申上通、伊達と相馬之境ハ古来より卒都婆峠之堀切ニ御座候、少も偽不申上候、仍而如件

正保弐年六月廿三日　　　　大石郷　弥右衛門
但馬

石田郷　和泉
藤兵衛
玉野村　土佐

この史料は、正保期における大石村と玉野村の境界論争をめぐって、双方が意向を示したものである[14]。ここでは、その中で注目すべき論点を掲げた。

①霊山地域は、昔国司の段階に山王（権現）が繁盛し、三千八百坊が存在した。その後に退転して、伊達輝宗・政宗の代には、大石郷に十二坊が存在した。輝宗はこの十二坊へ免田を与えた。それ以降、六月二十日に祭礼が実施されるようになり、稚児舞も催された。この祭礼には、七郷の氏子が関わり、他郷の者が参加することはなかった。

②二坊の中には、滝本坊と竹の坊があり、双方ともに大石郷に位置した。霊山が炎上に伴い社がなくなり、大石郷に位置する二宮で六月二十日に山王祭礼が実施された。相馬から祭礼に参加する者は皆無であった。

③輝宗の代には、山王之宮（山王権現）を建立した時点での棟札を納めた。その棟札が山王権現の前に存在し、現在持参した。

このように正保期段階での境界論争において、霊山地域（大石郷・石田郷）及び玉野村の間で、霊山地域の歴史的変遷をめぐって合意形成が図られたことがうかがえる。そして留意されるのは以下の点である。①でみられるように、霊山での祭礼には他郷の者が参加しない点である。つまり、ここには玉野村の記載がない。さらに②では、相馬側の祭礼不参加がみえる。そして③にあるように、霊山地域にとっては領主伊達氏段階での山王権現保護を重要視する。

以上、ここでは正保期段階で境界を挟んだ「地域」が、かつての霊山への地域認識をひとつの指標として合意形成をはかっていたことをみた。このような地域認識が、この後、いかに展開するのか。この点を次に考察する。

(3)十八世紀後半の文化動向と霊山地域

大石村名主の日下家には、十八世紀半ばに作成されたとみられる二つの由緒書が存在する。一つが元禄十年(一六八七)と延享元年(一七四四)の記事が確認される「霊山寺結書記」(A本)である。もう一つが寛保二年(一七四二)に写されたことが判明する「南嶽山霊山寺遺跡之事」(B本)である。ここでは、それぞれの諸本について述べる。なお、ここで二つの由緒書をとりあげるのは、十八世紀半ばの大石村における当地の由緒認識を確認するためである。まずはA本の延享元年の記事について要点を整理する。

①霊山寺は貞観元年の慈覚大師の開基で、峯に二十一社、麓に二宮が勧請されていた。

②古くは、伊達・宇田・葛田三郡に勢力をもった寺院であった。

③現在、山王社は大石村・泉原村・瀬成田村・山戸田村・飯田村・石田村・玉野村、七郷の鎮守である。

④二ノ宮の鰐口は八年前に夜盗にあった。その際に二宮の拝殿や神門の普請をしたが、その後には「可掛人茂なし」の状況である。そして霊山寺が鰐口を改めて神前へ掛けることを願っている。

以上を整理すると、概して①から③にそれまでの由緒が記載され、その上で④霊山寺が二ノ宮神前に鰐口を掛けることを志願している。

それぞれ補足すると、①では、霊山寺が天台宗寺院で「鎮護国家」を体現する位置をもち、二十一社の神社を管理する寺院であった。②かつては霊山寺が伊達郡を越えた広範囲に影響力を及ぼした寺院であった。③江戸時代の山王権現は、玉野村も入れた七郷鎮守であった。大石村は、これらの由緒を示した上で、④の内容=二ノ宮神前へ鰐口を下げる旨の正当性を示したことになろう。

次にA本及びB本を比較すると、内容の重複がある。そのため、この内容が元禄十年の段階から大石村で認識されていたとも推定される。

ここで改めて由緒書の内容をみると、主に十三ヶ条から成ることがわかる。巻末には「直末寺之御判成被下候ハ、七ヶ村旦那精々世々可難有奉存者也[15]」とあり、霊山寺が寛永寺直末寺院に帰属するにあたって作成されたことがうかがえる。

その中で天正十二年（一五八四）以降の記事についてみていきたい。天正十二年の記事では、「天正十二年（中略）二ノ宮之御建立被遊候（中略）政宗之臣家遠藤山城守御代ニ霊山寺一山之建立被成」とみえ、伊達政宗の家臣遠藤山城によって霊山寺一山が建立されたという。そして文禄期の記事には「文禄年中伊達政宗殿仙台へ御国替被成、会津若松蒲生飛驒守殿御代ニ罷成、其時之臣下岡野佐内と申者（中略）堂塔伽藍可然寺迄打破」とあり、蒲生段階に入ると霊山寺などの堂塔や伽藍などが破壊されたという。慶長期には信夫里鳥和田観音寺・保原板倉半左衛門・当山禰宜小野大和が霊山寺修復を「大僧正様」へ申し入れたという。このような経過をへて、霊山寺が寛永寺直末寺院になることが記される。したがって霊山寺は伊達氏が保護してきたが、伊達氏の仙台国替えに伴い、蒲生氏段階になると破却などになり、その後、整備された旨の認識がわかる。

十七世紀段階の大石村を始めとした霊山地域は相馬領との境界論争において、その地域認識を深めたとみられる。それは霊山寺の寺歴が北畠氏や伊達氏といった支配層と深く結びついた性格をもっていたことを示す。また霊山寺が寛永寺直末寺院へ編入されることは、かつての支配層との関係を持ち出す契機になったと言えよう。

以上、十七世紀前半には、境界論争に伴った地域認識が醸成されていた。十八世紀以降の由緒書は、それらの認識を受け継いだとみられる。既に十七世紀段階において形成された地域認識が、この後の在地社会を規定していくことになる。次節では、霊山寺が惣社制とどのような関係を構築したかを述べる。

二　惣社制の展開と霊山寺

次の史料3は、大石村山王権現と飯田村甕山権現両社の神職についての添状である。表題にあるように、大石村山王権現及び飯田村甕山権現の祠官が一通の免許状を申請した状況がうかがえる。また、この内容が小手郷の神職と東根郷の神職問で取り決められている。

【史料3】(16)

大石村山王権現・飯田村甕山権現両社之祠官之御一通
申請候ニ付、小手社家・東根社家扱ニ而相済シ申添状之事
一先規之通り山王権現遷宮之節、一ノ祝詞奉幣石田村出羽守、二ノ祝詞奉幣飯田村勘太夫相勤可申候事
一其外双方旦那神役之儀者、先例之通り双方共ニ妨ヶ申間敷候事
一双方名開道羽宗旨判正月八日之塚飯之儀者、梁川神主方へ相勤可申候事
一飯田村甕山権現遷宮之節者、梁川惣社神主石田村出羽守両人祝詞奉幣御勤可被成候、大石七ヶ村宮立遷宮旦那神役等、梁川惣社神主方より少も先規之通り御播被成間敷候御事
一山戸田村・石田村・瀬成田村・牛坂村・和泉原村・其村々ニ而鎮守之節、一ノ祝詞奉幣石田村出羽守、二ノ祝詞奉幣飯田村勘太夫両人ニ而相勤可申候、散米散銭之儀者、先例之通り可被成候
右之通り双方共ニ子々孫々迄少も違乱申間敷候事、為後日拠如件
一石田村出羽守并ニ飯田村勘太夫儀ニ付、官位ニ罷登り申候ハヽ、如先例、大石村山王権現飯田村甕山権現之祠官と御一通御添状被下候共、双方和談之上、少茂違乱無御座候、為後日仍而如件

宝永四年四月四日

東根石田村　出羽守
小手下糠田村　筑後守
同　手渡村　伊勢守
東根梁川町　丹後守
同　細谷村　三之守
同　梁川　たゆ守
同　保原町　長太夫

飯田村
勘太夫殿

史料中にある小手郷と東根郷は、伊達郡内における地域区分を示す。なお、伊達郡には二名の惣社神主が存在し、一名が梁川八幡神社（菅野家または関根家、以下八幡神社）、もう一方が小手地域の春日神社（遠藤家）に該当する。霊山地域はこの二つの地域の境界にあることからも、この史料にある内容が両惣社神主らによって取り決めがなされたとみられる（三二頁図参照）。すなわち、宝永四年（一七〇七）には東根郷と小手郷の神職の間で、惣社制の整備がなされていたことがうかがえる[17]。

次に史料の主な要点を整理する。①山王権現の遷宮は石田村出羽守と飯田村勘太夫が実施する。②双方（石田村・飯田村）の旦那の神役を妨げない。③双方の名開きや宗旨判は八幡神社で実施する。④飯田村甕山権現の遷宮は、八幡神社神主と石田村の出羽が実施し、さらに大石村など七ヶ村の遷宮は八幡神社神主が実施する。⑤山戸田村などの鎮守の祝詞奏上は、吉田家から一の祝詞を石田村出羽、二の祝詞を勘太夫が実施する。以上五点が確認できる。さらに二つの神社に関する神職の官位は、一名のみが受給することもわかる。

ここでの注目点は、惣社神主（八幡神社神主）が、配下の神社神事へ出向き主導することである。すなわち、霊山地域には、宝永四年段階で惣社制が浸透していたことを意味する。また先述したが、小手郷の神職との間で取り決めもされている。なお隣接の信夫郡においても、この時期に惣社制が形成されている[18]。次に霊山寺側の動向から、この問題を考えてみたい。

【史料4[19]】

奉願口上書之事

一奥州伊達郡霊山者慈覚大師御開基貞観元年山王権現御勧請之所、別当職霊山寺幷社家両人有之、然所山王権現正一位奉進度由、兼々願申候、因茲此度正一位之御額　御門主様御筆染被下置候様ニ奉願候、右之通り被　仰付下置候ハ、拙寺幷社家氏子共ニ難有奉存候、以上

享保三戊戌年
九月十六日

奥州福島大石村
霊山寺
壇那惣代
源右衛門

霊山院法印様

御額願之節、御執当霊山院様より御尋ニ付、書上申候写し

覚

一山王氏子　大石村・石田村・山戸田村・牛坂村・飯田村・瀬成田村・泉原村
以上七ヶ村

一社家両人内壱人ハ吉田官ニ而、石田村摂津壱人ハ無官ニ而、飯田村釆女と申候神事祭礼之節ハ、別当指図次

第二相勤来り申候
一巫女壱人　宮守吉田官
一御額　竪三尺・横壱尺五寸

享保三年戊九月十六日
奥州福島大石村
霊山寺
霊山院法印様

史料は二つの内容からなる。前半では、享保三年（一七一八）における霊山寺の状況がうかがえる。霊山寺及び檀方は、大石村山王権現神位の「正一位」を願っている。なお同年、寛永寺執当の功徳院・霊山院は霊山寺・社家中・氏子檀方中宛の書状を発給している[20]。享保三年が霊山寺の権威づけにとって、重要な年次となる。後半の覚は、①氏子に該当する周辺七ヶ村の書き上げ。②社家（神職）の位置づけ。吉田家からの免許を受けた社家（神職）と無官の者の存在。③巫女（神子）が一人いたこと。④御額があったこと、以上が書き上げられている。

そして、史料４の宛名人＝霊山院は寛永寺執当にあたる[21]。たとえば享保二年五月十六日には、「御門主様為名代霊山院出仕衆中同断　御祈禱大楽院」とみえ、霊山院が確認される。同年六月二日にも「霊山院松平対馬守殿へ持参」などとみえ、武家側との接触もあきらかである。したがって、霊山院は輪王寺宮や武家と深い関係をもっていた。なお享保三年は、将軍吉宗が日光東照宮へ領地判物を出す年次でもある[22]。

また注目すべきは、霊山寺下において神職や巫女が存在し、さらに本所吉田家の官位を受けた神職と受けていない者が存在した点である[23]。これは史料３の内容とも照応する。そして釆女という巫女の活動は、別当霊山寺の指示が必要であることもわかる。つまり、当地の巫女（神子）には、惣社神主の権限が及んでいない。いずれにしても、ここに霊山寺を中心とした「一山組織」が形成されていたことがうかがえる。

他に、山王権現が、七ヶ村（大石村など）の鎮守であることも記されており、在地社会にとっても影響力の強い宗教施設として想定できる。ただし、ここでは七ヶ村の「惣社」と記載がなく留意される（後述）。

さらに霊山寺から瀬成田村の安久津市左衛門への金銭受け取りの「覚」（享保九年）では、「正一位日吉大権現之二宮建立ニ付」[24]とある。これに関連して、同十七年子三月六日の「覚」には「大石村清兵衛持分之田仲田河原切ニ無残、高弐石壱斗七升五合田地貴殿御買置罷成候処、今度　正一位日吉大権現二宮建立ニ付、右之田地御寄附被成候処、証文共慥請取申候事、御信心之段、可有威応候、当於　御神前御武運長久子孫範昌之御祈禱永々可抽丹精者也」とある。[25]霊山寺は瀬成田村の安久津市左衛門から日吉大権現の建立にさいして、田地の寄附を受けたことがわかる。また元文二年には霊山寺は惣社神主（菅野家）に対して、次の一札をかわす。

【史料5】[26]

定一札之事

一山王権現一ノ宮・二ノ宮、四月・六月両度之祭礼、年々向後神楽執行、下社人江被仰付可被下候、右社人衆、賄者当寺ニ而可致申候、初穂之義者神主方江壱貫文、当社附之社家衆両人江者、毎々之通五百文宛、其外笛役・太鼓役神子、此旁江弐百文宛、山王御初穂之内ニ而相出し可申候、後々永々右之通相究置処如件

元文弐年巳四月　　大石村南岳山山王権現別当

霊山寺

伊達郡六拾六郷惣社神主

菅野左京太夫殿

これによれば、霊山寺は惣社神主に対して初穂料壱貫文、当社附の社家衆には五百文宛出すこと、さらに神子にも二百文を出すことが定められている。このように霊山寺が山王権現に対して強い影響力をもっていたことが

わかる。大石村には、霊山寺による別当寺支配が形成されながらも、惣社制が浸透していたと評価できる。

このように、宝永期から享保期の霊山地域は、①惣社制の浸透が確認される、②山王権現の権威付けがみられる、以上二点が確認される。したがって、霊山寺は本所吉田家の権威を受容しつつ、一方では輪王寺宮の権威を仰いでいた。霊山寺は、本所及び宮家の権威を取り込みつつ、在地社会に存立していたと言えよう。以上をふまえ、次節では山王権現の権威浮上のあり方について、信達地域の文化状況から追及する。

三　十九世紀における霊山顕彰と信達地域の文化動向

本節の論点は、①山王権現の権威付け、②国学者たちの考証活動、以上二点、とくに霊山寺に関した山王権現の権威浮上のあり方に注目する。

（1）霊山寺縁起と山王権現

まず「霊山寺縁起」（福島県立図書館所蔵）から山王権現の位置づけを整理する。同館には霊山寺縁起が二本現存しており、ほぼ同内容である。便宜上、A本とB本に分けて整理しておく。A本は貞観元年（八五九）から寛文五年（一六七〇）までの内容、B本はA本の内容以外に享保三年、文化十四年（一八一七）の記載が加わっている。[27]
両本に共通する主な内容は、①霊山寺が貞観元年の慈覚大師の開山である、②北畠顕家が霊山を城郭とした、③天正十八年（一五九〇）蒲生氏により神仏の破却などがされた、④寛永期には古川善兵衛が巡覧した、⑤天海開基である寛永寺末寺となった（現住職の宥源による）、以上である。A本の巻末に、安永三年（一七七四）にこれらの旨を小野隆庵（後述）が写した旨が記されている。[28]さらにB本には、「寛永年中大僧正様にて御目見仕、装束並法流相続免許ヲ蒙り、則ち御直末ニ被仰付」とあり、寛永寺直末になったことが記されている。

そこで小野降庵について言及する。小野は、十八世紀後半において伊達郡高子村の白雲閣において文化活動を担った人物の一人である。(29)この白雲閣のなかでは、多くの著作が創りだされていく。その中では「信達歌」の編纂にあるように、地域の「歴史」認識を深める著作もみられた。たとえば「高子二十景」という地域認識の深化も創りだされている。この他にも、白雲閣では儒学や漢学など、様々な学問が取り組まれていた。したがって、A本を小野隆庵が写したことは、十八世紀後半の信達地域の知識人層が霊山のあり方へ関心を強めていたことを示す。

次にB本の内容を述べる。先述したように、B本には享保三年と文化十四年の記事がみられるが、文化十四年の記事は楽翁（松平定信）の扁額の写しである。

享保三年十月十六日の記事には「天台座主日光御門跡公寛一品親王之御紫毫之御額字於京都御旅館有栖川御殿拝領仕候、則霊山大宮と二宮江掛置申候並御奉書被下置者也」とあり、日光門跡公寛親王の紫毫の御額を有栖川御殿で拝領し、霊山に存在する大宮と二宮へ御額がかけられ、さらには奉書を受けた状況がうかがえる。たしかに享保三年六月には、公寛法親王は百九十六代の天台座主となっている。(30)さらに同年は、先述した史料4と同時期である。おそらくは、このような山王権現の権威づけと関連するように、先述した①から⑤までの由緒が作成されていったと考えられる。特に①のように霊山寺の開基が慈覚大師であることを示し、寛永寺との結びつきを強調した。(31)

なお、次の点も付け加える。高藤晴俊氏によれば、日光東照宮主祭神の東照大権現の両脇には「山王神」・「摩多羅神」が位置するという。(32)したがって、本章で取り上げた山王権現の問題は、大局的にみれば、幕府権威との関連性も想起される。(33)

表3　瀬上宿概況

No.	郡名	地名	領　主	次駅までの距離	家数	備　　考
1	信夫	八丁目	竹内平右衛門	1里	350	信夫郡の境界
2	信夫	若宮駅	同上	18丁	50	
3	信夫	清水駅	同上	1里半	40	
4	信夫	福島町	板倉内善	1里28丁	1000	福島城が存在
5	伊達	瀬上町	木下定太郎	1里半	310	みちのく社中の拠点
6	伊達	桑折町	竹内平右衛門	1里18丁	310	半田銀山、平田国学の拠点
7	伊達	藤田駅	同上	1里7丁	130	
8	伊達	貝田駅	同上	18丁	52	伊達郡の境界

(2)「みちのく社中」の結成と地誌編纂——霊山地域の認識をめぐって——

次に山王権現の権威浮上をめぐる問題が、いかに十九世紀に受け継がれていくのかを検討する。ここでは、信夫郡瀬上宿で結成された「みちのく社中」に注目する。まずは、「みちのく社中」について略述する。

「みちのく社中」(以下社中とする)は、信夫郡瀬上を拠点とした内池永年らによる国学者集団である[34]。文化十二年、内池は本居大平への入門を契機として結成する。文化十年には、大平より「高幾屋」の屋号がおくられたとされ、瀬上において季節ごとに歌会が実施されたという。後に社中のメンバーに桑折代官寺西蔵太が入り、領主層も含んだ身分横断的な集団であった。なお内池は近江商人の系譜を引く。また内池は、文化十一年成立の「陸奥国信夫郡伊達郡風俗記」の編纂にも関与する。これは屋代弘賢による年中行事調査に応じて諸国から報告された「諸国風俗問状」の答書の一つである[35]。他にも、多くの著作及び文献目録も伝来する。たとえば出羽三山や塩釜、近江国に関する著作などが見られる。さらに本居大平との書簡も数多く伝来しており、特に神社の来歴や歴史認識の問題についての「知」を深化させていた。

なお社中の展開した瀬上は、奥州街道沿いおよび、阿武隈川の船運で交流の盛んな場所であった。周辺地域とのあり方をふまえる上で、上の表3を参照する[36]。特にNo.4の福島の家数が千軒とその他の地域を大きく引きはなす。No.5の瀬上宿にみちのく社中が展開する。No.6の桑折では、平田門人への入門者などがみられる。

概して、社中は、阿武隈川と奥州道中に挟まれた瀬上や桑折を中心として展開した（三二頁の図1参照）。

次に内池の文政十三年（一八三〇）の著作の一つである「陸奥国伊達信夫神社記」（以下「社記」）の記載に注目する。この「社記」は信夫郡及び信夫郡杉野目庄、伊達郡西根郷・伊達郡東根郷の記載順で信達地域における神社の所在地、管理者についての著作である。内池の思想の中には、惣社制や本所吉田家などへの関心が確認される。ここでは内池永年の霊山をめぐる認識を中心として、当該期の神社や史蹟をめぐる問題に言及する。

まず社記では、「山王大権現　北畠顕家卿古城跡霊山ニ鎮座」と記載され、北畠顕家が古城跡に鎮座したと認識する。そしてこの山王大権現は「一ノ宮」と記され、さらに「右山王一二三ノ社　昔国司北畠顕家卿　比叡ノ山大神ヲ遷し玉フと云」とあり、北畠顕家が比叡山より勧請したことが記されている。なお「一二三宮」の記事は、二ノ宮が大石村山王権現、三ノ宮が信夫郡の宮代村山王権現とある。特に三ノ宮は霊山から比較的遠方の宮代村に位置しているが、次のようにみえる。「社伝曰　北畠中納言顕家卿　近江国比叡社ヲ遷祠玉フトゾ　三ノ宮ト曰」とあり、北畠との関係を示す。このように霊山に鎮座する山王権現から宮代村山王権現が、一宮・二宮・三宮として序列化した上で認識が示されている[37]。

この他、式内社の確定に伴う動きも確認する。信夫郡中野村の東屋国神社については「社人　佐々木大和」と記し、さらに「此社　近年吉田家ニ願　式内ノ神社と成ル」とも確認される。近年になって式内社として確定されたという。そして永年は式内社確定に関して、次のような認識を示す。


【史料6[38]】

（前略）此三四十年このかた　あらぬ社の式内になり玉ふ（ママ）国々におほし　誠の式社の伝へもあれども　当時衰微し玉ひ　産子少く　禰宜神主もしかとなく　式社のすたれ玉ふは　なげかわしき事なり　猶また吉田の支

配の社のみ　式社なるべきにあらず　今ハ寺山伏の仕まつる社のおほきに　吉田のみだりごと　いはんすべもなし

永年の認識では、十八世紀後半から十九世紀初頭にかけての、三・四十年の間に式内社の確定が進行したが、「あらぬ」式内社の確定が多いと認識する。そして式内社の正確な確定作業が実施されていても、産子が少ないことや神主が設定されていない旨を嘆いている。さらに注目点は、①本所吉田家支配の神社でなくとも、式内社が存在すること。②式内社確定の作業と本所吉田家の動向の矛盾を認識する、以上二点である。さらに山伏（修験）による神社管理が多いことを本所吉田家の「みだりごと」と認識する点も興味深い(39)。この点は、修験の神社管理への批判と言える。当該期における永年の認識には、霊山の顕彰と共に式内社の確定、さらには吉田家批判が存在していた。

ところで前章まで示したように、当地では惣社制が展開した。この惣社制についても永年は独自の認識を示す。たとえば西根郷国見大明神について、次のような認識を記している(40)。「昔ハ　伊達郡西根三十三郷ノ惣社ナリシニ　中絶後　東根注連頭　関根讃岐支配ニ成」とある。永年は、かつて伊達郡における東根郷と西根郷には、それぞれ惣社神主が存在したと理解する。そして、「中絶後」、関根家が惣社神主を担ったと記載する。さらに永年は「当時惣社と申社にても　当国の習として　郷村うちよりて信仰する事にもあらず」と述べており、惣社の信仰が村落内部での信仰に限定的であることを示す。さらに保原村の岡崎弾正については「神明宮　下保原村市町也　上保原・下保原・市柳・中村・泉沢五ヶ村惣社」などと記載する(41)。内池は、惣社文言を郡域の有力神社へあてている。したがって、当該地域では、惣社制という形で神職編成がなされたが、内池はこの「惣社」文言の権威性を相対化させたと評価される。

以上、内池永年は、当地における式内社の確定を含む、延喜式を根拠として神社格式に関心を示した。このことは、当地の惣社制の相対化などを含んだ革新的な意味があったことを物語る。既に十八世紀後半の小野隆庵の例を挙げたが、このような動向は十九世紀の社会潮流として一定の意味を有していた。その中でも霊山地域は、北畠の顕彰と山王権現の権威浮上が確認できる象徴的な「場」となっていた。

なお北畠の記事は、信達地域で作成された地誌の中にも記される。天保十二年（一八四一）編纂の『信達一統誌』[42]では、北畠顕家について、巻九に「霊山国司」と掲載される。「諱ハ顕家　源氏従三位中納言　伊達郡大石村霊山に城き給ふ　その故に霊山国司と号し給ふ　太平記云　奥州国司北畠顕家卿は　去ぬる元弘三年正月（後略）」とあり、この後、太平記を引用し、北畠顕家の「武勇」が記されていく。さらに「熊坂君実曰建武二年奥州国司北畠中納言顕家率信達気勤王之兵数万を而入洛、伊達郡霊山今猶有り国司遺跡云々」とし、霊山には国司に関連した遺跡が存在した経緯を示す。北畠顕家は十九世紀以降、信達地域において重要な「歴史」的人物として認識されていくのである。『信達一統誌』の記事が、全て永年の思想を継承したものではないが、文政期以降、霊山地域を史蹟として認識する状況が顕在化した。

四　霊山境界論争と霊山顕彰

次に再び霊山を境界とした、伊達郡と宇多郡の境界論争について取り上げる。まず文化六年（一八〇九）の『大石村風土記』[43]について言及する。その内容は天正十八年（一五九〇）以降の領主変遷や村の産物・秣取場などの概況が記されるが、その中でもやはり歴史認識をめぐる記事がある。たとえば「当村之内霊山之高さ三百八拾七尺（中略）猿パネ岩、獅岩、甲岩、（中略）天狗之岩其外岩石数多御座候、霊山之内に護摩壇与申所御座候、是ハ慈覚大師之護摩修行被遊候岩跡ニ今御座候」とあり、霊山において慈覚大師が修行を行った認識を示す。さらに「古城跡　壱ヶ所」とあり、「是ハ元弘之頃より建武之頃迄」とみえ、北畠顕家の武勇などが記されている。

さて、相馬領と伊達領の間で繰り広げられた境界論争は、先に述べたように、戦国期以来の紛争地である。そして明治期まで根本的な解決にはいたらなかった。次の史料7から、経緯の一部を追う。

【史料7】[44]

乍恐以書付御届奉申上候

一拙寺持奥州伊達郡大石村霊山と申山者、慈覚大師開基ニ而嶺ニ山王権現幷奥之院千手観音奉安置、毎年四月中之中祭礼ニ而、前日より罷登り荘厳等仕、天下泰平之御祈禱修行七郷氏子参詣仕候、然る処此度霊山奥山入相場之所、伊達郡泉沢村他九ヶ村より大石村江相懸、山論と相成り於御奉行所、当時御吟味中ニ御座候処、引合村玉野村之もの共、被召出申上候ハ、①霊山嶺東之方ハ、水落次第相馬領宇多郡と申立候ニ付驚入候、先年正保年中相馬領伊達領境論有之、於御奉行所、既ニ承応年中御裁許ニ而霊山嶺より東とやがはな迄宇多郡共伊達郡ともわかちかたく、②石田村・大石村地先ニ而可為入相旨被　仰付候旨伝承り候、③今般玉野村之者共、右様申募り候得者、宇多郡霊山と相成り申候、左候得者先年御裁許ニ齟齬いたし、④山王社地幷拙寺住職江も差障り七郷江対し不相成儀と奉存候、（中略）其節者御調之上、御添簡被成下度奉願上候、先此段乍恐以書付御届奉申上候、以上

文政五年六月　　奥州伊達郡大石村

霊山寺㊞

檀中惣代

平右衛門

信解院法印様

住心院法印様
　　御役僧衆中

これによれば、伊達郡霊山と相馬領玉野村の境界論争が継続的に存在していたことがわかる。要点を整理すると、以下の二点になる。①玉野村は霊山の東が相馬領宇多郡であると主張する（傍線部①）。②正保期の境界紛争では承応期の裁定が基準となり、石田村・大石村の地先ということで入相（入会）になっていた（傍線部②）。概して玉野村は霊山を宇多郡に編入しようとした（傍線部③）。

これに対して、伊達郡側（大石村）は山王社地・霊山寺及七郷の村々が問題視する（傍線部④）。注目すべきは、大石村が霊山の象徴として慈覚大師開基の嶺であることを示し、さらに山王権現・奥の院・千手観音の存在が主張の支柱としたことである。この内容は先に述べたように、享保期段階の山王権現の権威づけが主張の根拠になっていると考えられる。

十九世紀に入ると、霊山の顕彰は、霊山周辺の七ヶ村にとって境界紛争を優位に進める上での重要な主張の論理となっていた。また嘉永七年には、大石村・石田村・御代田村の三ヶ村の村役人層を中心に阿弥陀堂・千手観音の修復が実施されている。

さらに次の史料は、元治期においても霊山寺が二宮の日吉神社の祭礼を実施する旨を領主側（保原役所）に願ったものである。

【史料8[45]】

　以書付御届奉申上候
一来ル廿日二ノ宮日吉社御祭礼御輿渡御年ニ相当候ニ付、先例之通り山王御輿祭礼仕、天下泰平五穀成就御領主蒙堅御武運長久氏子繁昌之祈禱相勤候間、此段書付を以御届奉申上候、以上

元治元子年
六月

山王別当
下大石村
霊山寺㊞
同村名主
太右衛門

保原御役所

これまで述べてきたように、日吉神社（山王権現）は伊達郡の境界論争を進める意味でも重要視された。そして、その祭礼を霊山寺が執行することは、在地社会（大石村を中心）にとって重要な意義をもったとみられる。先述したが、元文期には惣社神主の祭礼への関与がみられたが、この段階に入ると、もはや惣社神主の権限は相対化されていた(46)。一方、霊山寺を軸として、在地社会が結集している状況が判明する。

以上を整理すると、十七世紀末から十八世紀初頭にかけて惣社制が形成され、霊山地域にも浸透した。一方では、ほぼ同時期に、日光門跡の動向に関連しながら、霊山寺管理の山王権現は、その権威づけがなされた。この動向は、神職編成の本所吉田家―惣社―支配下神職（霊山寺の一部）といったルートではなく、霊山寺と日光門跡という寺院間の秩序のなかで、山王権現の権威が顕在化したことを意味する。十八世紀初頭には、神職編成機構の整備と寛永寺を軸とした寺院間のあり方が、在地社会を規定していったと評価されよう(47)。

むすびに

最後に伊達郡における惣社制の展開と霊山寺のあり方をまとめ本章の結としたい。前章まで述べてきたように、仙道七郡域で形成されていた惣社制は、惣社神主を中核として神職を組織した。(48) これは十七世紀末から十八世紀初頭において、戦国期以来の動向を基軸にしながら制度的に整備されてきた。当該地域においては、元禄享保期に惣社制が神職の人別編成を軸に形成された。この状況は、いわば社会秩序がシステム化する状況として見通すことが可能であろう。(49) 霊山寺も限定つきながら、惣社制に包摂された。しかし、この時期に山王権現の権威浮上を企図する動向が、大石村や霊山寺によって図られていた。

このような動向の前提には、寛永寺直末に霊山寺が編入された意義が求められる。この点は、寛永寺直末寺院の在地社会におけるあり方としても注目される。霊山寺を中核とした「一山組織」は漸次的であれ、その権威浮上は十八世紀初頭から始まり、十九世紀以降に顕著になる。一方、戦国期以来の境界論争に際して、霊山寺の由緒が持ちこまれた。この状況は十八世紀初頭から急激に浮上したというよりも、十七世紀半ば（正保期）に霊山の地域認識として存在していたものであった。結局、霊山寺は地域認識の軸となりつつ、先述のような権威づけがなされていったと評価できる。つまり霊山寺は本所吉田家ばかりでなく、寛永寺―直末寺院のラインで権威づけがなされた「場」として評価できよう。

また霊山の顕彰は内池永年の思想内部にも認められた。これには本居大平などとの接触が重要になるが、近江商人としてのあり方にも関連した。その中でも「奥羽信夫伊達神社記」の内容は、本所吉田家による神職編成の矛盾を鋭く指摘している。特に修験の神社管理が強い当該地域においては鋭意な体制批判であった。このような考証的思考は、十九世紀の当地において、惣社制の矛盾を示したが、一方で北畠の顕彰と関連しつつ、山王権現の権威づけは積極的に受容されていった。

以上、十九世紀の伊達郡は、惣社を相対化させつつ、輪王寺宮に結びつく権威とのつながりを重視し、明治期をむかえたと言えよう。そこには、北畠の顕彰という言説も含まれていたのである。また境界論争は、霊山神社の建立などを伴いながら帰結にむかう。その際、問題の焦点は伊達郡内部での霊山神社の建立地の確定などにうつっていた。そして霊山神社は信達地域に限らない地域統合のシンボルとなっていく。このことは、それまで地域内部で生じてきた惣社制の諸矛盾（神職と修験の競合など）の止揚や境界論争の解決にみる地域秩序の再編を意味したと評価できる。その意味では、当該地域における十七世紀段階での輪王寺宮―寛永寺―霊山寺との結びつきは、その後の在地社会を規定する重要な事象と再評価できよう。

江戸幕府の宗教権威としての日光東照宮及び寛永寺、つまりは輪王寺宮を頂点とした秩序が近代国家構築の底流となったと評価されよう。

（1）　前章参照。梅宮茂「霊山・安達太良山とその信仰」（『東北霊山と修験道』、名著出版、一九八一年）、『霊山町史二　資料Ⅰ』（霊山町、一九七九年）など参照。

（2）　寛永寺や輪王寺宮等の研究史は以下を参照した。杣田善雄「近世の門跡」（『岩波講座　日本通史一一巻　近世Ⅰ』、一九九三年）、浦井正明「東叡山寛永寺の成立と展開」（『日本の名僧一五　天海　崇伝』、吉川弘文館、二〇〇四年）、山澤学「徳川家廟建築家の史的分析」（『関東近世史研究』五三、二〇〇三年）、宇高良哲「関東天台の本末制度――特に天海の東叡山直末制度を中心に――」（『仏教史学研究』三〇―一、一九八七年）、横田知恵子「寛永寺の寺務組織について」（『学習院史学』三、一九六六年）など参照。

（3）　これまでの研究史では、明治期以降の北畠顕彰の動向が注目されてきた。本章では、それ以前の状況から、この問題へ迫ってみたい。

（4）　本編第一章参照。

（5）　羽賀祥二『史蹟論――十九世紀日本の地域社会と歴史意識――』（名古屋大学出版会、一九九八年）。

（6・7）「陸奥国伊達郡大石村鑑指上帳」（註2書『霊山町史二　資料Ⅰ』）。

（8）「文化四年大石村人別目録」同右。

(9) 註(6)参照。
(10) 本山派修験の問題は本編第三章参照。
(11) 長谷部弘『市場経済の形成と地域』(刀水書房、一九九四年)。霊山・相馬の境界論争については長谷部氏の成果を参照する。本章では、具体的な境界論争の経過を史料からおうのではなく、霊山側の地域認識のあり方に注目してみたい。註(2)書『霊山町史二　資料I』五六五頁参照。
(12) 日下家文書。同史料は大石村の名主文書にあたる。『福島県歴史資料館収蔵資料目録』二一(福島県歴史資料館、一九九二年)など参照。
(13) 日下家文書「乍恐以目安申上候」参照。史料中には、「上杉弾正領内　石田郷大石郷玉野村肝煎共」ともある註(2)書『霊山町史二　資料I』)五五八頁参照。
(14) 註(11)長谷部書参照。既に当該論争の検討はなされているが、ここでは地域認識の醸成という視角から、この問題を再考する。
(15) ここでは七ヶ村が霊山寺の寺格を認識していることに注目する。なお七ヶ村は概ね山王権現の神域と重なる。
(16) 関根家文書。本編第一章参照。
(17) この霊山の状況からも、十八世紀初頭に惣社制が整備されたと確認される。惣社制は、十八世紀初頭に霊山寺の別当支配にも、その権限を浸透させていた。本所吉田家―惣社の編成機構が霊山寺にも浸透していることになる。本編第一章の内容とも関連する。
(18) 信夫郡でもこの時期に丹治家を中心に惣社制の整備が浸透している(本編第一章参照)。
(19・20) 日下家文書。当時、霊山院と霊山寺の接触が明らかである。

(21・22) 『日光叢書　家達』(別格官幣社東照宮社務所、一九三四年)。他に『日光山輪王寺史』(日光山史編纂室、一九六六年)。
(23) この点は惣社制の論理が霊山寺を中心とした「一山組織」へ浸透した状況として評価したい。本編第二章の信夫山の例と近似した状況と理解できる。また小手地域の惣社制も神主と修験らの共存関係が認められた(本編第二章参照)。在地社会において様々な宗教者の結集する「場」のあり方が注目できよう。

(24・25)　日下家文書。

(26)　関根家文書。神子については、西田かほる「神子」(『民間に生きる宗教者』、吉川弘文館、二〇〇〇年)参照。

(27)　福島県立図書館所蔵「南岳山霊山寺縁起」。

(28)　小野隆庵は正徳三年伊達郡伏黒村生まれ。十六歳で医学を志し、福島城下や仙台などで学ぶ。延享三年には桑折に居を構え医療活動を行っている。『桑折町史四　考古資料文化資料　史料編Ⅰ』(桑折町、一九九九年)参照。また高橋章則「学問の形成と書物の集積」(『日本思想史学研究』三五、二〇〇三年)など参照。

(29)　菅野宏「白雲閣のひとびと」(『芸文福島』二号、一九八一年)、他に同氏「白雲閣二十境雑記」(『芸文福島』一号、一九八〇年)、同氏「信達訪書余事」(『芸文福島』三号、一九八二年)、信達歌は地域認識の深化を物語る史料である。なお白雲閣は、熊坂台州を盟主としていた。註(28)高橋論文も参照。

(30)　吉宗政権初期の時点における宗教編成の問題としても、当例を捉えておきたい。

(31)　竹末広美「家康御神忌における寺院参勤体制」(『鹿沼史林』三五、一九九六年)。霊山寺に限らないが、寛永寺直末寺院の「神忌」に伴った参勤が確認される。直末寺院の問題については、宇高良哲「関東天台の本末制度――特に天海の東叡山直末制度を中心に――」(『仏教史学研究』三〇巻一号、一九八七年)、他に東照宮をめぐる研究史については中野光浩「諸大名による東照宮勧請の歴史的考察」(『歴史学研究』七六〇、二〇〇二年)、倉地克直『近世の民衆と支配思想』(柏書房、一九九六年)。本章では、本所吉田家と日光山の権威のあり方に留意したい。

(32)　高藤晴俊『家康公と全国の東照宮』(東京美術、一九九二年)、この他に山澤学の見解も重視される。同氏は、徳川と新田源氏の系譜上の結びつきを示す。また東照大権現祭祀と山王権現のあり方にも注目している。本章の内容と大きく関連する指摘である。同『日光東照宮の成立』(思文閣出版、二〇〇九年)五七～五九頁参照。

(33)　註(31)竹末論文参照。

(34)　内池永年文書『福島市史　資料叢書五八』(福島市、一九八七年)参照。同書には、本居大平との書簡などが所収されている。その中では、各地の神社の考証などに関する記事も散見され、大平との交流が確認できる。

(35)　「みちのく社中」の展開は、当該期における江戸の文化状況との関連で理解すべき問題である。

(36)　「信夫伊達道中筋御案内控」(『福島県立図書館所蔵史料』より作成)。瀬上は阿武隈川の船運や奥州街道沿の流通の結節点でもある。この地に近江商人の系譜をひく内池家が存在していたことになる。

(37) ここでは近江商人としての内池家が比叡山と山王権現を関連づけて認識したことを重視する。

(38) 「陸奥国信夫伊達神社記」（『福島市史　資料叢書五〇』、福島市、一九八七年）参照。

(39) 当地の修験については本編第二章参照。南奥州では、修験と神職の宗教活動をめぐる争論は、十九世紀以降も頻発した。このような、いわば社会矛盾へ迫った指摘とも考える。また吉田家批判の問題について、澤博勝氏は次の指摘をしている。「何かと吉田家之風ハ本願寺と同様ニて、寝ても起きても金銀をしこためる流儀故、とんときまり不申候」。同『近世の宗教組織と地域社会』（吉川弘文館、一九九九年）三三二頁。

(40) 国見大明神は、文政期に惣鎮守号や神主号の認可をめぐって、惣社神主と争論を展開した。本編第三章参照。

(41) 惣社文言自体の権威のあり方として注目しておきたい。

(42) 信達地域の地誌の集大成で天保期に編纂される。なお、すでに「五畿内誌」のなかに北畠の記事が確認される。五畿内誌の編纂については、白井哲哉『日本近世地誌編纂史研究』（思文閣出版、二〇〇四年）。

(43) 日下家文書。ここでは村方文書に史蹟を記し、領主側（保原役所）に提出している動向に注目しておきたい。日下家文書。阿部俊夫「山野利用と郡境　史料紹介　明治十六年霊山奥山入会事歴」（『福島県歴史資料館研究紀要』二四、二〇〇二年）など、なお明治期には、霊山地域内部で神社建立をめぐる問題が生じる。

(44〜47) 日下家文書。明治五年「神社取調書上」には、日吉神社（旧山王権現）が「大石村・泉原村・瀬成田村・飯田村・牛坂村・山戸田村・石田村」、合計七ヶ村の鎮守であることが記される。日吉神社の影響力が継続していることがわかる。また明治期に入ると神葬祭も目立つようになる。明治八年の「神葬祭約定書」では、百名以上の連印が取りかわされている。同史料には「日吉大権現別当南岳山霊山寺檀那ニ而数百年来菩提寺候処、去る明治二年正月御一新ニ付、両部混シ不相成旨御布告、依而同年十二月十七日右霊山寺を廃止シ」とみえ、明治二年に霊山寺が廃止された旨が判明する。そして「同五年七月神社御改正ニ付、右社ヲ大石村始め泉原村・関波村・新田村・細谷村・山野川村・飯田村・山戸田村・牛坂村・瀬成田村・石田村」とあり、明治五年には十一ヶ村の郷社にすることが定められた。明治二年以降、伊達郡域の村々では、急速に日吉神社へ結集することがうかがえる。その後、日下金兵衛が明治十三年一月二十日に「社殿建築掛頭取」を霊山神社造営取扱所から受け、別格官幣社の創出をみることになる。

（48）本編第一章参照。

（49）高埜利彦編『日本の時代史一五　元禄の社会と文化』（吉川弘文館、二〇〇三年）八五頁～八八頁参照。この他、曽根原理「徳川家康年忌行事にあらわれた神国意識」（『日本史研究』四八〇、二〇〇五年）参照。

補　章　近世後期における南朝の顕彰と在地社会——奥州伊達郡を事例に——

はじめに

現在、近世文書を所蔵する家には、中世以来の「土豪」の系譜を引き、近世に入ると苗字帯刀などの身分特権を与えられた例が多い。このような認識は、多くの近世史研究者にとって、半ば常識的前提とされているのではないか。このような認識もあってか、九〇年代以降、由緒論は、様々な地域を対象としながら、多くの成果をもたらした(1)。さらに「伝統の創造」をめぐる研究は、近代天皇制の文化的位置のあり方など、新たな成果をうみだしている(2)。

以上の成果をふまえ、本章は十八世紀後半以降の奥州伊達郡における南朝顕彰の社会動向に注目する。主な検討対象は、北畠顕彰の動きと関連した在地社会のあり方である。このような動向を取り上げるのは、以下二点の問題点を意識するためである。

第一に、十九世紀以降、当地では北畠顕家の顕彰が国学者集団＝「みちのく社中」によって試みられたことである(3)。このような事象については、近年の当該期における知識人層の研究を念頭におけば、容易に想定されよう。特に十九世紀初頭の各地における国学者の考証活動が該当する。第二に、北畠の顕彰に伴う「場」が、当地に立地した寛永寺直末寺院、霊山寺のあり方と関連し、在地社会において権威性を帯びていたことである(4)。したがって、北畠の顕彰とは、①国学者の考証活動、②霊山寺の権威性とがあいまって、在地社会において醸成された気運と評価される。

ただし、このような理解には次のような課題が残されていると考える。すなわち百姓層の北畠顕彰をめぐる動向についてである。特に百姓層の中でも主導層が、霊山や北畠顕彰の問題に、どのようにコミットしたのか。したがって、本章では先の国学者の考証や霊山寺の状況をふまえ、百姓層の動向から北畠顕彰のあり方を追求する。

次に本章の検討事例について述べておく。本章では主に二つの事例を取り上げる。一例目は、伊達郡梁川村の堀江与五右衛門家である。二例目は、慶応二年（一八六六）の世直し一揆において「世直し大明神」として祀りあげられた菅野八郎家である。両家の状況は後述するが、前者は十七世紀段階から在地支配を中心的に担ったと言え、後者は十九世紀以降村役人を担う、対照的な立場をもっていた。両家による自家の系譜意識をふまえつつ、先の問題を明らかにしていきたい。(5)

なお八郎に関しては民衆思想史をテーマにした研究成果が豊富に蓄積されてきた。(6)しかし、これまでの研究では、八郎の思想を追求する立場が重視され、在地社会との切り結びが弱い印象をもつ。民衆思想史研究の膨大な成果を全面的にふまえることは困難だが、在地社会における北畠顕彰を取り上げることで、八郎研究にも迫ってみたい。特に「義民」としての性格が強調されがちな八郎像の相対化を目指す。

最後に明治初期の北畠顕彰をめぐる在地社会のあり方についても見通しを述べたい。なお明治十二年、様々な経緯をとり霊山神社（別格官幣社）は設立の許可をえる。明治期以前における当地の霊山寺のあり方が、どのように存続、変化したのかという課題を念頭におきつつ、霊山神社設立の事情を取り上げる。このことは、明治期以降の神社と在地社会のあり方を理解する上で必要な作業となろう。(7)

一　郷士の由緒と南朝顕彰

（1）伊達郡における郷士と砂子堰改修――堀江家・渡辺家の由緒をめぐって――

まず本章で対象とする堀江家・渡辺家について紹介する。伊達郡は、寛文以前の上杉領段階において堀江与五右衛門家（下組）と渡辺与惣兵衛家（上組）が在地支配を差配した[8]。

信達地域は、寛文四年（一六六四）に米沢藩上杉領から幕領に変更される。その後も両家は「割元」という役名の郷士として、上杉領時代を引き継ぎ、在地支配を差配した。正徳三年（一七一三）、全国的な「割元」廃止となり、両家も「割元」から離れた。しかし、一部特権を残したまま、幕末期まで他の百姓とは違う家格が保証された。特に百姓間の調停や仲裁等が主な業務として残っていく。この家格保証は、従来通り（上杉領段階）屋敷地が「除地」として処理されることを意味した。これに伴い、両家は明治初期まで「郷士」を称す。

両家の由緒の要となるのが、上杉段階の取立てに関するあり方である。その中で、両家は当地の水利問題＝堰（砂子堰）の開削へ不可分に関わった旨が重視される。たとえば堀江家は、米沢藩家老直江兼継から堰開削等を含めた開発事業の促進された旨が知られる[9]。一方、渡辺家も同様に砂子堰の開削が由緒の要となる。明和期において、同家は米沢藩の奥州道中下向に伴い、藩主御目見えに成功している。同家が米沢藩士との縁戚関係を介して御目見えとなったが、米沢藩（上杉家）は、両家の特権的あり方を理解する上で、寛文期以降も意義を有していたこととなる[10]。

両家にとっては、米沢藩（上杉家）が由緒の要として、十九世紀以降も意味を保ち続けていくのである。このような状況をふまえ、さらに堀江家の状況を掘り下げる。

（2）堀江家の基本的立場と在地社会――除地の管理を中心に――

割元廃止に伴って、これ以降堀江家は様々な由緒書を作成する。同家の特権廃止が契機となり、由緒書が作成されるようになった。やや細かな事象となるが、ここでは堀江家の除地管理から同家の位置づけを試みたい。なお由緒書の内容については次節以降で述べる。

延享五年（一七四八）二月、百姓四十七名及び惣持院（修験）・菅野神尾大夫（惣社神主）は、堀江与五右衛門との間で一札をかわしている[11]。史料冒頭には、「貴殿御所持御除地之内、十王堂地内ニ従前々権現与申伝、清二郎相立候処、此度　吉田様江相願、秋葉権現之神号勧請御願申上候ニ付」とあり、堀江家所持の除地の中には、十王堂が位置したことがわかる。また十王堂内には以前から権現（清二郎が建立）が存立したという。今回、この権現へ秋葉権現の神号を京都吉田家から受けたいという。さらに「秋葉之宮引取候様ニ御申候ハヽ、早速引取可申候」とあり、除地中の秋葉権現を引き取ってもよいとする。ただし、「右秋葉権現小社之儀、以後如何様之六ヶ敷儀出来致候共、貴殿之御苦労に相掛不申」とし、秋葉権現の管理にあたっては、堀江家へ迷惑をかけないという。この史料は、除地中の秋葉権現の管理について百姓らと堀江家がかわした一札となる。

さらに同年、菅野神尾大夫は惣持院・願主方らと秋葉権現の管理をめぐって一札をかわしている。ここでは主な内容を紹介しておきたい。

①毎年二月十八日、当社の「祈禱祭」を神主が実施すること、②十八日の賽銭の三分一は、惣持院から神主（菅野神尾大夫）へ納め、神主から「鉢守」を一名遣わすこと、③残りの三分二は、常夜灯料として惣持院が受けること、④遷宮の際には、惣持院・願主から「物入」を取らないこと、⑤吉田家への礼録金三両は惣持院が上納すること、不足分は菅野神尾大夫が処理すること、⑥堀江家には迷惑等を掛けないこと。以上、秋葉権現は、神主菅野神尾大夫及び惣持院による共同運営となった。

なお惣持院について、若干補足する。惣持院は、宝暦十年（一七六〇）七月、惣持院快善から堀江宅之助宛の一札により確認される。当史料は、当年、秋葉権現の修復に伴い作成されたものである。ここで快善は「梁川横町行屋守り」とみえる。行屋守りとは、文字通り、秋葉権現への管理を担ったことを意味しよう。時代は下るが、次の史料は寛政十二年（一八〇〇）、行屋守りの交代をめぐって作成された一札である。

【史料1】(12)

差出シ申一札之事

一貴殿御除地之内、建立仕置候行屋前々より拙者共、行旦中ニ御座候共、去る未ノ十二月中住僧之東英死去ニ付、此度八幡村亀岡寺弟子祖種と申、当家ヲ惣持院住持ニ此度被差遣候、以来者右僧差置申筈ニ引合、然上者此僧ニ付、如何之六ヶ敷義出来仕候共、貴殿へ少も御苦労相掛不申、行旦中之者共、引請急度埒明可申候、為後証惣旦中連印一札如件

寛政十二年申二月

旦中惣代　中木儀右衛門㊞
同断　斎藤平十郎㊞
同断　甚左衛門㊞
同断　武左衛門㊞
同断名主　与八郎㊞

堀江与五右衛門殿

史料は、史料差出人（行旦中）が住僧死去に伴い、除地内の「行屋」へ亀岡寺弟子祖種を後住にあてることを示した一札である。また史料中には、惣持院を住持に遣すとあり、行屋守りに関する一札と言えよう。ここで注目点は亀岡寺の存在である。同寺院は小池坊末の真言宗寺院であり、当地の神職組織の中核を担った梁川八幡神

社の別当に該当する。行屋守りは、梁川八幡神社を取り巻く宗教者が関与し、管理がなされていたことになる。この行屋守りとして惣持院が存立していた。

以上、堀江与五右衛門の除地のあり方について述べた。当除地は、堀江家の特権の性格と共に、百姓や神主・行屋守りが介在する、「場」として形成されていた。堀江家の有した除地の特権は、他の百姓らにとっても意義を有していたこととなる。僅かな例だが、堀江家のおかれた状況として確認したい。

(3)堀江家の由緒書と霊山の位置

このような状況下で、享保期以降、堀江家はしばしば「苗字帯刀」を志向する。「身上がり」志向とも言える状況である。次に、この「身上がり」志向に伴い、堀江家がいかなる論理を持ち出すのか。ここでは同家由緒書の内容の変遷を示してみたい。あらかじめ要点を述べると、安永期から天明期にかけて由緒書の記載が増加する。

まず安永七年（一七七八）の記載内容を取り上げる。

【史料2】(13)

一私先祖堀江与五右衛門之儀、上杉播磨守様江相仕、会津御在城之砌、尤其節武功茂有之、当時居屋敷ニ罷有、伊達郡東根郷村々ニ而郷士弐拾五騎之頭を蒙、与力七騎預り、仙台領相馬領境を堅メ相勤罷有候

堀江家は、上杉播磨（景勝）に仕えた由緒をもち、上杉氏が会津在城の際に武功をたてたという。また与力編成を担い、仙台相馬境界を固めていたという。この内容は、それ以前の由緒書にも頻繁に確認される。また「郷士」文言も確認される。概ね、堀江家が当地（梁川周辺）を、軍事的におさえていた旨の内容である。

このような認識は、天明七年（一七八七）になると、新たな意味づけがなされる。史料表題には「私儀先祖より苗字帯刀仕除地屋敷所持仕来候発御尋ニ付書付を以奉申上候」とある。先祖から苗字帯刀の格式として除地屋敷

地を所持した経緯がうかがえる。また当史料は、堀江与五右衛門から梁川役所宛に出されたものである。この中で注目点は、史料冒頭である。先の史料2と比較すれば、その違いが明確である。

【史料3】[14]

一私先祖之儀本国勢州之者ニ御座候、往古北畠源中納言郡家郷当国之国司ニ被任、霊山居館江下向之砌、私先祖之氏族之者ニ付、附属仕罷下、其後元弘年中郡家郷役落後氏族之者残候而、当国御領地被成候節、私先祖往古之由緒を以伊達郡東根郷村々ニ而郷士弐拾五騎之頭ヲ蒙、於梁川ニ与力七騎預、仙台領相馬領境堅相勤申候、其節より当時居屋敷ニ住居仕候

つまり堀江家は先祖の由緒を伊勢国として、伊勢国司の北畠との関係を示している。先の史料2では、堀江家の由緒が上杉氏との関係が源泉となることに対して、史料3では北畠との関係が加わった。堀江家と北畠の関係は、天明七年以降、頻繁に確認されるようになる。史料中では、北畠が霊山へ居館を構えた際に、先祖が附属していたことがみえる。その後、仙台・相馬境界をかためるにいたったという。このように堀江家の由緒書は、十八世紀後半から北畠が加わる。

この他、年未詳ながら堀江家は武家との縁戚関係を系譜に記している[15]。このような系譜をめぐる認識は、冒頭でも述べたが、各地の有力百姓がみせる動きとも近似しよう。

ところで渡辺家の状況にもふれておきたい。先述したように、同家の由緒にも上杉との関係がみられる。しかし、堀江家のように北畠との関係を示さなかった。渡辺家は、文政期に入ると、伊達家家臣としての由緒をもちだすのである[16]。したがって、両家は上杉との関係を共通に持ちながら、堀江家は北畠家・渡辺家は伊達家という認識をもつ。

両家は明治期以降も「郷士」獲得を志向する。そのさい、両家はこれまでの由緒を持ち出すことも確認できる。

堀江家に限っては、北畠顕彰が「郷士」獲得とも関連してくることになる。

二　金原田村と南朝顕彰――菅野八郎を中心に――

次に菅野八郎を取り上げる。八郎は、慶応二年の信達一揆において「世直し大明神」として祀られたことが知られる。また晩年まで、自らが信達一揆の頭取とは認めなかったという。頭取の可否を問い直すのは難解だが、そもそも何故、頭取、「世直し大明神」として祀りあげられたのか。[17]慶応二年以前において、人々が八郎の元へ結集する例はみられなかったのか。そこで天保期以降の金原田村の状況を改めて取り上げてみたい。

(1)金原田村泰助と松前藩陣屋奉公――新田岩松の由緒をめぐって――

天保期以降の金原田村を考えた場合、二名の百姓(八郎と泰助)の動向が目立つ。その内、泰助は後に「脇屋次郎」として史料上にみえる。また慶応二年(一八六六)以降、八郎が様々な表舞台から「姿」をみせなくなるものの、泰助の活動は顕在化すると言える。ここでは弘化期以降の八郎と泰助の関係に注目してみたい。この関係性をめぐっては、既に両者の対立から共存という形で、概ね理解されている。この過程において、泰助はどのような由緒を主張するのか。この点を掘り下げてみたい。

さて、安政四年(一八五七)、泰助は当領主松前藩陣屋への「奉公」を願い出る。次の史料は、この段階での主張の一部である。なお、当史料は八郎ら小前層の同意をえたものである。

【史料4[18]】

(前略)私亡父勇治儀、去る文化度乍恐　御上様当御在城之節、剣道を以御出入被　仰付、且文政度御在所御表へ罷出度々蒙　御懇之上意、拝領物等被仰付候

泰助は父勇治が文化期において剣道を通じて陣屋への出入が許された旨を記している。文政期に入ると、「懇之上位」を受け、拝領物などを授かった。これらを主張の正当性として、泰助も陣屋奉公を願うこととなる。なお、この場合の「剣道」、一般には剣術が領主側との繫がりをもつ上で重要な回路となっている旨もうかがえる。

この奉公願いは直後の段階から考えると聞き入れられたようである。しかし同年十二月には、泰助の「我意ニ募」等の理由から出入の差し留めが小前百姓六五人から出されている。つまり、当初は小前百姓らは泰助へ奉公を許容したが、直後から差し留めが要求されている。

それに対して、泰助は安政五年六月、次のような意向を示す[19]。「勿論慢心又ハ乱心致候覚も無御座候、当春江戸出府帯刀之儀者、私亡父勇次先祖より岩松満次郎旧臣之由緒御座候ニ付、由緒御取調之上、代々可為旧臣条被仰渡」とある。まず八郎らの主張に対して、泰助は慢心がない旨を示している。当春、江戸へ出向き、泰助の「帯刀」は、父勇次が先祖岩松氏旧臣の由緒があるため許されたことを主張する。

以上を整理すると、泰助は父の段階からの由緒を持ち出し、自らも「帯刀」を許可された。しかし小前百姓は反対の姿勢をみせた。この過程において、泰助は岩松家を先祖とする由緒を持ち出している。この岩松氏だが、一般には新田岩松が想起されよう[20]。泰助家も、新田岩松という南朝系の系譜を意識したことが判明するのである。金原田村における系譜をめぐる動向の一例として位置づけられる。次に八郎側の状況を述べてみたい。

(2)八郎の「先祖祀り」と霊山の位置

伊達郡における水利事情を考えた場合、これまで砂子堰開削事業の問題が注目されてきた。先に堀江家・渡辺家は開削事業に取り組んだことにより、上杉家から特権を許容されたことを述べた。したがって、当地において砂子堰開削事業に何らかの形で関与することは、百姓層のステイタス獲得の契機となりえたとみられる。

弘化期において、この砂子堰の改修事業をめぐって、関係村から記念碑建立がもちあがった。弘化五年（一八四八）、八郎はこの砂子堰改修記念碑建立のあり方について問題視する。[21]

要点を抽出すると「父和蔵始、弥太郎・利右衛門ハ不及申ニ、小右衛門・久右衛門・五右衛門・惣左衛門・作十郎、是等之人々世話人ニして、多く金銀を費し骨を□之事言語筆紙ニ尽くしがたし」の箇所と考える。すなわち八郎の父和蔵を始めとした世話人を蔑ろにしたとする。なお八郎の相手は、上二井田村庄蔵、東泉沢村藤七、下保原村義三郎が該当する。しかし嘉永元年には、八郎らは一札を作成している。[22]この一札は概ね詫書の内容となるが、「先後世話人幷寄持人名前之儀、委敷相記し候様申聴候処」とあり、実際には記念碑へ世話人等の名前が刻まれるという。そのため、八郎は先の主張が誇示し過ぎである旨を詫びる。この記念碑建立問題から、次の点をくみ取っておきたい。それは八郎が父和蔵の砂子堰への関与を強調することにある。先に同村の泰助が岩松家との意識を強めたことを述べた。八郎の場合も、自らの父の関与を強調する動きをみせたのである。

このような背景もあってか、嘉永六年（一八五三）、八郎は「先祖祀り」を実行する。次に、この「先祖祀り」を取り上げてみたい。「先祖祀り」に関する史料は、早くから注目されてきたが、八郎の単なる経歴を示す史料として扱われる傾向が強い。ここでは八郎先祖の由緒がみられる、「菅野実記　第一」（安政三年）を取り上げたい。[23]ただし、概ね同内容で翻刻がなされている「菅野氏先祖より申伝並八郎遺言」を検討する。[24]その上で、「菅野実記」を補足的にあつかってみたい。

【史料5】

嘉永六年丑ノ九月、右大祖五百十七年ニ当りしが、故有て五百五拾年忌をとむらい、且又大祖の石堂へ観世音の尊像を奉切籠、一宇之堂を建立して子孫の繁栄を祈念もの也

八郎は嘉永六年九月、自らの「家」の五五〇年忌法要を実施した。勿論、嘉永六年が、八郎家にとって正確な

五五〇年忌であったかどうかは定かでない。しかし、この時期に年忌法要が実施されたことは注目される。そして八郎は、石堂を建立し観世音を切りこんで安置すること、一宇の堂を子孫繁栄のため建立することを行う。実際に、この石堂は現在でも残っており、これ以降の八郎家にとって大きな意味をもったとみられる。特に、この「先祖祀り」には伊達郡内を中心として一〇〇名以上の人々が名前を連ねている。[25]ここから「先祖祀り」の影響力もうかがえる。

そして次の点が注目される。「菅野氏開祖と申ハ、山野川村三軒在家七騎之観音是なり。七騎と奉申ハ、千手院観翁良道一居士　七人兄弟惣領也（中略）、右大祖七人之義ハ奥州羽州二ヶ国の大守　北畠中納言の臣ニして」とある。すなわち八郎の先祖とは、北畠の家臣の中に存在したというものである。なお同史料には「菅原」が転じて「菅野」となった点も示されている。八郎は系譜上において菅原道真を意識している。

いずれにしても「先祖祀り」には、八郎が北畠との系譜を意識した内容が示されている。なお当史料は、これまで多くの論者によって分析が試みられてきたが、八郎の系譜に伴う問題については捨象されてきたと言える。[26]八郎家は北畠（南朝）に繋がる系譜を仰ぐ形で在地社会へ存立していたと言えるだろう。

以上、金原田村の二人の例を取り上げた。両者ともに、天保期以降、南朝方の系譜を強調する段階にあった旨がうかがえる。慶応二年の信達一揆の前段階において、このような機運が形成されていたことは注目されるのではないか。

三　別格官幣社創設と在地社会——明治初期の状況を中心に——

最後に別格官幣社霊山神社の居した大石村の状況を取り上げてみたい。堀江家や八郎家が霊山との系譜上の意識を強めたことをみたが、これらの気運を大石村がどのように受容したのか。明治初期における在地社会のあり

表１　官有山野下戻添付証拠書類内容一覧

No.	表　　題	年　次	差出人→受取人
1	(霊山日枝神社旧御額字之書付)	(享保３年)	一品親王公寛→なし
2	同御奉書之写	享保３年10月16日	功徳院・霊山院→霊山寺
3	(霊山寺興隆励行書)	安永６年10月	大真覚院・大仏頂院→奥州大石村霊山寺檀中檀那中
4	(寛政八年棟札写)	(寛政８年)	大石村など→なし
5	御達書写(神仏分離につき)	明治元年四月	民政局→なし
6	乍恐以書付奉願上候(神葬祭実施につき)	明治２年12月	大石村氏子総代日下久兵衛他→福島県御役所
7	(日吉神社神主申し付け書)	明治３年10月	福島県庁→菅原霊延
8	(日吉神社神主申し付け書)	明治４年４月	梁川出張館藩庁→菅原霊精
9	(日吉神社及び二ノ宮兼帯神主申し付け書)	明治４年10月	梁川出張青森県→菅原霊精
10	(日枝神社准祠掌神主申し付け書)	明治５年８月	福島県→菅原霊精
11	文政年間大石村霊山南北嶺通御改め間敷之写	明治８年11月19日	日下金兵衛・大橋新助→第五区会所

方を見通してみたい[27]。

(1)明治九年以前の大石村と周辺村

明治九年（一八七六）、明治天皇が東北へ巡幸する。このさい、伊達郡役所において北畠が居した霊山について語ったという。これに伴って別格官幣社創設の気運が盛行する。

これまで述べたように、北畠顕彰は明治以前からみられた。ここでは明治九年以前の状況を整理する。表１を参照しながら、当地の状況を述べていく。

表１は、明治八年十一月「官有山野下戻申請添付証拠書類」の内容を整理したものである[28]。No.１・No.２は、享保三年（一七一八）の段階で輪王寺宮から額字の染筆を受容したことを示したものである。霊山寺の寺格が寛永寺直末寺院であることに関連する。No.３・４は、十八世紀後半以降の霊山寺の整備を示したものである。No.４の棟札では、霊山寺改築に大石村の周辺七ヶ村が関与した旨を示す。なお当棟札は「霊山日枝神社ニ納置候処、御一新ニ付、神仏混交廃止之節、別当霊山寺ニ而持参致置

候事」とみえる。この時点では、別当霊山寺が依然として確認される。No.5は神仏分離令の達書である。No.6は大石村の霊山寺檀家が神葬祭とすることを願ったものである。同史料では、日吉神社神主として大石主膳の名前がみえる。No.7は明治三年、福島県庁から「大石主膳事　菅原霊延」が日吉神社神主職を申し付けられたことを示す。No.8は明治四年、梁川出張館藩庁から「菅原霊延長男　菅原霊精」が日吉神社神主職を申し付けられた旨を示すものである。明治五年、菅原霊精は大石霊精と改名したことがうかがえる。No.9は菅原霊精（大石霊精）が大石村内の二つの日吉神社の兼帯神主となること、No.10は福島県から大石霊精が日吉神社の准祠掌に申しつけられたこと、No.11は、文政期における大石村南北嶺通りの改めの写しとなる。

以上から、概して明治九年以前の経過が把握される。第一に、明治以前霊山寺運営には大石村以外の人々が関与していること、第二に明治以降、大石村百姓が神葬祭へと移行したこと、第三に大石氏が日吉神社の神主となったこと、以上が明らかとなろう。また、日吉神社神主となる者が一時的に菅原姓を名乗ろうとしたことがうかがえる。先に述べた八郎は「菅原」姓が転じて「菅野」姓となったとする認識があったが、大石氏が菅原を名乗った背景については不明である。

次に、明治初期の状況で訴訟に発展した例を取り上げてみたい。実はこの訴訟については、表1のNo.6でも確認される。この訴訟は、神仏分離及び日吉神社の管理をめぐったものである。霊山寺は神仏分離に伴い、日吉神社を創出する。明治以前における山王社が日吉神社（日枝神社）として再編されていくのである。ここで霊山寺のおかれた位置が矛盾として浮上する。

明治二年七月、大石村日吉宮産子惣代久兵衛他十六名は桑折役所へ、日吉神社の管理をめぐって願書を作成している(29)。要点は、この管理者の問題である。この時点で別格官幣社創設の流れは出来ていないが、石田村神職富田出羽はその管理を志向する。これに対して、大石村百姓久兵衛らは、主に二つの主張をしている。①「別当霊山寺弟子右門与申者、当村禰宜大和之家名相立度」、霊山寺の弟子右門を大石村で禰宜をしていた大和家として取り立てる旨を主張する。②「出羽守両別当神主ニ而者無之」と示し、富田出羽は日吉神社の別当・神主のどちらにも該当しないとする。大石村内では、霊山寺からの復飾を伴う形で神主を担ぎ、主導的な管理を志向した。

また同史料には次の記事もみえる。「神輿渡御之節、石田村出羽同村行法院・飯田村小野越中・玉野村安正院熟し、霊山寺より之使ニ而参候」とある。霊山寺には、明治以前、他の神職や修験が神輿渡御へ関与していた状況が判明する。これについては、表1の№4棟札でも確認され、霊山寺の神事等には大石村周辺村や修験などが関与していた。

このように明治以前の霊山寺とは、周辺村から宗教者が訪れ、その運営を補佐する一面をもっていた。そのためもあって、霊山寺の神仏分離は村内で解消されず、周辺村をも巻き込んで展開したと言える。また先に述べたように南朝顕彰の気運もあり、霊山寺や日吉神社のあり方は、他村の人々にも関心がむけられていたと言える。

以上、この事例は日吉神社が村内の久兵衛らと村外の富田出羽との間で管理をめぐって争った一件であった。背景には、それまでの霊山寺の周辺村への影響力があったとみられる。結局、当一件は結果からみると、大石村側の意向が認可された。明治九年以前の日吉神社の管理等をめぐっては、周辺村よりも居村の大石村が主導性をもっていた。

(2)霊山神社創設をめぐって

明治十二年（一八七九）に入ると、いよいよ霊山神社創設の動きが本格化する。その内、創設に深く関わりをみせるのが、先に記した脇屋次郎（泰助）である。明治十一年、脇屋は福島県会議員となり、地方産業振興などに活躍する。したがって、この段階に入ると大石村の主導性よりも金原田村・梁川村などの周辺村の関わりが強まる。

また当年、福島県では「信達二郡村誌」の編纂が試みられている。この編纂には「福島県編纂御用掛」として中川英右（中川雪堂）が関与する。中川は、かつての米沢藩儒として知られる人物である[30]。また霊山へ北畠の碑文を著した人物でもある。したがって、中川が中心となって実施された編纂事業には、南朝顕彰の動きがかいまみえる。以上の状況もふまえつつ、在地側の事情を取り上げてみたい。

明治十二年作成の霊山神社創建の上申書を取り上げる。その内容は、①祭神は北畠顕家、②由緒は元弘三年義良親王を奉し岩代国伊達郡霊山城に入ったこと、③境内坪数は詳細不明、④社は二間三間・拝殿は五間七間、などが記されている。

これまで述べたように、北畠を祭神とする気運は明治以前の状況から説明でき、また北畠に関する由緒等も概ね定まっていた。問題点は、境内坪数の詳細が定まっていないことと言えよう。実は霊山神社の立地場所は、霊山周辺の中で定まっていなかった。それに伴い大石村を代表とする村々と石田村との間で訴訟が展開されたのである[31]。石田村は先に述べた富田出羽など村内有力者が、大石村と軋轢を生じさせた。すなわち北畠を祭神と仰ぐ気運自体は広く共有されていたが、その立地場所をどこに設置するかは懸案事項であった。在地社会における神社設立をめぐる主導権問題とも評価される。結局、当社は大石村側へ立地することとなり、石田村の意向は退く。

明治三十一年には、有力五家が当社の運営に深く関わることが規定される[32]。「霊山神社発企者タル佐藤喜七・日下金兵衛・堀江里・脇屋次郎・西尾元晌ノ五家ハ同神社ニ縁故アルモノトシテ子々孫々永く神社ト関係ヲ継続すへき事」とある。史料中の五家について述べておく[33]。佐藤家は、出身が伊達郡新田村にあたり、この「新田」を南朝の新田一族として意識する。日下家（大石村久兵衛）は霊山城落城後、土着した一族として意識している。堀江家及び脇屋家は、これまで述べたように、霊山（南朝）との意識を醸成してきた。西尾家の系譜については不明だが、中川雪堂との関係が知られる。南朝系譜を主張する者が運営に深く関わる旨が確認される。これらの人々は、霊山神社の運営に関わりあうことで、在地社会において一定のステイタスを確保していたとみられる。

以上、霊山神社創設までの経緯を略述したが、郡域での有力者が関与していたと言える。明治以前、南朝（霊山）の系譜を意識していた在地の有力層は、別格官幣社の創設及び運営に深く関わりをもつにいたった。

むすびに

最後に本章の内容を整理して結びたい。主に三つの要点を確認し、冒頭の課題にこたえたい。

①堀江家などの郷士の由緒を分析した。堀江家は天明期以降、北畠（南朝）との結びつきを強めた。この意識は、明治期以降の当家における系譜認識の源流として存在していた。なお渡辺家についても取り上げたが、堀江家とは違う意識をみせていた。しかし共通されたのは、上杉以前の由緒を示すことにあった。

②金原田村八郎と泰助の系譜意識を取り上げた。八郎に関しては、これまで様々な研究蓄積がある。しかし八郎の系譜意識をめぐる問題は、これまで捨象されがちであった。本章でみたように、八郎は北畠との系譜上を意識していた。一般に八郎は「義民」としてのイメージが強いが、南朝方に自らの系譜をおいたことは注目してよかろう。また同村泰助は、新田岩松の系譜を意識するにいたっていた。両人とも南朝方への意識がみられたことになる。泰助（脇屋次郎）は、明治以降別格官幣社創立に深く関わっていく。

③明治初期の霊山寺をめぐる状況を取り上げた。神仏分離に伴い、日吉（日枝）神社の管理方法が問題視された。結局、大石村側がその管理の主導性を握っていく。しかし、これ以降も、石田村を中心に神社立地をめぐり訴訟となっていく。

以上、十八世紀後半における当地は、百姓層においても北畠（霊山）南朝顕彰の気運が顕在化してきた。研究史にある国学者の考証活動は、これらの状況と連動する動向であったと言える。

最後に若干の展望を述べておきたい。先述のように明治初期の石田村富田家は、日吉神社の管理を志向した。じつは後に南朝ゆかりの神職との人的ネットワークを構築する。つまり信夫郡・安達郡・田村郡・安積郡・石川郡をも含む南朝ゆかりを自認する神職らとの関係構築をみせるのである。[34] 十九世紀における地方神職は、それまでの神職組織（当地では惣社制）を、以上のような気運を通じて相対化していくとみられる。

このような気運の中に八郎が居した金原田村が存立していた。慶応二年、世直し一揆の頭取と目された八郎は、明治期以降、村政等に名前をみせなくなる。しかし嘉永期の「先祖祀り」にみたように、南朝方の系譜を意識した八郎は、別格官幣社創設の気運と矛盾することなく、在地社会の一員として存立していたと言える。これまでの研究史では、概ね八郎＝「義民」でイメージされてきた。しかし本章で述べたように、在地社会で醸成されている南朝顕彰の気運を組み込み、再度、八郎像の構築が必要となるのではないか。本補章は、本編の成果、惣社制や霊山寺の問題を追求する過程で、百姓層の動向にも視野を配る必要性から言及したものである。

（1）　山本英二「中近世における由緒論の総括と展望」（『歴史学研究』八四七、二〇〇八年）。この他、渡辺尚志氏は、由緒論の成果をふまえつつ、「草莽の志士」型の豪農を取り上げ、幕末維新期の地域社会把握の方法を示されている。渡辺尚志『近世村落の特質と展開』（校倉書房、一九九八年）参照。
（2）　高木博志『近代天皇制の文化史的研究』（校倉書房、一九九七年）、羽賀祥二『史蹟論――十九世紀日本の地域社会と歴史意識――』（名古屋大学出版会、一九九八年）。
（3）　本編第四章・五章参照。この他、小田真裕「東総地域における神職の学問受容」（『千葉史学』五三、二〇〇八年）、同「平田篤胤門人宮負定雄の教諭論」（『関東近世史研究』六一、二〇〇七年）など参照。
（4）　拙稿「輪王寺宮の権威と在地寺社の動向」（『近世の宗教と国家』二、吉川弘文館、二〇〇八年）、他に本編第五章参照。
（5）　深谷克己『江戸時代の身分願望』（吉川弘文館、二〇〇六年）。同書では幕末期における百姓層の士分獲得をめぐる問題を通じて、「士農工商」が横裂化することが指摘される。本章では、身分の問題ではなく、士分意識獲得に伴う言説を読み取りたい。

（6）八郎の経歴を略述する。天保八年、八郎は父和蔵の死去に伴い家督を相続する。家督相続の前後に、八郎は名主の不正をあばくなど、名主との対決姿勢を明確にする。嘉永七年（一八五四）にはペリー来航に刺激されて、海防策を駕籠訴・箱訴の形で幕府へ進言する。安政期には水戸藩士と関係をもつことで、八丈島へ流罪となる。元治元年、金原田村へ戻り、「誠信講」を形成し、代官の悪政や治安問題に積極的に対応した。慶応二年、八郎は信達一揆の指導者としてみなされた（『信達一揆と金原田八郎展』、保原町歴史文化資料館、一九九六年参照）。この他、主な研究史として、庄司吉之助「菅野八郎の生涯」（『近世民衆思想の研究』、校倉書房、一九七九年）、布川清司『近世庶民の意識と生活』（農山漁村文化協会、一九八四年）、吉田勇「村方騒動と世直し」（『製糸業と農民一揆』、名著出版、一九九二年）、斉藤和也「菅野八郎の行動と思想」（『福島の研究　第三巻　近世篇』、清文堂、一九八六年）、末永恵子「鳥伝神道と菅野八郎」（『鳥伝神道の基礎的研究』、岩田書院、二〇〇一年）。

（7）近代以降の南朝顕彰の研究動向としては、畔上直樹「大正デモクラシー期の地域社会における南朝顕彰と神社神主」（『日本史研究』五二五、二〇〇六年）、羽賀祥二「史蹟の保存と顕彰――南朝顕彰運動をめぐって――」（『国文学　解釈と鑑賞』、至文堂、二〇〇五年）など参照。

（8）『梁川町史二　近世　通史編Ⅱ』（梁川町、一九九七年）参照。米沢藩の地方支配機構として、信夫伊達郡には信達四郡役が設定された。信夫は福島在住鈴木源左衛門、西根郷は桑折在住の佐藤新右衛門、東根上郷は下保原在住の渡部新左衛門、東根下郷は梁川在住の堀江与五右衛門が該当した。この他、小手郷は秋山在住の高橋清左衛門が該当した。

（9）堀江家については、堀江正樹家文書（『福島県歴史資料館収蔵資料目録』三五、福島県歴史資料館、二〇〇四年）参照。以下、同家史料使用では史料番号のみを付す。

（10）庄司吉之助文書Ⅰ（『福島県歴史資料館収蔵資料目録』二四、福島県歴史資料館、一九九四年）参照。史料番号三七一一・三七三一（以下、同家史料では史料番号のみを付す）。

（11）堀江家文書六六七。菅野神尾大夫は当地の惣社神主（八幡神社神主）であり、郡域の神職編成を担った（本編第一章参照）。

（12）堀江家文書六五四。

(13) 堀江家文書三九三。
(14) 堀江家文書三九六。
(15) 堀江家文書八六六・八六七。二本松藩士との縁戚関係が認められる。
(16) 庄司家文書Ⅰ三七五三。
(17) 八郎の思想については『民衆運動の思想　日本思想体系五八』（岩波書店、一九七〇年）参照。この他、八郎の思想については父和蔵の影響が捨象できない。和蔵は、伊達郡高子村儒者熊坂家の影響が知られる。なお熊坂家は、十八世紀後半段階において南朝方児島高徳を系譜上で意識している。庄司吉之助『近世民衆思想の研究』（校倉書房、一九七九年）参照。この他、註(6)参照。
(18・19) 脇屋久仁家文書（『保原町史第二巻　資料　原始・古代・中世・近世』、保原町、一九八三年）五八六～五九四頁参照。また註(6)吉田勇論文の多くを参照した。
(20) 新田岩松については、落合延孝『猫絵の殿様』（吉川弘文館、一九九六年）参照。
(21・22) 伊達市梁川町所蔵文書（註18『保原町史　第二巻　資料　原始・古代・中世・近世』五八四～五八五頁）。
(23) 庄司家文書二四六六。
(24) 布川清司『近世日本民衆思想史料集』（明石書店、二〇〇〇年）の主に三三六～三四一頁参照。
(25) 『信達一揆と金原田八郎展』（保原町歴史文化資料館、一九九六年）一〇頁。この「先祖祀り」の参加者は菅野一族のみではないことが判明している。そのため一般の先祖祀り（先祖祭祀）とは性格を異にする。
(26) 註(17)庄司書参照。
(27) 明治期の問題は『霊山町史一　通史』（霊山町、一九九二年）参照。
(28) 日下家文書『霊山町史三　近代』（上）（霊山町、一九八三年）三二八～三三二頁参照。
(29) 日下家文書（『福島県歴史資料館収蔵史料目録』二一、福島県歴史資料館、一九九一年）。史料番号八一三号。
(30) 中川がどのような経緯で福島県の編纂事業に関わるかなど、明治初期の福島県政と米沢藩の関係については今後の課題とする。米沢藩の文化事情を念頭におき、明治初期における当地のあり方を考察する必要があろう。幕末期の米沢藩をあつかった成果として、友田昌宏「文久三年京都政局と米沢藩の動向」（『もうひとつの明治維新――幕末史の再検討

――』、有志舎、二〇〇六年）参照。同論文では、中川英右が取り上げられている。この他、安積開拓にも米沢藩士が関与することも知られる。
（31）註(27)書『霊山町史一　通史』参照。
（32）同右書、三二七頁参照。
（33・34）同右書、七〇九～七一〇頁参照。

第二編

関東における修験と在地社会

第一章　本山派修験の活動と真言・禅宗寺院

はじめに

本章は、元禄期以前の本山派修験の位置づけに真言宗や禅宗などの仏教諸宗派との関係性から迫るものである。これまで本山派修験をめぐっては、様々な研究が蓄積されている(1)。その中で、高埜利彦氏は、古代以来の勧進権に注目し、修験編成の意義を明らかにした(2)。勧進権は、兵農分離の理解とも重なる問題として示される。そして、本山派修験の編成は、概ね十七世紀末から十八世紀初頭にかけて整備されたものとする(3)。

そこで注目すべきは、本山派修験の編成が浸透していくさいに、仏教諸宗派（真言宗や禅宗など）とどのような関係を構築していったのかという点である(4)。つまり、それぞれの宗教者が在地において葬祭及び祈禱といった宗教活動をいかに獲得するのか。開幕以降、在地社会の様々な宗教的な要求を、いったい誰がどのような契機で担うにいたるか。これは宗教者にとって、葬祭檀家や祈禱檀家の固定化の問題と関連する(5)。なお、この問題を理解するにあたって、高埜氏は十七世紀の段階における宗教者について、「地域社会の要望・受容に対しては、どの側面でも応えなければならない」存在とする(6)。宗教者は、竈祓いや地祭り・祈禱など在地の要求に応じて様々な活動を実施しなければならない状況にあったことを指摘する。そして同氏は宗教者の専門分化について、当該期の生産力の上昇を重要な契機として把握する。

以上の点に留意しながら、本章では、武州幸手不動院霞下及び相模玉瀧坊霞下を取り上げる。検討するにあたって、十六世紀の相模国を対象とした圭室文雄氏[7]・森幸夫氏[8]・近藤祐介氏[9]らの研究成果を念頭におきたい。圭室氏・森氏は玉瀧坊を対象にし、近藤氏は不動院を中心に本山派修験のあり方をまとめている。圭室氏は、玉瀧坊と真言宗寺院の社会関係の存在を明らかにし、森氏はすでに天文期段階で玉瀧坊が本山派修験の中心的位置にあることを指摘している。近藤氏は、本山派修験における鎌倉月輪院の位置に注目し、その上で玉瀧坊・不動院の台頭について明らかにしている。このような状況は、天正十九年（一五九一）の「関東修験道法度」の意義とも関連し、それ以降の関東における本山派修験のあり方を理解する上で念頭におくべき成果である。

以上の成果をふまえ、具体的には①元禄期以前の宗教者間の競合関係（特に注連祓い役を取り上げる）、②元禄十年前後の関東の本山派修験を取り巻く状況、③相模一国レベルでの修験と真言宗などとの争論を取り上げる。

一　元禄期以前における本山派修験

(1)注連祓い役をめぐって

まず本山派修験と注連《しめ》祓い役の問題について述べる。一般に注連祓いとは、修験が檀那の小祠などの神前に七五三（注連）を張り、その上で祓いたてをする作法のことを指す[10]。特に本山派修験にとっては、護摩の配布などと共に収入源の一つであったという。この注連祓いをめぐっては、この行為に伴う本山派修験による役銭（注連祓い役）徴収についての研究がある。

たとえば、天正十九年以前、本山派修験は、真言宗寺院や当山派修験の代行として注連祓いを実施し、真言宗寺院などから役銭を徴収していた[11]。本山派修験は、この役銭徴収をめぐって真言宗寺院などとの間で軋轢を生じさせた。そこで徳川家康は、天正十九年以降、本山派修験の経済基盤の一つ、注連祓い役徴収を禁止していくという。これまで注連祓い役徴収禁止は、徳川家康が本山派修験を牽制する一事象と評価されてきた(12)。なお慶長十七年（一六一二）から同十八年にかけて、本山派・当山派修験間で注連祓いの役銭徴収をめぐって争論が生じ、これに伴い修験道法度・関東新義真言宗法度が定められる。

また注連祓いをめぐって、『本光国師日記』には「シメハライ役ノ事ハ、北条分国ニカキリ是アルハ、私ノ法度也」とあり、注連祓役が後北条領国による問題であったとする(13)。少なくとも「北条分国」において、本山派修験が注連祓いに伴った役銭を真言宗寺院などから何らかの形で徴収していたことが想定できる。

このように注連祓い役の問題は、真言宗寺院と修験の関係を現出した事象と言えよう。そして、この問題を取り上げることが十七世紀以降の、いわば近世的修験を考える上での「出発点」の一つとなろう。そこで、改めて徳川家康による注連祓い役問題の対応からみてみたい。

【史料1】(14)

　以上、此外不申候

急度以折紙申入候、仍従聖家衆修験中へ七五三之祓役之儀、此方ニ而従聖護院門跡様内府様江御断被仰候処ニ、則当春大久保十兵衛・彦坂小刑部・伊奈熊蔵上洛時分ニ、遂披露候得者、先代ニ五年も三年も相済来候ニて、急度修験方へ役為致候へ由、仰出ニ而候間、無異儀可有御済候、①以来之儀者済候事、迷惑ニ候ハヽ、七五三之祓切之儀無用之由、是又被仰出候、此儀不案ニ候ハヽ、三人之代官衆其元ニ被□罷有候条、可有御尋候、将亦、②先代ニ氏康修験中を他国へ為飛脚被遣候時、其褒美ニ被下候由、是も披露申候得者、当代ニも御用候ハヽ、飛脚ニ可被召遣候間、先々役等之儀如前々為済候へ由、被仰出候、但、③仍出家に先代ニハ祓切候ハヽ、役等有間敷候、何時も御存分於有之者、此折紙を以可有御披露候、為後日如此候、恐惶謹言

甲ノ（慶長元年）八月十五日　　全阿弥

中野　宗仙寺
　　浅草寺
大さか之　大聖寺

この史料は、家康の同朋衆、内田正次（全阿弥）が宝仙寺・浅草寺・大聖寺宛に発給したものである。史料冒頭では、聖家衆から修験へ注連（七五三）祓い役について、聖護院から内府（家康）へ「断り」があったことが記されている。主な内容は先代まで聖家衆から修験へ「役」（役銭）を出してきた。今後は、聖家衆の迷惑ならば、注連祓いの必要がない旨を仰せになった（傍線部①）。なお、この点に関して、不安があれば大久保らの三代官に尋ねるようにとする。また氏康（北条氏康）が修験を「飛脚」として遣わす場合には、その「褒美」として注連祓い役（役銭）を下していたという（傍線部②）。そして当代でも聖家衆が「飛脚」として扱うならば、以前の通り「役」（役銭）を出してもよいとする（傍線部②）。ただし、出家衆（宝仙寺など）が注連祓いを実施する場合は、役銭の発生が生じないとする（傍線部③）。

ここまでを整理すると、①聖家衆（宝仙寺など）は、それまで注連祓いに伴って役銭を本山派修験へ支払っていた。②今後は、聖家衆が迷惑ならば支払う必要がない。③先代までは、修験が聖家衆の「飛脚」を行っていた。そのため注連祓いが必要なさいには役銭を支払っていた。以上、この史料も先述した研究史を重視すれば、家康による本山派修験への牽制政策として理解できる。しかし、そもそも何故、家康は本山派修験を牽制したのか(15)。そこで、やや遡及的になるが次の史料とあわせ考えてみたい(16)。この史料は、武州浦和玉蔵院の修験認識がうかがえるものである。

【史料2】(17)

（前略）関東中にて百年以来、山伏の先達とも峰江入候とて、毎年両度宛寺方より役銭を取事有。又死人の弔有之寺江穢多来り、弔の道具取有、然るに近年出すましと申て不出銭も、是により是非共、前代の通取へしと申といへ共不出候間、関東の先達共目安を捧て公事に成、出家の方よりハ、武州浦和の玉蔵院看海僧正と云人出て対決す、山伏共申ハ、昔より例にまかせ役銭を出せと申、出家方より申は、先其方達の名を山伏とは何とは何として申そ、弟子を仮住と名付候事ハ何故そ、出家より役銭を取事何故とるそ、何頃より取候と申由来子細を承はんと申候、奉行方より其子細を山伏申さは、役銭を如元出し可被申候かと尋らる、僧正被申候中々の事、其次第理につまり、此方負候ハヽ、可出候、（中略）僧正よりの返事に、山伏はえんの行者の末流なれとも、近来ハ仏道の行ひもまれに成行、かりに僧家の門弟と成、皆仏子の法を学ひ、天台・真言の法流をくみ、当山・本山と申、然るに寺方より、先達の役取候事ハいかにと申に（中略）其頃に関東殊之外に乱れ、所々国々境に関所有、人の往来も不叶、然共山伏は毎年峰へ入るに、子細なく関所通る間、諸出家上方本寺参勤、学道往来にも山伏を頼み上下す、又官位の望みも田舎にて不叶、京都へ申も山伏の峰入に頼みあつらへ、或は学僧も道には山伏姿をかりて往来し、おひをかえて貝を吹て宿をかりける、加様の事により て山伏江役銭を出し申候（後略）

史料2は、武州浦和の真言寺院玉蔵院が修験との争論に勝訴したことを示すものである。なお、ここでは玉蔵院は出家衆として記載されている。そして表題には、「関東諸国ノ修験者及び穢多等、天台・真言ノ諸寺ト先例を争ヒ、之ヲ幕府ニ訴フ、是日幕府之を裁決ス」と付される。ここでは主な内容を三点に整理する。

①百年以来、山伏が峯入りを実施するにさいしては、寺院より役銭を取っていた。また死人が出たさいには、「穢多」が道具をとっていた。役銭徴収には出家衆が反対することで公事となり、出家衆の玉蔵院が対決にあたった。

②僧正が言うには、山伏は役行者の末流にもかかわらず、天台・真言の下につき、仏道の行いをせず、寺院か

ら役銭を徴収している。

③（寺院が修験へ役銭を払う理由）戦国期の関東は戦乱で乱れ、所々の関所で人々の往来が規制されていた。しかし山伏は毎年のように峯入りを実施し、その機会に関所を通るので、出家衆はそれにことづけて、学道往来を山伏へ依頼していた。この他、出家衆が官位を望むさいには、山伏に対して京都へ行くことを依頼した。さらに学僧が往来するにも山伏姿になる必要があったという。

ここでの注目点は、山伏（修験）が真言寺院から役銭を徴収していた背景である。特に戦乱で京都との往来が厳しく、そのため真言出家衆は山伏（修験）へ往来を依頼していたことが記されている。つまり出家衆は修験へ役銭を払ってまでも、京都とのいわばパイプを保持していたことが想起される。換言すれば、修験は真言宗寺院下に付きながら、京都との往来等を行っていたことになる。また①のように、死人が生じたさいの扱いは、真言宗寺院が「穢多」に委任し、その代わりに役銭を出したという。

しかし、戦乱が終結し、「平和」の到来により、このような状況に変化が生じたことになる。つまり、僧侶らの往来には危険が生じなくなった。そこで真言宗と修験等にみられた役銭の授受が問題となったのである。真言出家衆は、山伏（修験）へ役銭を払わなくとも、京都との往来も可能となったと言えよう。これは山伏（修験）との経済的対価のバランスを崩すことを意味した。これまでの研究の中には、このような役銭徴収の可否を指標として、修験の社会的後退を示した見解がある(18)。

ここで改めて史料1を考えてみる。史料1でも、注連祓い役が修験の「飛脚」と対応する「役銭」であった。したがって注連祓い役は、戦時中のため存在した修験の「役銭」であったことが判明する。まさに「平和」の到来は、修験にとっての「稼ぎ場」を減少させていった。当該期の注連祓い役の問題とは、研究史にあるように「聖家衆」らの意向を、家康がくんだものに違いない。しかし「平和」到来は、それまで修験が有した「役銭」（注連祓い役）を失う背景をもったと言える。[19]ここに近世的修験の成立を考える端緒が存在するとみられる。

なお中世から近世への過渡期において、修験を捉える上で念頭におかねばならないのは、冒頭で述べた、修験の中世以来の活動が、在地に定着して百姓層を主な活動対象に移行していくという高埜氏らの見解である。[20]修験自身が定着を余儀なくされたのか、定着を志向したのかは、注連祓いの問題からも一つの論点ともなりえるが、概して定着の方向へ向かっていったのは間違いない。先の「平和」の到来という視角をいれれば、修験のみが定着へ移行したわけでもない。したがって、注連祓い役銭徴収問題は修験の社会的後退を示す事象とも評価できるが、むしろこの事から「平和」の到来に伴う、新たな時代状況を読み取ることが重要となろう。修験は、真言宗寺院下での「稼ぎ」から漸次的であれ離れ、新たな秩序構築を企図したとみられる。ただ、このような社会関係は、次にみるように元禄期まで自明の前提とはならなかった。

以上、真言宗と修験の社会関係は、開幕をむかえ再編が促されたと言えよう。すなわち、近世的修験の「出発点」とは「平和」の到来に伴った社会状況の展開から位置づけるべきであろう。ここに単線的に修験の社会的後退を示すのは、一面的評価と言えよう。

（2）相模における真言と修験の社会関係

ここでは研究史整理を中心に据えながら、本山派修験と競合する真言勢力や神職などの動向について述べる。『新編相模風土記稿』の相州における郡単位の修験の数量は、愛甲郡・大住郡で本山派修験が当山派修験に対して数量的にまさっている。その他に大きな差異はないが、当山派修験の展開が確認できる。[21]

ところで圭室文雄氏は、少なくとも正徳期には相模から多くの人々が高野山へ一族供養のため参詣を試みたことを述べている。また十六世紀末から、高野聖を介した先祖供養の動きも確認される。相模に限らず、武州や江戸でも高野聖の動向が確認される[22]。高野山信仰の背景には、「先祖供養」が主な要因であったと言える[23]。また、当時の政治権力は、このような高野聖（真言勢力）の動向にも注意を払っていた。

なお当地において真言勢力の一拠点の相模国大山は、慶長十四年の大山寺御条目によって、真言宗の八大坊による掌握が命じられている。大山内部に結界を引くなど、真言宗と修験は居住地を「すみわけ」することが原則になる[24]。しかし当該期全般において真言と修験の社会関係が完全に遮断されたかどうかは、かなりの問題を残している。そこで、ここでは二つの事例についてみておきたい。

多摩郡熊川村覚円坊真福寺の事例は、真言宗寺院の真福寺が元禄六年まで修験を支配していたものとして知られる[25]。真福寺本寺にあたる大悲願寺の過去帳には「覚円坊真福寺」という記載がみられ、元禄期以降、本山派先達職は木曾の達蔵坊に受け継がれるという。少なくとも十七世紀の後半まで、真言宗と修験のいわば共存関係が存在し、その上で在地の宗教秩序が形成されていたと言える。特に真言宗寺院に修験が「帰属」している状況は注目される。なお貞享期には愛甲郡の八菅修験と玉瀧坊の争論が知られ、結局、八菅は聖護院直末となる。依然として、この時期まで玉瀧坊の一元的な編成は曖昧なものであった[26]。

一方、真言勢力が明確に自らの活動を正当化する事例も見出されるようになる。足柄上郡には、元禄八年に宗教活動をめぐって真言宗寺院（般若院）と禰宜による争論がみられる[27]。この例では、真言宗・禰宜から一札が提出され、両者の活動指針が示された。しかし注目点は両者ともに慶長十八年（一六一三）の徳川家康裁定を基準にしていることである。たとえば禰宜は「慶長十八年玉瀧坊と真言宗注連祓巻数之争論有之、於江戸御評定所真言宗之利運ニ被仰付」と示し、般若院による宗教活動を認めている。裁定そのものは、「遷宮祭礼之儀者、般若院ニ被仰付、其外ハ只今迄勤来候通相違有間敷」とあり、遷宮祭礼は般若院、その他は禰宜が実施することが記されている。なお同年には、遷宮場所の「書上」が残っており、般若院の宗教活動が川村岸や川村山北といった計七村の九十一社に及んでいたことが判明する。

このような真言宗―禰宜の社会関係は、修験のあり方と抵触することになった。また、それらの小祠の管理が百姓持や村中持と記載されていることにも留意したい。特にここでの多くの百姓は、いわゆる鍵取り層とも考えられ、元禄期において当該地域では小祠を管理する百姓が依然として広範囲に展開したことを物語る。つまり、真言勢力が自ら宗教活動を行ったのでなく、鍵取り層の関与を保証しながら存立していたと言える。(28)

両事例に共通する注目点は、諸宗派ごとの編成が浸透しながらも、実際には何らかの形で、それぞれが社会関係を形成していたことである。本節では、真言―本山派修験といった社会関係、さらに真言―禰宜といった社会関係が形成されていたことを確認した。

二　元禄期における本山派修験――関東を対象として――

前節をふまえて、ここでは本山派修験が、真言等の宗判寺院の僧侶と、いかに分化するのか。十八世紀以降の修験を理解するにあたって元禄期に注目する。この問題を考えるにあたって、①教祖顕彰とも言うべき役行者の千年忌（元禄十二年）に伴った修験の動向、②この時期の在地側の状況を取り上げる。

(1)武州における修験と千年忌

聖護院は役行者の千年忌に伴って、在地の修験へ上納金の下付を命じている。これが次の史料3である。

【史料3】(29)

覚

高祖行者御香尊之次第

一金子五両　　　　　　　　　　先達
一白銀弐枚　　　　　　　　　年行事
但、御朱印寺領五拾石以上拝領之輩
一金子壱両　　　　　　　　　　同
但、御朱印寺領三十石以上拝領之輩
一白銀壱枚　　　　　　　　　　同
但、無寺領輩
一金子弐百疋　　　　　　　　同行山伏
但、御朱印寺領御除地之面々
一金子百疋　　　　　　　　　　同
但、一寺一社之為別当面々
一鳥目弐拾疋　　　　　　　　平同行
以上

来年六月中高祖役行者千年忌就御執行、先達中・諸年行事中可有参勤旨、此度被仰下候、依之諸同行ニ至迄、不残御香奠献上之儀被　仰出候、以書付申入候間、目録之通御奉納可有之候、且又諸同行之中、身上之善悪可相交候間、少分之御沙汰ニ而、先者面々志次第之旨被　仰出候、併一世一度之聖忌希有之事ニ候間、目録之通より微少之儀者、奉納成間敷候間、此書付之以限量、其身之分際次第、多少之差別御申渡候而、人別ニ鳥目弐拾疋宛之、都合奉納候様ニ御下知肝要候、此段別而可為先達之働之旨、御沙汰ニ候、右之趣無相違様ニ可申達之由ニ御座候、以上

表1　武蔵国伝来の元禄10年から11年時の本山派修験関連史料

史料名	年代	差出→宛名	所蔵	史料番号（備考）
熊野三山検校御教書写	元禄11年4月29日	法眼有慶・法印祐勝→玉林院	正覚院	768
役行者千年忌法会執行ニ付来会廻状	（元禄11）年9月28日	染谷村年行事祐信→大谷村明学院他五名	同上	769
聖護院奉行衆添状	（元禄11）年4月29日	菊坊法眼有慶他二名→なし	十玉院	811
聖護院法度写	元禄10年7月	菊坊法眼有慶他一名→山本坊	福寿院	871
高祖行者千年忌御香典之次第	（元禄11）年6月15日	世継八郎右衛門員信他一名→不動院	不動院	920

『埼玉県聖教文書遺品調査報告書Ⅱ』（埼玉県、1984年）より作成。

世継八郎右衛門
員信（花押）
六月十五日　岩波　兵部
不動院御房　　忠悦（花押）

この史料は、聖護院側から幸手不動院宛に出された千年忌に伴う上納金等の書き上げである。年欠ではあるが、千年忌の文言がみえ、元禄十一年（一六九八）のものと考えられる。注目すべきは、修験間の「身分」の違いにより、上納金の金額に差違がある点である。すなわち先達・年行事・同行（配下の修験）によって差違がみえ、さらに朱印地五十石・三十石・除地などでも同様に確認される。

この不動院の残された史料以外にも、様々な千年忌関連のものが埼玉県の各地で確認されている。表1は、元禄十年から十一年にかけての聖護院側から在地修験へ発給した主な史料一覧である。

たとえば「来六月役優婆塞千年忌之事被達　上聞、於摂州箕面山報恩謝徳之法会執行候間、各可有参勤之由」(30)とあり、千年忌によって箕面山への参勤が求められている。なお箕面山は役行者入上の地として知られる。この他にも、入間郡南

畑村の十玉院などに残された史料でも、同様の内容が確認される。(31)

また千年忌に伴い、聖護院側から修験への対応が指示されている。元禄十年七月、山本坊霞下では、修験の峯入り・年行事のあり方・修験の衣料などの取り決めが聖護院側から命じられている。聖護院から年行事、さらには同行の修験にまで編成の浸透がうかがえる。元禄十一年四月廿九日には、聖護院側から「来年六月役優婆塞千年忌之事被達　上聞、於摂州箕面山報恩謝徳之法会御執行候間、各可有参勤之由悉被仰下」とみえ、教祖を顕彰する動きとあいまって、本山派修験の編成が進展する。(32)

さらに元禄十一年、秩父郡三峰山では「当山縁起大略」が作成される。(33)ここでは三峰山の境内地の書上や役行者との結びつきを記す由緒が確認できる。たとえば「役行者（中略）当山に往詣すること、しはしは祈念供敬又切也」とみえる。そして由緒等が記された後に「今度従公儀様、諸国国絵図被仰付候ニ付、御朱印方委細言上申候様ニと被仰付候」とみえ、領域把握と由緒書作成の時期が重なる。

以上、元禄十年から同十二年にかけての本山派修験編成の進展を示した。これに関連して、次に入間郡森戸村の例を取り上げる。(34)

(2)元禄期の入間郡森戸村大徳院をめぐって

入間郡森戸村では、本山派修験大徳院が元禄十一年に名主との間で訴訟をおこす。(35)大徳院は越生山本坊下の本山派修験である。また熊野神社（朱印一〇石）別当でもある。(36)大徳院文書のなかには、元禄十年の「森戸村知行替書物控日記」が現存する。(37)これによれば翌年には大徳院は村側と騒動をおこす。次の史料は、この訴訟に関するものである。

【史料4】(38)

乍恐以書付ヲ御訴訟申上候御事

一殿様御知行所森戸村之内ニ熊野権現御朱印拾石之内ニ拙僧罷有候所ニ、①今度殿様御知行所ニ罷成、村絵図被仰付候ニ付、往還之道より北、御朱印地拙僧居屋敷囲之内ニ新道新境ヲ立畑絵図ニ仕上ヶ、其上竹木伐取り、往還之道をはずし、御朱印地を畑ニ可仕由名主申ニ付、拙僧申候様者、境道筋前々有来通絵図仕、御上ヶ可被成由様々申候得共、名主一円合点不申候ニ付、何共迷惑仕無拠御訴訟申上候御事

一拙僧居屋敷之前ニ往還之道を隔、②老之助之畑本水帳ニ壱反拾歩之下畑、拙僧持来申候所ニ名主先又兵衛申上候ハ、老之助分田畑ニ者隠田（子細）御座候間、御地詰可被遊由申上付、③先御地頭藤掛六郎右衛門殿二三拾年以前老之助一分へ計御地詰被成候所ニ何連（何之）田畑ニも打出シ御座候得共、拙僧畑ニハ打出シ相見へ不申候所ニ名主又兵衛申候ハ、何連之（老之助分之）打出シなみニ此畑へも御掛ヶ被成、御年貢御取可被成由申ニ付、壱反拾歩畑へ八畝拾歩御掛ヶ壱反八畝廿分と被成、御年貢御取被成候ニ付、去年中（迷惑ニ存候へ共無是非去年中）迄御年貢相勤罷有候、御朱印地御年貢地境者往還道を隔、前々より境極り罷有申候所、今度新道新境を立、竹木伐取可申と我侭仕、何連共迷惑仕候ニ付、不及是非御訴訟申上候、名主又兵衛・権之丞御召出シ様子御尋之上、前々境道筋有来通絵図仕候様ニ被為　仰付被下候者難有可奉存候御事

右之条々御尋之上口上ニ而可申上候、以上

元禄十一年寅二月廿八日

森戸村
大徳院　㊞

川越御会所
御奉行所

この史料は、元禄十一年に入間郡森戸村大徳院が川越藩へ訴訟を起こした内容を記す。それによれば、熊野権現の朱印地をめぐって、名主と大徳院は意見を異にしたことがわかる。領主替えに伴い、村絵図作成を命じられたことが発端となり、大徳院は名主らが今度、新たに新道の境を立て、竹木の伐採を企図すると主張した。そこで大徳院が訴訟へふみ切ったのである（傍線部①）。

大徳院の主張は、この土地が老之助分の下畑として水帳に記載されているが、実際には大徳院が「持来申候」とする（傍線部②）。一方、名主側は二・三十年以前に検地を実施したさいに、老之助の分として「打ち出し」を実施し、大徳院へ「打ち出した」ものではないとする（傍線部③）。訴訟の結果等の詳細は不明であるが、当該期は在地社会において地方再編が試みられたことが知られる。いわば地方再編は、修験の存立状況へ影響を及ぼしたことがうかがえる。

前節まで述べてきたように、当該期（元禄十年～十二年）は修験編成が進展している。しかし、このような動向とは別に地方再編は、修験のあり方へも影響を及ぼしたとみられる。先に三峰山の例では、同時期における絵図提出と由緒作成のあり方を示した。大徳院の例は三峰山ほど明確でないが、朱印地のあり方など、その立場を再認識する時期であったとみられる。

以上、①千年忌、②地方再編の影響、この他にも縁起作成などの例から、元禄期における修験のあり方を示した。特に、ここでは、役行者千年忌に関連する形で、本山派修験の編成が進展したことを述べた。次に元禄期において一国規模で争論となった相模国の例を取り上げる。

三　元禄十年の相模一国争論

相模では、元禄十年から十一年、小田原松原明神別当玉瀧坊を中心とした本山派修験が真言宗・曹洞宗・日蓮宗・当山派修験等との間で一国規模の争論を展開する[39]。争点は注連祓いの実施方法である。ここでは座間市新田家に現存する訴訟史料から、この問題を明らかにする。争論の背景には、各宗教者と本山派修験との間での活動の競合があった。これまで述べたように、元禄十年以降、聖護院側の編成強化があった。

(1)本山派修験の論理

まずは本山派修験の論理から述べる。玉瀧坊ならびに霞下の年行事は元禄十年三月二十三日に、真言宗寺院を相手取り寺社奉行へ訴えをおこす[40]。玉瀧坊の訴えは注連祓いの独占権獲得に集約される。その訴えを具体的に以下三点にまとめる。なお、行論上、史料抜粋部分を示す。

①「於相州ニ従往古本山修験年行事職之儀者、権現様　御朱印を奉始、其外数通之古証文頂戴仕相勤来候、殊寛文八年之御条目ニも聖護院御門跡於諸国従古来被定置年行事職之儀者、今以不可有相違と之御証文末流迄難有奉存相守候御事」とあり、相模においては本山派修験の年行事は家康段階で認可され、さらに寛文八年（一六六八）にも聖護院から諸国に年行事が置かれたことが主張される。

②「相州修験年行事職之法式者、伊勢・熊野社参物詣之七五三之祓年中巻数験者寄附、祭道地祭郷辻切之七五三之祓・釜七五三祓、本山年行事職之家業ニ御座候処と他宗恣ニ　御朱印御証文之奉掠年行事奪取、修験同前被働候ニ付、拙院霞之修験段々衰、坊跡難立迷惑ニ奉存候、他宗ニ年行事職之　御朱印・御証文等御座有間敷候処ニ、任我意道者引導七五三之祓被致候儀難心得奉存候、年行事職之御朱印・御証文等頂戴仕被相勤候哉、証拠御尋被為被下候御事」とあり、伊勢・熊野への参詣のさいの注連（七五三）祓いは本山派修験の年行事が実施することを主張する。また注連祓いには、釜注連祓いなどのいくつかの種類が存在する。

③「他宗ニ年行事職被相奪候故家業衰微仕、大峯執行茂疎ニ罷成」とあり、注連祓いの権限を他宗に奪われると、

表2　龍蔵院保管の元禄十年争論史料及び関連史料一覧

No.	表題	年代	差出→宛名	備　考
1	乍恐口上書を以御訴訟申上候事(年行事職、注連祓いの権限の儀につき)	元禄10年3月23日	玉瀧坊・諸年行事→寺社御奉行	前頁の紹介内容と同内容。
2	〔関八州修験への申渡状〕	天正19年2月28日	法眼・法印→不動院・玉瀧坊	いわゆる関東修験道法度のこと。
3	〔玉瀧坊年行事職につき家康朱印状〕	天正20年1月23日	徳川家康→玉瀧坊	年行事職に関する。
4	〔御朱印頂戴につき全阿弥書簡〕	天正20年1月23日	全阿弥→所々代官所	年行事職に関する。
5	〔七五三祓い役認可につき全阿弥書簡〕	慶長2年5月4日	全阿弥→本多佐渡守ほか3名	注連祓いが修験の「理運」とする。
6	〔年行事職作法定〕	慶長14年5月1日	雑務法印、玉瀧坊→聖護院	年行事職の権限に関する。
7	條々〔修験法度〕	寛文8年12月26日	加々爪甲斐守など3名→なし	年行事職などの権限に関する。

飯谷家文書『厚木市史　近世資料編1　社寺』(厚木市、1986年)より引用作成。

大峰執行が疎かになる旨が主張される。

このように本山派側の訴えは、年行事職・注連祓い執行の権限を掌握することに主眼がある。また、「於相州」とあるように、一定の地域レベルでの問題であることも留意したい。

この例を念頭におきながら、次に表2を元に関連事例を検討していく。ここで取り上げるのは飯山村龍蔵院の例である(41)。

No.1では、先述した本山派の訴えとほぼ同内容が確認される。注目すべきは、それ以降の史料である。なお、これらの史料は全て後世(元禄十年以降)の写しである。

No.2は、いわゆる関東修験道法度と呼ばれ、聖護院側から幸手不動院および玉瀧坊宛に発給されている。たとえば次のようにある。「関東八州諸修験中之儀、徳川殿江被得内意候処ニ、如有来、聊以不可有別儀之由、厳重之御内証候間、諸年行事中堅被存其旨」とあり、関八州の年行事は不動院および玉瀧坊でおさえる内容を記す(42)。No.3はその翌年に家康から受けた年行事職に関するもの、No.4も同年に全阿弥から代官所宛の年行事職に関するもの、No.5は注連祓い役を修験へ認可する内容を全阿弥から、いわゆる代官頭に宛てたものである。このように注連祓いが修験の職掌であることが、慶長二年（一五九七）段階で確認できる。No.6は修験へ注連祓いの権限を認可した内容の史料となる。No.7は聖護院側が年行事職を認可したことを示す。そして、この史料の巻末には、「相州大先達玉瀧坊乗俊法印写之渡（花押）」とある。つまり、表2に掲げた史料は、玉瀧坊の意向にそった内容であったと言える。つまり、表2の史料は修験にとって、自らの活動根拠を示す重要史料として伝来してきたものと評価できよう。

なお龍蔵院は、元禄十年の聖護院からの十三条の法度を写しとっている。(43) やはり当該期において聖護院側は、積極的に修験編成を試みていたことがわかる。このような聖護院の動向は、争論を引きおこす背景ともなったとみられる。

さて、再び元禄十年の相模一国争論を取り上げる。この問題は、真言・日蓮宗に限らず本山派修験と曹洞宗の間でも確認される。ここでは元禄十年の鎌倉郡片瀬村本山派修験玉蔵坊の訴えに注目する。(44)

まず玉蔵坊は「伊勢参宮之者十一人御座候処、東泉寺新法ヲ企、社参物詣之七五三之祓執行仕、年行事職被奪取候、右十一人之内三人拙僧七五三祓仕候得共、東泉寺権威ヲ以」と主張する。玉蔵坊が、伊勢参詣に伴う注連祓いを東泉寺が執行することを問題視する。また玉蔵院は、改めて「年行事職」と注連祓いの権限が関連することを示す。本山派修験の論理は、年行事職の保証に伴う注連祓い権の掌握にある。

また問題の背景には、下飯田村内部における修験と東泉寺との間での「息災旦那」の帰属をめぐって生じた一件があった。この一件によると、下飯田村では十年以前に火事や盗人への対応を入札で確定しようとした。しかし容易に裁定が決まらないため、そこで「神文」によって訴訟へふみきったという。そこで東泉寺ほか、周辺の寺社に「神文」を「勤給様ニ」と依頼した。しかし東泉寺ほか周辺寺院は承引しないため、「拙僧方江両名主・組

表3　元禄10年注連祓い争論概要

No.	所在地	寺院(宗派)	対抗する修験名	争　点	備　考
1	小田原高梨町	今井村本久寺(日蓮宗)	なし	伊勢参詣の注連祓	
2	萩野村	海前寺(日蓮宗)	大蔵院	導者引導の注連祓	
3	愛岩村	本性寺(日蓮宗)	なし	同上	
4	上依知村	妙伝寺(日蓮宗)	磯部村仏蔵院	伊勢参詣の引導	上依知村の修験の霞場が磯部村の仏蔵院と関連
5	座間村	円教寺(日蓮宗)	大坊	同上	
6	下和田村	真福寺(真言宗)	実像院	(年行事職)	
7	厚木村	東光寺(真言宗)	(熊野寺)上宿教智院	(修験の衰微)	
8	国分村	尼寺(真言宗)	教蔵院	別当の権限	禰宜も競合
9	大島村	正宝院(真言宗)	大坊〈座間村〉	伊勢導者の引導	
10	森村	篁修庵・林香庵(禅宗)	仙蔵院	(年行事職)	「菩提之外何ニ相勤」の文言あり
11	曽我村	本立寺(日蓮宗)	大光院	伊勢参詣の引導	

頭為使十右衛門・伊兵衛と申者、両人度々罷越頼候得共、合点不仕候処ニ重而被申越候ハ、下飯田村中息災旦那ニ罷成与申、右之神文之儀達而頼申候ニ付、無是非任其意神文執行仕候、以惣百姓正路之旨相立候御事」と、下飯田村は「神文」の作成を玉蔵院に依頼した。そのさい、下飯山村は玉蔵院の「息災旦那」に入ったという[45]。どのような背景で、東泉寺側が「神文」の作成を断ったかは判明しないが、玉蔵院は、東泉寺よりも問題解決に深く関与したことになる。

このように玉蔵坊は「神文」執行によって「息災旦那」獲得を主張し、これが注連祓い実施の権限と関連すると認識していた。そのため玉蔵院は東泉寺による注連祓い実施を問題視したのである。さらに元禄十年に生じた本山派修験と真言・日蓮・禅宗などの対抗について詳述する。

ここでも、伊勢参詣への注連祓いなどをめぐって問題が生じる。なお伊勢参詣の研究史は、かつて新城常三氏・宮田登氏らが検討したように、十七世紀を通じて参詣者の増加傾向が明らかになっている[46]。表3は伊勢参詣の宗教活動をめぐって、宗教者（僧侶・修験）の間で競合が生じた事例を示す。また表3は争論史料からの作成であるため、本山派修験の主張が中心となる。争論全体の傾向は、改めて本山派の年行事職獲得をめぐる問題と宗教活動の保証が要点となる。

№1の小田原高梨町の例は、高梨町の人々の伊勢参詣に伴って生じた問題である。争点は、伊勢参詣に伴う注連祓い実施の担い手である。つまり、今井村日蓮宗本久寺僧侶の注連祓いが本山派修験の年行事職と抵触した。このことを本山派修験は問題視する。№2では本山派側が「海前寺と申、日蓮宗企新規年行事職奪取、道者引導之七五三之祓幷釜七五三之祓等迄相勤、修験職を妨ヶ何共迷惑仕候御事」と主張し、日蓮宗の活動が新規のものであること示す。この他に№3・4・5も同様の内容であり、本山派修験は日蓮宗の活動を問題視する。

次に№6以降の下和田村・厚木村・国分村の事例である真言宗と本山派修験のあり方を取り上げる。国分村の事例は「国分村尼寺と申所々氏神日月之宮ハ、従往古来教蔵院と中山伏別当職神事奉幣修行仕候、其社中ニ嘉兵衛と申者罷在、其宮掃除等仕来候、然ニ嘉兵衛国分村名主・組頭幷国分寺と申真言宗企新規、右之嘉兵衛を禰宜ニ取立、国分寺之儀ハ可致別当ニとの相談仕候由、先師教蔵院承り届ヶ、則御地頭大久保加賀守様御奉行所へ御訴訟仕候得者、右之段々被遂御穿鑿教蔵院別当職之証拠無紛ニ付、如先規無相違被　仰付候故難有相守罷在候処ニ、右之国分寺教蔵院勤来候年行事職奪取申候国分寺方ニ年行事職之証拠御座候哉、御尋可被下候御事」とあり、国分村の事情がうかがえる。すなわち、国分村では国分村尼寺の氏神管理をめぐり修験教蔵院と真言宗・嘉兵衛が鋭く対立しているという。真言宗寺院と村落側は嘉兵衛を禰宜に取り立て、日月之宮の別当にしようとしている。この嘉兵衛の詳細は不明であるが、村落内部の氏神の管理をめぐって混乱が生じている。

またこの事例は、先に述べた真言宗寺院と禰宜の社会関係が想起されよう。特に、国分村の事例は真言宗寺院が禰宜を取り立て、そこから修験を排斥する動きと考えられる。

最後に№10の森村禅宗の事例を述べる。森村では「常々修験年行事職之法式ヲ奪取相勤候ニ付、今度年行事職之御訴訟仕候ニ付、仙蔵院権現堂と申山伏、右之寺々江書状ヲ以相断候得者、重而菩提之外何ニも相勤申間敷由、印判ヲ遣ヘ返礼越申候故内証ニ而相済置申候御事」とあり、禅宗側は修験側が菩提以外の活動を実施しない旨の印判が存在したことを述べている。本山派修験側は、禅僧の菩提以外の活動を止揚しようとする。換言すれば、禅僧が修験の祈禱活動までも奪取しようとする意向がうかがえる。

ここまでを整理すると、以下の点が指摘できる。

まず本山派修験は伊勢参詣に伴う注連祓いを実施していたが、日蓮宗や禅宗らと競合することがあった。また村内部での宗教施設の管理をめぐり、真言宗下に付く禰宜と修験の競合が認められた。さらに、僧侶（禅僧）は修験の活動、菩提以外の活動の奪取にも迫っている。

以上の状況は、本山派修験側の意向から示されたものであるが、当該期の在地レベルにおいて、これらの諸例は修験を取り巻く諸状況を示したものとして理解されよう。十七世紀の在地社会とは、修験と他仏教寺院の競合性が顕著に確認できる段階と言える。

(2)真言宗の論理と裁定

次に、相模一国争論における真言宗側の意向及び裁定のあり方を検討する。史料5は、真言宗真福寺及び村役人が玉瀧坊に対して、これまで実施してきた注連祓いを実施しないとの意向を示したものである。

【史料5[47]】

一札之事

一当村之儀、従先規代々実像院年行事職之所ニ、拙僧七五三祓仕候儀、非例之至ニ候、依之今度御公儀様江被仰

上候段、尤至極仕候、自今以後修験中年行事職一円執行仕間敷候、為後日一札仍如件

相州下和田村

真言宗　真福寺

元禄拾年丁丑四月朔日

名主　重左衛門　印

組頭　七郎右衛門　印

同　善　兵　衛　印

大先達

玉瀧坊様

この内容は先の本山派側の主張に照応する。留意されるのは、史料中の「拙僧七五三祓仕候儀、非例之至ニ」の文言である。つまり、真言宗寺院は、自らが注連祓いを実施することを「非例之至り」とする。これと同様の一札は、周辺寺院も玉瀧坊へ対して作成する。真言宗については、下和田村の真福寺の他に三寺院（原宿村庚申坊・厚木村東光寺・先述の国分村国分寺）、先述した禅宗の東泉寺、さらには上依知村妙伝寺（日蓮宗）の五ヶ寺が確認できる。注目できるのは、戦国期以降において地域に展開してきた真言宗寺院が、本山派修験に対して、注連祓いを実施しないことを確約した点である。

しかし、当初は一札を提出（作成）するが、真言宗側は猛烈な巻き返しを行う[48]。特に相模における中本寺クラスの真言宗寺院が反発する。たとえば元禄十年六月、高野山直末の古義真言の等覚院・金剛頂院・蓮上院・西明院、他に十二院の合計十六院が寺社奉行所に訴え出る。なお奥書には、大山の八大坊が奥印する。ここでの真言宗側の論理は、慶長十八年の徳川家康裁定、すなわち注連祓い権限の認可が基軸になる。改めて徳川家康の政策を振り返っておきたい。

【史料6】[49]

本山之山伏、対真言宗、不謂役儀令停止畢、但、真言立寄、非仏法祈令執行輩有之者、役儀可相掛、自今以後

堅守此旨可有下知者也

慶長拾八年五月廿一日　　　　　　　　家康（御判）

聖護院

これと同内容の史料が、同日に醍醐寺三宝院へ出される。すなわち徳川家康は、本山派修験による真言宗からの役銭徴収を拒否する。さらに同日には、修験の入峯について法度が出される。興味深いのは、同年同日に関東新義真言宗法度が出されることである。同年六月六日には徳川秀忠も同内容の法度を出す。冒頭でも述べたが、当政策の要点は、本山派修験の真言宗からの役銭徴収停止になる。

このような背景のもと、中本寺クラスの真言宗側は「小田原玉瀧坊方より注連祓等本山一流ニ被為　仰付候なと色々之儀を申、在々諸旦方悉奪取申候得共、従　公儀之御儀奉憚罷有候処ニ段々承知仕候得者、左様之儀ニ而も無御座候や之様ニ付、前々之御証文之御通ニ付、御訴訟申上候御事」とあり、玉瀧坊（本山派修験）が真言宗寺院の檀家を奪い取る状況を問題視する。

また史料中に「注連祓等」とあり、注連祓以外の活動にも困難が生じることを主張する。さらに「於相州往古より注連祓等仕来、其上　大権現様・台徳院様御証文頂戴以後無別条相勤来候処、唯今本山江奪取られ申候而ハ、相州之内古跡之寺共及滅亡（中略）末々之寺共も差当、殊外及難儀申候御事、右玉瀧坊被為　召出御吟味之上如先規息災方注連祓等仕、寺共致相続候様ニ被為　仰付被下候ハ、難有可奉存候、以上」(50)とあり、注連祓いの権限を本山派修験に奪われては真言宗の末寺までも衰微することを訴えている。

以上、真言宗寺院は、徳川家康裁定を根拠として、注連祓い執行の正当性を主張する。その意味では、真言宗側に優位な裁定が出されたことが想定される。次に内済のあり方について確認する。

【史料7(51)】

差上申一札之事

一拙僧儀今度相模一国江相触候趣者、物詣之七五三祓物而幣を切候祈禱之義、相州一国者、従古来本山年行事職ニ限候　御朱印頂戴致所持候間、向後七五三祓当山方山伏共江為仕間敷候段、国中所々名主百姓年寄共方へ書付を以申通シ、当山方山伏共之旦那迄押取之候、因茲相模国中ニ罷有候当山方山伏共旦那被押放迷惑候旨訴訟仕候ニ付、双方御寄合へ被召出数度御詮議被遊候処ニ、拙僧義天文年中より永禄・天正・慶長十四年迄段々公義御書出之趣相守罷有候ニ付、①相模一国物詣七五三祓幷幣を切候祈禱之義者、本山年行事職ニ限候　御朱印所持仕候由国中へ相触、当山方山伏共仕候、右祈禱之義相押候段紛無御座候由申上候ニ付、御不審被仰聞候者、慶長拾八年於駿府天台・真言両宗ニ御分ケ本山天台修験・当山真言修験と相別レ、本山・当山各別与被仰遣候、御墨印聖護院殿・三宝院殿被遣候、②然者当山・本山共ニ修験妨ケ可申訳更ニ無御座候、③且寛文年中ニも及出入御座候処、内々ニ而相済、夫より弐拾八九年当山方山伏物詣七五三祓仕候を乍存知、其通ニ而打過、当春真言方出家相州厚木村東光村・同国分寺其外禅宗・日蓮宗④数ケ寺を此七五三祓祈禱之義及争論拙僧理運之様ニ罷成候付、事を幸ニ仕、無謂当山方修験妨ケ、慶長十八年被仰出候背　御墨印之旨、先達職をも相勤候者ニ不似合奸曲之仕形言語道断不届至極ニ被思召候旨御詮議之趣、逐一申披無御座候、重々奉誤候、依之何分之重科ニも可被仰付候得共御宥免を以袈裟衣御剝取、江戸十里四方相模一国御追放被成候由難有奉畏候、然上者此度訴訟仕候相模一国当山方対山伏共ニ仇ケ間敷義仕候哉、御構之地前致徘徊者、此上如何様之曲事ニも可被仰付候、為後日仍而如件

元禄十年丁丑八月二九日　　相州先達

玉瀧坊　乗俊印

寺社御奉行所

（後略）

この元禄十年の内済では、天文期から慶長十八年までの注連祓いをめぐる問題が整理される。冒頭には、「拙僧儀今度相模一国江相触候趣」とあり、この訴訟が玉瀧坊の動きから生じたことが判明する。以下、内済の内容を三点に整理する。

①天文・永禄・天正・慶長十四年段階では、本山派修験が注連祓いの権限を独占していたが（傍線部①）、慶長十八年になると、双方が干渉しないことが確認された（傍線部②）。②寛文期には注連祓いをめぐり本山・当山修験の間で争論が生じたが内済となった（傍線部③）。③本山派修験は、元禄十年の真言宗の混乱に乗じて、当山派修験にも注連祓い執行を妨げようとした（傍線部④）。しかし改めて当山派修験にも権限が認められた。

①の内容は家康・秀忠の段階における裁定が再確認されたことを示す。②の寛文期の問題は、本山派修験が聖護院から年行事職の免許を受けたことに起因するとみられる。③では当山派修験が今後も注連祓いを実施することが追認された。

元禄十年から十一年にかけての一連の問題は、真言宗寺院や日蓮宗寺院ばかりでなく、当山派修験のあり方とも関連していたことになる。なお、寛文期の本山派・当山派との間での争論にもうかがえるように、当山派にも注連祓いを始めとした活動が保証された。また史料中には真言宗の東光寺や国分寺との争論において、玉瀧坊が「理運」と認識した上で、当山派修験の注連祓いの権限奪取に踏み込んでいることがわかる。やはり史料5の一札の内容に乗じた玉瀧坊側の動きとして理解せざるをえない。いずれにしても、一連の経緯から真言宗寺院の混乱が判明し、それにより訴訟が複雑化したと考えられる。当例から、元禄期以前の本山派修験を取り巻く宗教秩序を示しておきたい。

なお、本章で扱った「相模一国争論」の史料について補足する。当史料の多くは後北条段階の内容から写され、各地で冊史料として伝来している[52]。訴訟の結果は、慶長十八年裁定により真言宗や当山派にも注連祓いが認可され、本山派と競合化することを記す。その意味では、これまでの研究史の見解にあるように、明らかに本山派修験の「後退」との評価が妥当となろう。

しかし、何ゆえ本山派にとっては不利になるとも言える史料が伝来してきたのか。少なくとも、本山派修験にとって、これらの史料が後北条氏以来の由緒を認識する意義を有したと理解したい。この点は、相模における玉瀧坊霞下における本山派修験の集団化の要ともなったのでないか。本山派修験は、後北条氏の諸政策に自らの正当性を示したのである。一方で、当一件は真言宗にとっては本山派修験との社会関係を構築する上でも重要な根拠づけになったと考えられる。以上から、「相模一国争論」の関連史料は、後に各地に写され伝来したと考える。

むすびに

慶長十八年の徳川家康裁定は、それまでの修験（本山派・当山派）と真言宗寺院などとの社会関係を再編させる基準となっていた。これまでの研究では、この裁定を修験の社会的位置の「後退」と評価してきた。本章では、裁定以降（元禄期）の状況を検討することで、改めてその意味を考察した。

まず注連祓い役銭の問題から、真言宗と修験の関係性のあり方に変化が生じたことを指摘した。さらに元禄期以前、真言宗と修験は社会関係を構築している状況を確認した。このような状況は、当該期の修験を考える上で一つの指標ともなろう。次に元禄十一年前後の時期に注目した。この時期には、①役行者千年忌、②地方再編の影響があった。武蔵国における修験のあり方を理解する上では、元禄期の画期性が一程度認められたと考える。

次に相模における「一国争論」を取り上げた。元禄期以前まで、小田原玉瀧坊霞下では、真言宗寺院と修験の社会関係が確認された。そのため諸宗派ごとの編成では、これらのあり方を規制することができなかった。要は慶長十八年の徳川家康裁定がどのように在地社会で構造化されるかであった。そして、相模国では、当家康裁定が、元禄十年以降のいわば基準となったことを示した。注目点は、真言寺院などが、本山派（玉瀧坊）に「敗訴」の一札（史料5）を作成したことにあった。末端の真言宗寺院は注連祓い実施の正当性を認識していなかったのである。しかし結局、両者（修験・真言宗）へ注連祓いの権限が保証され、本山派修験の独占的な権限とはいたらなかった。慶長十八年、家康裁定は、各宗教者間の活動の基準となるが、その認識には宗教者間で齟齬があったと言えよう。したがって家康裁定のみで、修験の社会的後退を示すことには、慎重さが求められる。

さらに当地における修験の組織化には、後北条氏段階の由緒も関係した。修験にとっては、後北条段階の政策が、自らの立場の正当性にも繫がったとみられる。修験の組織化と後北条氏由緒の関係が指摘できよう[53]。

最後に、当該期の村と宗教者のあり方を捉える上で、祈禱寺檀関係のあり方についても述べておきたい[54]。一般に祈禱檀家は「帰依次第」の文言に象徴的であるが、本章との関連で述べれば、祈禱寺檀関係の固定化が図られる契機として、以下の三点が確認できよう。①祈禱活動をめぐる宗教者間の問題の解決、②下飯田村の事例のように村内部における宗教者間の軋轢の解決、③国分村の例のように真言宗下の禰宜と修験の競合化の解決、以上である。特に十七世紀段階の修験には、真言宗寺院下で活動を展開させた例があったことには注意を要しよう。

したがって十七世紀の在地社会における宗教者の実態には、徳川家康裁定を受けながらも、真言宗と修験の関係にあるように、宗派をこえて共存関係が構築されていた例がみられた。すなわち、元禄期以前、個々の本山や本所からの指示がトータルで宗教者間のあり方を規定しきれなかったと言える。このような状況下故に、元禄期の本山派修験は、真言宗寺院らに対して、自らの立場を誇示したのである。そして、このような宗教者間のあり方が、その後の在地社会を規定していくことになる。

（1）宮家準『修験道――山伏の歴史と思想』（教育社、一九七八年）、同編『修験道辞典』（東京堂出版、一九八六年）、久保康顕「薬王寺所蔵天文十二年書写呪符集と修験道」（『かぬま　歴史と文化』八、二〇〇四年）、長谷川賢二「中世後期における顕密寺社組織の再編」（『日本史研究』三三六、一九九〇年）、他に宮本袈裟雄『里修験の研究』（吉川弘文館、一九八六年）参照。

（2・3）高埜利彦『近世日本の国家権力と宗教』（東京大学出版会、一九八九年）、同『日本の時代史一五　元禄の社会と文化』（吉川弘文館、二〇〇三年）八五～八八頁参照。

（4）本章に限らないが、修験の宗判寺院との社会関係に代表されるように、修験の多面的なあり様に注目する。本編第二章の祭道公事をめぐる問題でも詳述したが、修験の檀家の少なさに伴った問題のみに収斂させずに、いかなる社会関係を形成しているのか。特には禅宗寺院とのあり方などに注目する。この問題は、在地寺院の位置づけにも関連すると考える。

（5）朴澤直秀『幕藩権力と寺檀制度』（吉川弘文館、二〇〇四年）。なお祈禱檀家の固定化は、十七世紀における在地寺院と修験や神職らの競合関係の整備が重要になると考える。この認識を現状では、念頭におく。

（6）高埜利彦「宗教者」（『シリーズ近世の身分的周縁6　身分を問い直す』、吉川弘文館、二〇〇二年）。

（7）圭室文雄「相模国における古義真言の末寺」（『寒川町史研究』四、一九九一年）、同「高野聖と相模国」（『寒川町史研究』四、一九九一年）。また同氏は、月牌帳の分析を試みるなど、天文十一年から元和二年にかけて、多くの人々が高野聖と社会関係を結んでいることを明らかにしている。なお『新編相模国風土記稿』によれば、玉瀧坊は「先達奉行職豆相二州及武州都筑・久良岐多摩三郡を支配す」とある。

（8）森幸夫「本山派修験と小田原玉瀧坊について」（『戦国史研究』四四、二〇〇二年）。

（9）近藤祐介「戦国期関東における幸手不動院の台頭と鎌倉月輪院」（『地方史研究』三一五、二〇〇五年）。同氏は、いわゆる関東修験道法度によって、幸手不動院と小田原玉瀧坊の関東における主導的位置を改めて確認している。本山派修験内部における月輪院から玉瀧坊への転換を論じた成果である。

（10）註（1）宮家書『修験道辞典』参照。この内容をふまえ、藤田定興氏は、注連祓いについて「熊野詣等寺社参詣の檀那に対し注連をはった所で祓祈禱をすることであったろうか」と推定され、寺社参詣者に対する引導にも用いられたことを指摘し、修験の活動としては重要な位置にあったことを述べている。同『近世修験道の地域的展開』（岩田書院、一九九六年）。なお本書本編第二章参照。

（11・12）代表的な成果として宇高氏の見解を示す。宇高良哲『徳川家康と関東仏教教団』（東洋文化出版、一九八七年）。『本光国師日記』（慶長十七年十二月二十日条）によれば、当問題は「北条分国」に限るとしている。

（13）『本光国師日記』（慶長十七年十二月二十日条）。

（14）上州松井田久蔵坊文書（『群馬県立歴史博物館所蔵　中世文書資料集』、群馬県、二〇〇八年）五八頁参照。本文中の史料解釈等は、同書史料解題を参照した。この史料内容は、大久保十兵衛・彦坂小刑部・伊奈熊蔵が上洛のさいに披露されたものである。

（15）註（11）宇高書参照。同氏によれば本山修験が勢力的にも教義的にも世俗的要素が強かったため、家康が修験を嫌がった旨などが指摘されている。

（16・17）「慶長見聞集」（『大日本史料』十二編之五）一九六頁参照。この史料は十七世紀半ばの成立とみられる。この史料はかつて高木昭作氏が被差別民の研究で検討したもので、作成年代を十七世紀半ばに推定している。高木氏の成果に沿いながら検討を加えるが、少なくとも開幕以降に作成された性格を有している。この点も念頭におきたい。高木昭作「日本近世の身分制と神国観」（『部落問題研究所紀要』一六四、二〇〇三年）。

（18）註（11）宇高書参照。

（19）藤木久志『雑兵たちの戦場』（朝日新聞社、一九九五年）。たとえば十七世紀前半、「平和」に伴い「稼ぎ場」を失った人々が城下町建設へ関与していく状況などが指摘される。戦乱が「稼ぎ場」となっていたことは、当該例の本山派修験にも該当すると考えられる。また、修験が「近世村」を開く例が知られる（たとえば武蔵国越生山本坊）。村の開発に関与し、その後の村政運営に影響力を行使するあり方も、時代状況が規定したものと理解できよう。これに関連して、当該期の土豪開発の問題等について、池上裕子編『中近世以降期の土豪と村落』（岩田書院、二〇〇六年）参照。

（20）註（6）高埜書参照。

（21）愛甲郡は本山派五十七・当山派五。鎌倉郡はそれぞれ二・八。高座郡はそれぞれ十四・十九。三浦郡はそれぞれ六・十六。足柄下郡はそれぞれ七・十六。足柄上郡はそれぞれ四・七。大住郡はそれぞれ二十三・十五。津久井郡はそれぞれ七・九。陶綾郡はそれぞれ〇・一。

(22) 有元修一「高野山清浄心院武蔵国供養帳について」(『埼玉地方史』四六〜四八、二〇〇一〜二〇〇二年)など参照。

(23) 高野山参詣が人々の「先祖供養」に関係したことは自明である。つまり在地の人々は檀那寺へ「先祖供養」の機能を独占的に委任しなかった。この点は本編第三章でも言及する。

(24) 松岡俊「相模大山御師の形成と展開」(『伊勢原の歴史』七、一九九二年)、原淳一郎『近世寺社参詣の研究』(思文閣出版、二〇〇七年)など参照。

(25) 『福生市史』(福生市、一九九四年)。

(26) 『八菅周辺の歴史と信仰』(愛川町、一九九七年)など参照。

(27) 般若院文書『山北町史　史料編近世』(山北町、二〇〇三年)四九三〜四九五頁参照。

(28) このような在地寺院(真言宗)のあり方は、寺院運営を考える上での一つの指針となろう。

(29) 幸手不動院文書九二〇(『埼玉県聖教文書遺品調査報告書Ⅱ』、埼玉県、一九八四年)二七七頁より引用。

(30) 正覚院文書七六八(同右)より引用。

(31) 十玉院文書八二(同右)より引用。

(32) 相馬家文書。また元禄十年に各地で聖護院からの法令が確認されている(相馬家文書八三六、同右)参照。

(33) 『三峰神社史料集　第一巻』(三峰神社社務所、一九八四年)四頁参照。なお伊豆山神社では、元禄期に「伊豆山記」が編纂されている。ここでも役行者伝承が関連する。『神道大系　神社編二十一三島・箱根・伊豆山』(神道大系編纂会、一九九一年)参照。各地の修験は自らの領域把握を行う上で、役行者との由緒を利用したと考えたい。その意味でも、役行者千年忌は画期をもつと理解する。

(34) ここでは元禄期の領主側の領域編成と修験のあり方に留意する。

(35) 森戸村は正保期に村高四六九石余りで、藤掛六郎右衛門、朝比奈三之丞支配下である。『武蔵田園簿』(北島正元校訂、近藤出版社、一九七七年)参照。なお大徳院文書は、『諸家文書目録　大家(その二)』(坂戸市教育委員会、一九九八年)参照。

(36) また慶安元年には、名主喜兵衛他百姓が「領主朝比奈三之丞御内友田市兵衛」へ次の一札をかわす。「森戸村熊野権現社領として御高之外、拾石御座候、此度　御朱印頂戴仕度之由申候間、（中略）寺社奉行所迄御状被遣可被下候」とある。森戸村が熊野神社朱印十石の受給に動いている。また『新編武蔵風土記稿』では、翌年に朱印十石を受けた旨が記される。大徳院については、本編第三章で取り上げる。

（37）また「河越領ニ被仰付候書物扣」とあり、地方再編の状況がうかがえる。なお、元禄期の「地方改め」については、所理喜夫『徳川将軍権力の構造』（吉川弘文館、一九八四年）参照。

（38）大徳院文書三二四（なお史料中の括弧は、括弧前の文言に訂正が入ったことを示している）。

（39）座間市新田家文書（同史料は座間市立図書館において閲覧した）。なお明治期まで新田家は、座間新田宿諏訪神社の別当で、本山派修験に該当する。本章で使用の元禄十年から十一年にかけての争論史料は、神奈川県下各地において確認できる。たとえば『海老名市史』『相模湖町史』『厚木市史』『伊勢原市史』等でも確認される。史料の特徴は、後北条段階の史料から元禄十一年までの経過が写されていることにある。この問題を扱った成果に『あつぎの修験者』（厚木市教育委員会、二〇〇二年）がある。

（40）座間市新田家文書。

（41）飯谷家文書（『厚木市　近世資料編一　社寺』（厚木市、一九八六年）参照。

（42）たとえば下野では一国年行事であった戒定坊から幸手不動院配下となっている。

（43）註（41）と同様。

（44）註（40）と同様。

（45）宗教者にとって息災檀家＝祈禱檀家の獲得には様々な契機があったとみられる。その上で、祈禱檀家の固定化が推進されていくと見通したい。

（46）久田松和則『伊勢御師と旦那――伊勢信仰の開拓者たち――』（弘文堂、二〇〇四年）。

（47）新田家文書。

（48）善勝寺文書（相模原市、同史料は神奈川県公文書館で閲覧した）。

（49）『本光国師日記』参照。なお註（11・12）の宇高氏の成果も参照。

（50）註（48）と同様。

(51)　新田家文書。

(52・53)　註(38)参照。なお、研究史上において、役論からの派生として展開してきた由緒論のあり方と寺院や神社でみられる由緒形成のあり方には性格の差違が認められよう。この点は、寺社史料をあつかうさいに、留意すべきと考える。塩谷菊美「由緒書に見る寺院開創伝説について」(『仏教史学研究』四三―一、二〇〇一年)、山本英二「由緒、その近世的展開」(『日本歴史』六三〇、二〇〇〇)、引野亨輔「近世後期の偽文書と地域神職」(『社寺史料研究』五、二〇〇三年)など参照。

(54)　祈禱寺檀関係については、註(5)朴澤書参照。なお、「熊野等七所参詣ノ道者社家修験関係之差別問答(寛政五年)」(『祠曹雑識(一)』)でも、注連祓い執行についての問い合わせがある。注連祓いは藩レベルや村レベルでの違いが認められる。祈禱寺檀関係についてはこのような各地での対応の違いも年頭におく必要があろう。

第二章　関東における本山派修験の存立事情——祭道公事論の再検討を通じて——

はじめに

本章の目的は、修験の存立状況に注目することで、十八世紀以降の在地社会における宗教秩序の特質を示すことにある。当該期の修験については、次の重要な研究史がある。すなわち中近世移行期を中心に検討されてきた祭道公事論である。祭道公事は、真言・天台系統の修験と、臨済・曹洞宗の禅宗との間で実施される地取・日取などの葬祭（葬儀）執行権をめぐる争いである。そして、両者がそれぞれの勢力拡大のために、葬儀権をめぐって争ったとされてきた[1]。

この祭道公事をめぐる研究史は、八十年代以降の仏教史研究及び修験道研究のなかで蓄積された。同研究は、在地の僧侶と修験の社会関係のあり方から、幕藩制国家論とも言うべき、国家と宗教の問題にも敷衍され、様々な論者によって取り上げられてきた。そこで、まず祭道公事論についての成果を述べ課題を提示する。

①禅宗などの寺院が在地社会へ展開していく過程で、それまで修験が担ってきた宗教活動を奪取していく。

②①の動向が、江戸幕府の政策である宗門人別帳の作成（在地寺院が担う）などとの、諸政策との整合性がつく。

③特に武州において葬祭をめぐる争論が禅僧などの僧侶と修験の間で生じ僧侶側が勝訴する。この関連史料が武州の各地に伝来する[2]。

この見解は修験道研究という分野においてでさえ、概ね肯定されてきた[3]。これは里修験の評価を下すにあたっても同様に位置づけられている。その後、修験研究は修験の祈禱活動の内容分析・検討の方向へ進展した。さらに江戸幕府草創期における修験は「本山派修験の社会的後退」と象徴的に評価されてきた[4]。特に前章で述べたように、本山派修験の真言寺院等からの注連祓い銭の徴収停止は、象徴的な事象として理解されてきた[5]。結果、これまでの研究史を整理すると、十六世紀末から十七世紀初頭においては、仏教寺院の在地への浸透、それに伴った本山派修験の相対化といった状況が示され、その上で十八世紀以降の在地の宗教秩序を論じるという立場が研究上の主流を占めることになったと言えよう[6]。

しかし近年にいたって、祭道公事論を扱ったものではないが、有元正雄氏[7]・朴澤直秀氏[8]の研究で様々な重要論点が指摘された。有元氏は、いわゆる地帯区分論によって、日本の宗教構造を三区分に分類され、当該期の宗教社会史研究を押し進めている。問題提起的に受け止める部分もあろうが、ここでは関東における成果を述べる。注目点は、関東を「呪術の圏」と表現し、修験地帯と評価することである。さらに、この問題は関東における治安や風俗問題などへ影響を及ぼすとされる。しかし何ゆえに修験が在地へ関与していたのか。すなわち祭道公事論をふまえれば、僧侶の修験に対する優位性が確保されつつも、有元氏の成果をみるまでもなく、修験は十九世紀以降も在地で宗教活動を実施していた（後述）。また朴澤直秀氏は、「祈禱寺檀関係」の固定化をめぐる問題を検討している。朴澤氏の成果は、圭室文雄氏の見解＝「葬祭から祈禱へ」を批判的に捉え、仏教史を中心として新たなパラダイムを提示する。特に当該期の祈禱寺檀関係は離檀困難であると示し、これまでの研究史と一線を画する。筆者も概ね朴澤氏の見解を肯定するが、当問題は十七世紀段階のあり方が課題と考える[9]。

そこで本章では、以下三点の課題を念頭におく。第一に、従来、祭道公事論で取り扱われてきた事例研究の再検討を試みることである。たとえ修験が僧侶に対して、不利な状況におかれたにしても、いかなる位置を与えるべきなのか。第二に、修験が百姓層といかに関わりをもっていたのか。宗判寺院と修験・百姓のあり方に注目する。具体的には、修験の自身引導や還俗のあり方などを考察する。第三に、十八世紀後半以降の入間郡や秩父郡における修験編成の進展を取り上げる。概して、国家側の意向を、どのように修験が捉え存立していたかを追求する。

一　比企郡鎌形村の延享元年争論──研究史の再検討を中心として──

ここでは比企郡鎌形村の祭道公事を取り上げる。これまで鎌形村は、祭道公事を考える上で、多くの論者に取り上げられ、ほぼ共通の見解が示されてきた[10]。そこでは祭道公事が、主に文禄期から慶長期を中心に起きたため、延享期の本事例を残滓的な例としてきた。つまり幕初に解決されなかった問題が、鎌形村には延享期まで残り、それが争論として惹起し、最終的には僧侶側の勝訴に終るという見解である。この理解は一面では的をえているが、再度その裁定のあり方を取り上げる。

(1)鎌形村の祭道公事

まずは、比企郡鎌形村・玉川村の概況について整理する[11]。両村ともに畑作優位であり、鎮守は鎌形八幡神社である。鎌形八幡神社は、隣村の田黒村・玉川村の産神にも該当する。天正十九年（一五九一）に朱印二十石を受けるものの、寛文四年（一六六四）に焼失し、貞享期に再び朱印状を受けている。この八幡神社の別当が大行院（鎌形山真福寺）で、同村の石橋坊・桜井坊を配下とする、いわゆる准年行事クラスの修験である。

鎌形村の寺院は、班渓寺（曹洞宗）・宗信寺（日蓮宗）などが存在する。班渓寺は、関三刹の一つである越生龍穏寺の末に該当する。開山は龍穏寺十六世鶴峯聚孫で、「寛永三年十二月十六日に寂せり」とある人物である[12]。

なお、後述する玉川村竜蔵寺の本寺も開山共に龍穏寺である。班渓寺・竜蔵寺ともに、中近世移行期に成立した曹洞宗寺院であった。それでは、次の史料から、祭道公事について具体的にみていきたい[13]。

慶長七年（一六〇二）、全阿弥（当時の宗教行政を担う）は、龍穏寺宛てに葬祭に伴う規定を示す。先に述べたように、龍穏寺は班渓寺の本寺であるが、幕府側は葬儀（引導）の場から修験を排斥していく方向性を示している[14]。たとえば「引導之場江、祈禱之出家不可入手」とあり、葬祭の中の「引導」の場へ修験が入ることを禁じている。この幕府側の方針は、葬祭の「場」における禅僧らの修験へ対する正当性の根拠となった。先に述べた先行研究は、この内容の史料を武州各地で検証し、修験の社会的後退を示している。以上をふまえ、次に延享期に生じた鎌形村の事例を中心に再検討を加える。

【史料1】[15]

宗旨御条目之事

一禅宗引導之場江祈禱之宗旨出申間敷候事

一引導之道具何成共祈禱坊主一物茂出申間敷候事

一死人之地祈禱坊主ニ為取申間敷候事

一引導之場者焼香之師可為儘事

此段者東照大権現様御入国以来如斯被　仰定候御条目也

右之条々頃年心得違之寺院茂有之由、依有其聞通達致置候者也

延享元年

子四月　　　　龍穏寺　印

史料1は、玉川村竜蔵寺に伝来したものである。概して、龍穏寺が在地の寺院へ引導の「場」からの修験の排

斥を企図したものと理解される。たとえば、引導の道具を祈禱坊主（修験）から出させないことや死人の地所は祈禱坊主に取らせないこと、引導の場は焼香の師が実施することなどが確認できる。そして、この内容は家康段階からの政策でもあるとの認識もわかる。ただし、延享期まで、このような内容の史料が残されていることは、依然として修験が引導の「場」などに関与していた可能性を残す。

実はこの延享元年（一七四四）が、これまで研究史でも検討が加えられてきた、鎌形村の祭道公事が生じた年次である。重要な史料となるので、次に改めて全文を掲げて検討を加えてみたい。

【史料2】(16)

差上申一札之事

一武州比企郡鎌形村班渓寺、同国同郡玉川村竜蔵寺願上候者、①只今迄旦家相果候節、同国同郡鎌形村本山修験大行院・大正院方より致地取・日取・金剛杖を授、葬礼之座において斎之致相伴、又者引導之場江罷出万事差図仕、其上施主両人之素衣を取候段、拙寺共触頭江相聞江不埒成致方之旨被申聞、一宗御条目写相渡候ニ付、各旦方江御条目之趣読聞致承知候処、幸手不動院触下修験大行院・大正院申之内分ニ而相済不申候ニ付、右修験共被召出、御吟味之上曹洞一派之御条目相立候様願上之候

一武州比企郡鎌形村八幡別当本山修験大行院・同供僧大正院答上候者、従先規鎌形村八幡氏子之儀者不及申、玉川村竜蔵寺旦方共ニ②拙僧共方ニ拙僧祈願所ニ而祈念・幣帛・月待・日待・家建地祭、死人時取・火清メ等相勤来、引導法式ニ相障候儀無之処、班渓寺儀当五月廿五日一村之旦方を集メ新ニ申渡候者、③公儀御条目ニ而時取・火清メ等迄禅宗ニ而相勤候間、向後先達方江致通達間敷由申渡候、依之一村之者共拙僧共方江罷越、今日班渓寺方江旦方共不残召呼、死人請取火清メ共ニ此方ニ而相勤候間、左様ニ可相心得旨被申渡候為知せ罷越候由ニ申ニ付、拙僧共申候者、此度新ニ御触候ハ、此方江茂触頭より相触可申候処、何之御触茂無之候間、触

頭方承合可致挨拶由申置、則不動院江右之段承候処、先規之通相勤候様申渡候ニ付、其段一村之者共江為申聞
得心仕候処、班渓寺・竜蔵寺出入ニ申立迷惑至極仕候
④且八幡祭礼毎年八月十二日より十五日迄相勤候ニ付、祭礼始之節、村方宗信寺・班渓寺不罷出、恒例之神事
を闕、新法を取立村方相納り不申難儀至極仕候間、先規之通死人時取・火清メ共ニ拙僧共相勤候様被仰付被
下候ハ、難有奉存候旨御答申上候
右双方被遂吟味処、⑤鎌形村班渓寺・玉川村竜蔵寺両寺より只今迄旦方相果候節、菩提寺を差置、先祈願之修験
大行院・大正院方江為相知、修験共罷越日取・地取・金剛杖等を授、其上ニ而菩提寺江為相知候、在村之儀者遺
骸寺江不還、俗家江菩提寺を招、施主之宅ニ而引導焼香仕、夫より持畑之内者一村之葬場江致葬送候、修験共菩
提寺より先ニ施主之方江参、地取・日取・金剛杖を授、出棺後火清メ等仕、万端葬礼式之世話、其上野辺送り候
節修験罷出、施主両人之素衣を取候ニ付、祈願菩提致混雑本寺より渡置候一派御条目文言葬礼式之儀者、焼香
之師可為儘と申ヶ条ニ致相違、日取・時取・跡清メ等之修法者曹洞一派ニ茂授与仕罷在候間、死失一式之儀者
修験共手入不仕様仕度旨之候得共、日取・時取・跡清メ之儀御条目ニ可相障様無之、畢竟滅罪祈願双方俗家江
罷越致同座候より及出入候、大行院・大正院祈願旦方相果候節、時取・日取・地取頼来、又者金剛杖授り度旨
申越候付、修験之役義ニ候得者、遺来死骸野辺江送候節、竹木五穀江不浄之気掛り火葬仕候得者、右之煙山野を
覆ひ穢候祓を致し施主宿江帰候節、其身を清メ候施物として施主之被り候素衣を取、少茂葬礼式ニ不相障旨申
候得共、旦方死失之節菩提寺より先江罷越、菩提寺と致同座葬礼之場ニ修験共可罷在様無之不埒ニ思召候、⑥依之
今日松平右京守将監様内寄合列席江被召出被仰渡候者、向後大行院・大正院日取・時取・金剛杖等授り度旨、
旦方より申越候ハ、俗家江不罷越日取・時取を相考、又者金剛杖等拵可遣候、跡清メ之節茂葬礼式相済、旦方
より案内次第罷越、跡清メ致シ、葬礼之節施主被り候素衣修験方江不可取候、班渓寺・竜蔵寺、時取・日取・

跡清メ等之修法者曹洞一派ニ茂授与候死人三昧之義ニ候之間、菩提寺ニ而取計致度旨申候得共、⑦時取・日取等之儀者祈願之修法ニ茂有之事ニ而候得者、菩提寺江成共修験之方江成共施主之心次第ニ候条、双方より可相障筋無之候、地取之儀者菩提寺ニ而可取計事ニ候、決而修験より相障間敷候、曹洞一派御条目ニ茂引導之道具何茂祈禱坊主江一物茂出シ申間敷候、死人之地祈禱坊主江為取申間敷候、引導之場焼香之師可為儘与有之上者、何連ニ茂死失之場江修験不立会祈禱菩提不致混雑様ニ可仕旨逐一被仰聞候趣奉恐候、且班渓寺・竜蔵寺訴状ニ書出候元文元年六月牧野越中守様御勤役之時分死人時取・日取・火清メ之儀ニ付、修験之方ニ御裁許状之写有之旨、旦方共江読聞せ候段書上候処、大行院・大正院返答書ニ不申上候付被御吟味候処、触頭方ニ而承候義ニ茂無之、小伝馬町江戸宿左兵衛方ニ而奥州蒲ノ倉本山修験大乗院ニ出会、⑧奥州岩瀬郡本山修験三応院と同村禅宗照光寺と時取・火清メ之出入有之、右御裁許之趣物語を承相当之儀と存付、触頭亀戸梅松院江罷越候処書留有之候共、触下違候間写させ候儀者不相成旨申之御奉行所より御尋候ハヽ、可差出与申候旨申之候得共、遠国之大乗院旅宿ニ而物語承候義を卒忽ニ一分之事ニ村方江申触不埒之段御察当請候而者申披無之候、其上大行院別当相勤候八幡例年八月十二日より祭礼始候処、班渓寺義致参恒例之神事欠候と大行院申上候ニ付御吟味之処、班渓寺神事ニ拘り候義無之、例年別当大行院方ニ而神事祝儀之振舞一村之役人を相招候に付、班渓寺儀茂一同ニ罷越候処、去亥八月祭礼之節者差合有之致不参候旨申上之、然上者右之節班渓寺為相伴罷出候事双方勝手次第ニ可致候、万端自今一同ニ致和融滅罪祈願不混雑様ニ相守可申候旨、双方江被仰渡難有奉存候、為後証仍如件

延享元甲子年八月弐拾七日

武州比企郡鎌形村
訴訟方　班渓寺　海補

同国同郡玉川村

同　　　竜蔵寺　益瑞

同国同郡鎌形村
　　八幡宮別当
　相手方　大行院　秀誉

同国同郡
　　　同供僧
　　大正院　俊栄

寺社奉行所

右班渓寺海補・竜蔵寺益瑞・大行院秀誉・大正院俊栄江被仰渡候趣、拙僧共一同奉承知候付奥印仕差上申候、以上

富田　大中寺
亀戸　梅松院

この一札は、曹洞宗寺院の班渓寺及び竜蔵寺の僧侶が本山派修験大行院・大正院らを寺社奉行に訴えたものに対して解決を示したものである。僧侶・修験、双方の主張と論点、結果が記載されている。それぞれの論理を整理し、改めてこの争論の意義を明らかにする。

僧侶（班渓寺）側は、引導の場での修験大行院・大正院が日取・地取の活動を実施し、さらに金剛杖を使用して、万事指図を出すことを問題視する（傍線部①）。この主張は先の史料1の内容と関連するものと捉えられる。

一方で修験側は、以下の主張を展開する。修験は、これまで鎌形八幡神社の氏子・玉川村竜蔵寺の檀家は、大行院が火清めを含めた祈禱を行ってきており、それ自体は問題視されてこなかった。また火清めの実施が引導と

は齟齬がない旨の認識をもっていることを示す（傍線部②）。しかし今回、班渓寺が時取・火清め等までも禅僧が行うことを主張してきた（傍線部③）。さらに火清めの実施は、幸手不動院に問い合わせても問題がないとする。[17]修験は、今後も火清め等の実施を主張したことが確認できる。

双方の主張を整理すると、火清めの実施方法等に認識の違いが認められる。つまり、葬祭の中での様々な作法の実施方法には、不明確さがあった。

また修験は鎌形八幡神社祭礼への僧侶の関与のあり方を問題視する。これまで祭礼には、僧侶（班渓寺）が参勤していたが、今回の争論に伴って不参の内容が記されている（傍線部④）。班渓寺僧侶の八幡神社への不参は、これまでの鎌形村における宗教者間のあり方に影響を及ぼしたものと理解される。

次に村内の葬祭をめぐる修験と僧侶の関係性に注目する。これまで葬祭が実施される場合は、菩提寺（班渓寺）を差し置いて祈願所（大行院）に知らせ、その上で菩提寺に知らせたという（傍線部⑤）。村側は葬儀の中において大行院を不可欠の存在と認識していたと言える。また争論の根本的背景として、滅罪と祈願を行う者が同座し、延享期まで問題とならなかったことが挙げられる。この点は、それまでの葬祭方法及び僧侶と修験の社会関係のあり方として注目される。

最終的には次のような解決をみる。研究史にあるように僧侶側に優位な裁定が下る。たとえば大行院が後清めや素衣を取る行為が禁止される（傍線部⑥）。さらに地取についても僧侶側の勝訴となる（傍線部⑦）。引導をめぐる権限は、僧侶側が掌握した。一方で、日取・時取などの祈禱活動については、檀家次第であるとされた（傍線部⑦）。つまり日取・時取は、修験側に残された権限となりえた。葬儀の場における僧侶と修験のあり方には、一定の妥協点が見出せる。しかし、重要な点は「引導」の権限が、僧侶側に存在したということになろう。

また八幡神社祭礼については、班渓寺が積極的に関与していたわけではなく、村内一同の者と同様に参勤していたに過ぎなかった。そして祭礼の参勤は双方次第と定まった。ただし、八幡神社の祭礼については、天明期以降における史料では班渓寺僧侶が参勤した状況が確認できる。(18) 鎌形村では、延享期以降も、神社祭礼に僧侶が参勤していたとみられる。

ところで延享元年には、大行院の村内での小祠の管理など、その村内での位置が確認できる。(19) 八幡宮領については、「御朱印高二十石」、「八幡宮一社末社拾五社」、「八幡宮奥院弥施一宇」、「行者堂一宇」、「愛宕小社一社屋敷氏神」、「稲荷小社一社屋敷氏神」が挙げられ、大行院の支配（管理）が確認される。また院内には、人数十三人が記載され、「修験弐人」、「俗、四人内召仕弐人」、「女、七人之内召仕壱人」が確認され、この他には、年貢地「上田六畝歩」などが確認できる。そして、「尤召仕男女共ニ宗旨証文取置申候、毎年地頭金田主殿江書上ヶ候通相違無御座候」とあり、大行院が修験などの宗旨証文を提出している。

ここから大行院が多くの小祠を管理していることが確認される。また「修験弐人」は、同村内の桜井坊・石橋坊とみられる。これは大行院が二名の修験を編成していたことを意味する。すなわち寛保期には、幸手不動院との間で、「准年行事官金之内、金七両慥ニ請取」(20)とあり、大行院が准年行所の位置にあったことがわかる。(21) 延享元年段階では、大行院の修験編成が進展しており、その立場が整備されたことも、当一件の背景として想定しておきたい。

（2）奥州岩瀬郡の葬儀をめぐる争論

次にこの点をふまえて、史料2（傍線部⑧）のなかで「奥州岩瀬郡本山修験三応院と同村禅宗照光寺と時取・火清メ之出入有之」と引用されている元文元年（一七三六）の奥州岩瀬郡の事例を取り上げる。この例は延享元年段階で鎌形村大行院らに認識されており、本山派修験のなかでは、争論を優位に運んでいく上で根拠になったとみられる。

【史料3】[22]

差上申一札之事

一奥州岩瀬郡下柱田村三応院御訴上申上候者、①拙院従往古上下柱田村祈願所ニ而湯殿山火注連之儀、殊ニ月待・日待・家建地祭祈念幣帛并死人時取・地取共ニ勤来、且先年亡父三頂院上柱田村金山ニ而不動勧請仕致別当候処、三頂院死後三応院幼年之節、右不動堂村方より墓所守道心者ニ為致支配候、下柱田村地蔵堂茂祖父三国院弟子仙海より代々火注連支配之行屋ニ而御座候処、同村照光寺隠居其外禅宗之道心者を差置、或俗人等火注連致執行并死人時取・地取之儀茂照光寺相勤、旁修験之法式被削、其上柱田村より観音堂之畑寄附三畝拾歩之所、善兵衛・弥市右衛門・右京・茂八頭取無謂取上候ニ付御吟味相願旨申上之候

一上下柱田両村之者答申上候者、②月待・日待・火防・地祭等者、三応院壱人ニ不限、帰依次第神主摂津ニ頼候者茂有之候、湯殿山火連之儀者下柱田村地蔵堂之行人仙海時代之火道具を以上柱田村不動堂・下柱田村地蔵堂ニ而道心者を頼行法致来、聊俗人執行候儀無之、死人時取・地取之儀者古来三応院勤来候得共、先年御触有之由ニ付照光寺江相頼候、右不動堂之儀者、山主治右衛門梵字有之自然石を見出シ、照光寺より庵を建、弟子昴全を差置候処、此者堂建立候、地蔵堂之儀茂仙海以来両所ニ照光寺致支配来候、且村中観音寄附畑之儀者、三応院より堂守料ニ付置候壱畝弐拾歩畑取上候様、村方寄附畑茂取上候旨申上之候

一照光寺申上候者、③死人時取・地取之儀前々三応院勤来段申立候得共、享保九辰年関三ヶ寺より依触ニ滅罪ハ照光寺より相勤来、不動堂之儀者先々住智玖入仏致開眼、弟昴全堂守ニ差置、照光寺支配仕来候、地蔵堂之儀茂先年仙海与申行人差置申候得共、智玖隠居以来同宗之道心者差置、両所堂守共宗門改年々致印形差出旨申上之候

右出入被御吟味候処ニ、月待・日待・家建地祭祈念幣帛三応院頼候儀無之旨雖申、先規三応院勤来候帳面有之、其上上柱田村名主・組頭前々三応院頼候段申上候上ハ、百姓共申分不相立候幷湯殿山火連之儀ハ、不動堂・地蔵堂ニおいて仙海時代之火道具を以執行候由雖申、禅宗之道心者幷善兵衛・弥市右衛門・火注連候執行儀不埒之旨被仰聞申披無御座候、且不動堂之儀三応院支配之証拠曾而無之名主差出候、宝永三年之村入用帳ニ三頂院勧請之様ニ相記候得共、印形茂無之照光寺支配仕来候旨雖申、是又無証拠ニ而双方御取用難被成旨被仰聞御尤奉存候、然所昴全願候由自息任申旨ニ、照光寺四世当庵開闢昴全与照光寺銘文認遣候付、不動山下江石碑ニ右之通り彫附、自息相建之照光寺場所之差図者不仕旨申上候得共、丑年以来及出入御吟味之内紛敷銘文書記可遣様無之不届之由被　仰聞、照光寺申披無御座候、右地蔵堂之儀三応院・照光寺支配之旨互ニ申争候得共、照光寺者宗旨証文印形いたし候迄ニ而双方共致支配候証拠一切無之、堂修復幷堂守附置候儀茂、前々村方より取捌候上者、村方支配ニ相決候、其外死人時取・地取之儀者任御触、照光寺勤来候旨雖申、其節御触書ニ茂地取灰寿与計有之候処、時取之儀照光寺可執行様無之不埒之旨被仰聞候、扨又上柱田村観音堂村中寄附畑名主・組頭を始拾八人之者共指留候処ニ、相手拾壱人之者無謂取上候段申分難相立、其上右出入一応取扱ニ而三応院願筋和段相済印形証文名主方迄遣シ置候処、善兵衛・弥市右衛門証文取隠御詮議之上、右京致所持由ニ而弥市右衛門差出、重々不届ニ思召候、依之被仰渡候者、右不動堂幷地蔵堂之儀、向後共ニ村支配ニいたし照光寺・三応院差綺間敷候、両所堂守宗旨之儀者、前々之通照光寺請合印形可致候、④死人時取之儀者自今照光寺可勤様無之候、月待・日待・家建地祭祈念幣帛等者不及申、火注連死人之時取之儀者、三応院先規勤来候儀無紛上者、帰依次第ニ三応院可相勤候、善兵衛・弥市右衛門俗人ニ而祈願法式ニ障り、名主・組頭了簡を茂不用観音堂寄付畑を取放、其上右出入一旦和談致相済候所ニ理不尽ニ証文取隠、重々不届ニ付、右両人共ニ所払、右京・茂八儀者戸〆被仰付、照光寺儀ハ出入之場所江猥りニ銘文認遣、石碑為建候儀、

不届ニ付押込ニ被仰付候、自息儀者御取之上、右之石碑早速可取払候、尤善兵衛・弥市右衛門所徘徊為仕間
敷旨被仰渡、逐一奉畏候、向後異論無之様ニ可仕候、若相背候ハヽ、御科可被仰付候、為後日連判証文差上申
所仍而如件

元文元年辰六月廿五日

奥州岩瀬郡下柱田村

本山修験

訴訟方　三応院

三枝源八郎知行所

同国同郡上柱田村

百姓拾壱人惣代

相手方

同　善兵衛

（六名中略）

同村百姓　忠右衛門

同村組頭　半右衛門

同村名主　喜代八

右名主組頭忠右衛門義ハ役向拾

八人之内ニ而相手方ニハ無之候

同人知行所

同国同郡下柱田村
惣百姓代　半六
（百姓代二名組頭三名名主二名中略）
奥州岩瀬郡下柱田村
曹洞宗　照光寺

御評定所

この一札は、柱田村内部の堂の管理などについて、禅僧（照光寺）・本山派修験三応院の争論内容を示すものである。それぞれの意向を整理しつつ、鎌形村の事例との関連性について示す。

まず修験の主張を述べる。修験三応院は、上下柱田村の祈願所で様々な祈禱活動を実施し、死人の時取・地取を勤め、さらに上柱田村の金山の不動堂別当を勤めていた。しかし堂の管理は、父の三頂院が亡くなったさいに、三応院が幼年のため、道心者らが管理をすることになった。三応院は下柱田村の地蔵堂（修験の管理であった）管理が、照光寺からの道心者によって妨害されると問題視した（傍線部①）。

柱田村の意向（傍線部②）は、村の祈禱が修験ばかりでなく、神主へ依頼することもあるとする。すなわち修験の活動を相対化した認識を示す。また不動堂・地蔵堂に道心者を依頼したこともなく、これまで葬祭のさいの時取・地取は修験に任せてきたが、先年の触れ（後述）により、照光寺に委任したと主張する。ここでの要点は、村側が葬祭での時取・地取を先年の触れにより寺院側に依頼していることにある（後述）。

次に照光寺の主張を述べる（傍線部③）。照光寺は、これまで死人の時取・地取は修験が勤めてきたが、享保九年（一七二四）の関三刹からの触により、滅罪は照光寺が行い、堂の管理は照光寺に正当性があると主張する（傍線部③）。この主張は、村との同意によると考えられる。また堂の管理にあたる道心者の人別管理は照光寺が行っているとしている。

結局、争点は時取・地取のあり方と堂の管理方法である。結果として、「月待・日待（中略）火注連・死人時取」が村方の帰依次第とされ、時取・火注連などが修験に許容された（傍線部④）。結果を総体としてみれば、僧侶優位の裁定と言える。しかし、この事例でも僧侶の葬祭の一円的支配は否定され、修験三応院の葬儀における祈禱権（時取・火注連）は、一定度許容された。

この時取・火注連の裁定を根拠として、先の鎌形八幡神社別当大行院は、延享元年の争論に対応したことになる。特に火注連の裁定は重要視される。あくまで、この享保期の争論では、これまで修験が火注連を行ってきたことを示す。そして鎌形村・柱田村の事例ともに、葬祭は僧侶と修験双方が関与することが確認されている。

（3）鎌形村祭道公事後の展開

再度、鎌形村の例に戻る。鎌形村の事例と関連していた、争論後の玉川村（鎌形村隣村）の動向を述べる。

【史料4】(23)

一札之事

一当五月被仰渡候旦中引導場之義、御宗旨切ニ可相勤、御公儀様御条目旦那方江被仰渡候所、御尤ニ得心仕候、
然上者向後日取等迄茂御宗旨切ニ御支（仕）舞被遊可被下候、其外年中祭り事之儀ハ、只今迄之通り祈願所江頼入
可申候、為其旦中連判書付仍而如件

延享元年子ノ七月日

惣旦中
孫兵衛

利左衛門
清　介
（四二名後略）
竜福寺

　この一札では、争論後の玉川村での引導は、竜福寺（禅僧）が行うことが確約されている。一方で祭礼の祈願は、祈願所に依頼することも記されている。この史料は、鎌形村祭道公事の前月の年次となっている。また、これ以前、鎌形村大行院が玉川村竜福寺の葬祭へも関与していたことを示す（史料2傍線部⑤参照）。史料4では、日取等までも僧侶に委任することになっている。先の鎌形村では、日取は修験の権限の可能性を残したが、玉川村では禅宗の権限とする。鎌形村と玉川村での、葬祭方法の差違もうかがえる。以上、ここまでを四点に整理する。

①葬祭は、大きく引導と祈願の二つの活動から成り立っていた。

②①と関連して、葬祭は僧侶と修験の共存関係からなる場合があった。

③禅僧と修験の争点は葬祭における引導ばかりでなく、祈願の位置づけにもあった。

④僧侶は引導の「場」から修験を排斥することを強調した。

鎌形村の祭道公事は、これまでの研究史の成果にあるように、禅宗側に優位な裁定と評価される。しかし、ここでは③の祈禱活動の競合に注目したい。この事例では、概して葬祭全般の中での様々な儀礼の実施方法に対立点があった。さらに、この争論を通じて、葬祭の中に占める「引導」行為の進め方にも修験との間で基準が示されたと言えよう。

　したがって祭道公事をめぐる問題とは、禅僧らが修験から葬祭権限を掌握しようとしたと評価できるが、結果的にそれまで不明確だった葬祭の中における「引導」のあり方を確立させたとみられる。鎌形村の例は「引導」実施のあり方（修験を同席させない）が定まったと評価できる。そして、あくまでも当例は葬祭が禅僧・修験によって担われる可能性を残したことも重視して捉えたい。さらに注目すべきは、葬祭は多様な儀礼（日取など）を内在していたことである。その意味では、近世の僧侶は葬祭の主要部を掌握したが、修験の存在をもって葬祭が完遂した例があることも留保しておかねばならない。

二　秩父郡における本山派修験と宗判寺院

次に、十八世紀半ばの修験の社会的位置について考察する。以下二点を中心に取り上げる。第一に修験の自身引導の実施状況、第二に「百姓山伏」の存立状況を示す。前節をふまえつつ、十八世紀半ばにおける修験の存在形態の一例を示す。

(1)修験の自身引導と禅宗寺院

秩父郡における本山派修験の年行事は、大宮郷の今宮坊である。また、今宮坊は秩父札所十四番目の観音堂別当でもある(24)。まずは秩父郡における本山派修験の自身引導を取り上げる。この問題については、既に羽塚孝和氏・横山晴夫氏により、基本的な理解が示されている(25)。検討史料は延享元年における山本坊と今宮坊が修験の自身引導をめぐって争ったものである。それによれば、山本坊は聖護院側の意向を受け、自身引導を秩父郡に浸透させようとし、最終的には山本坊が勝訴した。まずでは当一件の背景にある秩父郡の修験の状況を略述する。

寛保四年（一七四四）、聖護院は山本坊に対して、八カ条の修験道掟書（写）を出す(26)。主な内容は、法会の執行方法・祈禱料金・衣服などの規定である。そこで葬祭についての記事に注目すると、「修験道自身引導者勿論、近来末々ニ至れば、猥ニ他宗之僧徒を雇ひ、血脈続、引導を請候徒も有之様ニ相聞候、失其道を、自他之法系混雑之至也、自今ハ従其先建相改、古来之通り可相守事」とある。修験が、葬祭のさいに他の諸宗派の僧徒（僧侶）を

「雇う」ことを禁止する。つまり、これまで修験の自身引導が貫徹していない状況をうかがわせる。

さらに山本坊には、年未詳ながら次の史料が伝来する。主な内容は、僧侶と修験に関する徳川家康裁定である。それには葬祭の場での僧侶優位の立場が明示されている。ただし、ここで取り上げるのは寛保三年の記事である。これでは「廻状ヲ以相達候、然ハ山伏一派引導之儀、山名因幡守江御内意得候所ニ修験道ニ一派引導之法式一切無御座旨急度御奉書被下置候、依之各寺方右之趣相心得可申候、以上」(27)とある。寺社奉行山名因幡が修験の一派引導（自身引導）が実施されていない状況を示唆している。また、当該期に寺社奉行が一派引導の進展を促していると言える。いずれにしろ、十八世紀半ばの山本坊霞下において自身引導が貫徹していたかは不分明である。

（2）延享期の修験間争論と百姓山伏

次に山本坊と今宮坊の間で生じた争論を取り上げる。延享三年（一七四六）作成の「秩父年行事今宮坊裁許覚」を中心的に検討する(28)。まずは、ここから確認できる山本坊の主張を三点にまとめる。

①「弐拾五年以前享保七寅年　従　宮様被　仰出候御掟書之内、自身引導之御作法、今宮坊初幷触下同行迄、爾今相守不申候事」とあり、山本坊は享保七年（一七二二）の聖護院の掟書を根拠として、自身引導を触下同行（秩父郡の修験）が守らないことを問題視する。

②「同行僧相果候節者、其先達江早速相届申候御定法ニ御座候処、触下同行相果申候而茂、一切相届不申候事」とあり、本山派修験が死去の場合には、先達（山本坊）へ届け出をすることが定まっていたが届けがない。

③「今宮坊始諸同行迄、不残他宗より菩提仕候、当正月十六日、同行大寿院相果候節茂、死去之届不仕、禅宗満光寺引導仕候事」とあり、今宮坊を始めとした他の同行（修験）が、自身引導をせず、他の寺院から「菩提」を受けていることを示す。さらに大寿院死去にさいしては、禅宗満光寺が引導を実施しているという。

以上を整理すると、やはり延享期まで秩父郡では修験の自身引導が実施されていないこと、つまりは山本坊の編成が貫徹していないことを示す。十八世紀半ばにおける秩父郡の修験は、百姓層と同様に禅宗寺院などと関係を保っていたと言える。

さらに今宮坊の対応を示す。今宮坊は、山本坊と反目する。概して秩父郡の修験は、禅宗などとの葬祭などを通じた社会関係を重視する。「秩父年行事今宮坊裁許覚」にみえる今宮坊の対応は、次の主張に集約される。すなわち秩父郡の修験を「山作業計り仕、殊ニ檀家茂無御座」と表す。つまり同郡の修験は山作業ばかりを実施し、檀家をあまり抱えていないという。秩父郡の修験には、檀家をあまり保持していなくとも、修験を名乗り、わずかな宗教活動を実施していたことになる。

今宮坊は主張にあたり、次の十五名の修験が自身引導を実施していないとする。延享元年時点では、「大剛院・長生院・教学院・和合院・新教院・新蔵院・千手院・正蔵院・地福院・松本院・大宝院・吉祥院・本明院・左門・伊織」が該当する[29]。今宮坊の主張は、山本坊、さらには聖護院の編成のあり方とは、相容れないものがあった。

このうち伊織の例では、次のようにある。延享元年七月に、「私父長寿院年七拾六、右之長寿院当所本山派今宮坊同行ニ而秩父郡野上村ニ居住仕（中略）宗旨之儀ハ私同宗同寺禅宗爪竜寺旦那ニ御座候[30]」とあり、この段階まで長寿院の宗旨は禅宗であった。

さらに延享元年五月十九日には、百姓が何らかの事情で今宮坊配下修験になろうとする。たとえば「組下新七今宮坊同行山伏願相叶候儀、新七一代修験ニ被仰付、其子山伏相願仕候ハ、又候其節願書差上候様被仰付候、則御請書与一右衛門殿へ出ス[31]」とある。ここでも今宮坊は同郡の修験を取り仕切っている状況が判明する。そして注目すべきは、その子供が修験になる場合の「一代修験」の文言である。

宝暦三年（一七五三）三月には、大宮郷の長寿院が一代限りの修験を解任されている。[32]たとえば「一代切之修験道ニ御願差上被仰付候ニ付、只今迄本山修験道相立罷在候処ニ（中略）修験道相免申候、向後拙僧触下本山修験ニ而ハ無御座」とみえる。長寿院の例は、百姓から修験、そして修験から百姓への移行が、在地で決められていることを示す。なお、これ以前の享保十一年（一七二六）八月、禅宗満光寺は今宮坊神領域の人別管理をめぐり混乱を生じさせていた。次に、この例をみておきたい。

【史料5】[33]

（前略）七日満光寺此段従　御公儀様より人別御改書指出候様ニ被仰付候処、今宮坊神領之内え書出候義、今宮坊留守居山伏大光院・大重院・神力院幷今宮坊縁者之内、忠次郎・喜次左衛門、別所村名主吉右衛門相談ニ而書入候由、依之先々之わけも不存、神領之内へ書入候義御検義被下候様ニ訴状指出し被申候、御代官松本加右衛門様、右六人之者共御検義之口上書、山伏三人方より壱通忠次郎・喜次衛門・吉右衛門方より三通御取御忍え御持参被成候

満光寺の人別改めに伴って、留守居大光院（当時今宮坊が峯入）・大重院・神力院と今宮坊縁者の百姓三名は、人別相談にあたった。満光寺が修験の人別改めを担った状況がうかがえる。また「先々のわけ不存」とありながら、代官は六名の者から合計四通の口上書を取り、武州忍へ持ち帰ったとする。

このような状況は、当山派修験でも同様である。大野原村には、当山派修験大学院が居住していた。正徳二年（一七一二）二月二十六日には、三沢村名主の甥が大学院の「袈裟下ニ罷成申度」[34]と願っているように、百姓が当山派修験になる旨を願っている。明和二年二月二十一日には「横瀬村四郎右衛門殿組下茂右衛門儀長病故、大峯権現願望ニ付、当山修験一代切山伏罷成申度旨申候ニ付、依之触下仕候右一代切山伏ニ被仰付被下置候ハ（中略）代々之旦那禅宗法長寺より宗旨請合差出申候」[35]とあり、一代限りの当山派修験がこれまでの通り禅宗寺院法長寺

から宗旨証文を出すことを決めている。

結局、十八世紀を通じて、秩父郡の本山派・当山派修験は、百姓から修験へという移行が比較的スムーズに実施されていた。これ以外にも修験から百姓へという状況も散見される。

なお秩父郡以外（入間郡・比企郡）でも、①延享元年の聖護院触れによる自身引導への抵抗、②修験妻の人別問題などが確認できる。[36]たとえば、「入間郡森戸村年行事大徳院・大満村円教坊・黒山村加納院三人ハ、、越生龍穏寺ヲ妻菩提ニ頼置候」ともあり、聖護院―山本坊の指示が貫徹していない。秩父郡は今宮坊・入間郡は大徳院が山本坊と対峙した状況がうかがえよう。

以上、十八世紀における秩父郡における修験の自身引導の実態、それに関連する百姓山伏を中心に取り上げた。当地の修験の中には、延享期以前、百姓層と同様に禅宗寺院等の在地寺院と関係性を保った例が存在した。一方、延享元年を一つの画期として、「百姓山伏」のあり方へ規制がかかったことも確かであった。そのため修験から還俗する例もみられた。しかし、少なくとも延享期以前の秩父郡の修験は、百姓と不分明に存立していたことが判明しよう。本節では、秩父郡における修験のあり方を捉える上で、「百姓山伏」の存在を示した。

三　秩父郡日尾村の村政と修験

ここでは秩父郡日尾村を対象として、村役人へ就任した修験の事例を取り上げる。目的は、村政運営へ修験が関与したことを示すことにある。一般的には、修験＝宗教者と限定的に把握されがちだが、このような修験像の相対化を図りたい。なお、既に秩父郡椚平村では、以下の点が指摘されている。[37]同村では、元禄期に修験が名主役を担っていた。明和期の村方騒動では、同村多宝院の検地帳所持が問題視された。[38]同村では、修験が村の成り立ちへ関与したことを想起させる。また修験が村方文書の保管に携わったという。この例からも、村政運営における修験の位置を宗教活動のみに収斂させることなく、在地社会へ位置づける必要が生じよう。

次に、本節で取り上げる日尾村（現埼玉県小鹿野町日尾）を概観する。日尾村は、秩父郡大宮郷から志賀坂峠方面への、いわゆる中山道裏街道から、観音山方面へ入った所に位置する。享保十八年（一七三三）以降の石高は百七十九石余りの山間村落である。明和二年（一七六四）以前は幕領、それ以降は旗本松平領で圧倒的な畑作地帯である。また近隣には秩父札所三十一・三十二番が存在し、三十一番観音院は本山派修験の管理に属した。先述したように、観音院は大宮郷の今宮坊下に属した[39]。以下、山本坊を中心とした本山派修験の動向に留意しながら、村政運営と修験のあり方について述べる。

(1) 年番名主修験宝蔵院・金蔵院について

ここでは日尾村の村政運営上における宝蔵院・金蔵院の位置を確認する[40]。二人は親子関係であることが、安永八年（一七七九）の宗門人別帳によって判明する。注目点は、宝蔵院・金蔵院が同村の年番名主に就任することである。

金蔵院の史料上の初見は、明暦検地帳である。なお同村では、正徳期までは九郎兵衛が名主、組頭十五名（金蔵院含む）による「村役人体制」がとられた。そして寛保二年（一七四二）から寛政四年（一七九二）までの間に、年番名主制が施行される[41]。

金蔵院の年番名主文言は延享二年（一七四五）が初見で、「秩父郡日尾村　年番名主　金蔵院・同　熊之助・同藤右衛門」とある。宝暦四年には、「武州秩父郡日尾村金蔵院・同弟子宮内・同村愛染院・同村儀宝院・同弟子儀泉、右五人之修験御公様御法度之宗門ニ而ハ無御座候[42]」とあり、日尾村には五名の本山派修験が確認される。

さらに「山本坊末寺同行天台兼帯ニ而一派引導之法式紛無御座候」とあり、この段階で葬祭が自身引導へ移行した。

一方で宝蔵院は、宝暦十三年以降の史料に確認できる。たとえば安永期、宝蔵院は村方騒動に巻き込まれる。この中で、百姓代は年番名主宝蔵院のあり方を問題視した。要点をまとめると、①名主は年貢等の換算終了次第、百姓代に勘定帳を渡すことになっていたが、宝蔵院が年番名主のさいに勘定帳を渡さない。②その他、領主からの利息金が滞っている。③御用金の一部について宝蔵院に「横領」の疑いがある。

また史料中には、「宝蔵院右六人ニ而年寄名主役相勤」とあり、宝蔵院が年番名主を勤めていたことがわかる。さらに「宝蔵院被召出御吟味之上明白勘定致、其上可相成儀ニ御座候ハヽ、宝蔵院義年番役相離し、以来年番名主相勤不申候様被為　仰付被下置候ハヽ、惣百姓相助り村方も秘平和ニ相勤候」とあり、百姓代は宝蔵院を年番名主から排斥することを企図している。しかし実際には、その後の安永二年（一七七三）の材木川下げの回答や天明五年（一七八五）の鉄砲預かり証文などで、宝蔵院が年番名主として確認できる。そのため百姓代の意向は、何らかの形で反故にされたとみられる[43]。さらに文政四年（一八二一）、年番名主制終焉の時点では、検地帳・名寄帳などの保管、さらに「御年貢大割勘定村入用割合之儀者立合相談之上」と組頭金蔵院への立会いが確認される[44]。

以上、延享期以降、金蔵院・宝蔵院は年番名主へ就任し、さらに年貢等の換算にも携わった。そして年番名主制が終焉した後も、組頭に就任するなど、村政運営に関与していた。次に、十八世紀後半の同村真言宗寺院宝蔵寺と宝蔵院の社会関係に注目する。

（2）真言宗寺院宝蔵寺と本山派修験

日尾村には、新義真言宗の菩薩寺（那賀郡小平村の成身院末寺）が存在する[45]。その他、長福寺・宝蔵寺・常正院・真福寺の四ヶ寺も同様の寺格をもつ。真言宗以外に曹洞宗光西寺があり、日尾村には六ヶ寺存在していた。なお菩薩寺などの本寺小平村成身院は仁和寺直末の寺格を有し、児玉郡や秩父郡・那賀郡、さらには上野国にも末寺を有した。なお同寺院には、文明期から応永期の五輪塔群が存在するなど、有力真言宗寺院であった。ここでは宝蔵寺と本山派修験の位置を中心として、村政運営と寺院のあり方を取り上げる。

【史料6[46]】

乍恐書付を以御願申上候

一当村宝蔵寺永々無住旦那共迷惑ニ奉存候、依之此度我々共奉願上候ハ、宝蔵寺後住ニ長芳房方へ致被　仰付被下候ハヽ、旦那共難有奉存候、以上

元文三年午二月

秩父郡日尾村

宝蔵寺旦那

金蔵院㊞

（他百姓二十五名）

成身院様

これは金蔵院と日尾村百姓が成身院へ宝蔵寺の後住要請を願ったものである。史料によれば、宝蔵寺はこれまで長い間、無住であったことがうかがえる。実は元文期以降宝蔵寺の無住状態は、しばしば確認される[47]。宝暦六年（一七五六）には宝蔵寺無住に伴い武州人見村大光寺から住職後任を宛てる旨の願書が存在している。住職が恒常的に存在しなかったと言える。なお先に述べたように、宝暦六年には、金蔵院が越生山本坊との間で宗旨証文をかわしていた。そこで、金蔵院と在地寺院（宝蔵寺）の社会関係について確認する。

まず史料6と同内容の願書には、百姓二十五名が連印し、その他に「金蔵院　内室㊞」と記される。つまり金蔵院の妻による連印が認められる。宝蔵寺の後住人事を通じて、金蔵院と宝蔵寺のあり方が変容している状況がうかがえる。また「夕日山」（宝蔵寺）の修復造立寄進でも、「金蔵院　内室」が寄進者の百姓二十五名のうち最も

多くの寄進金を出している。[48] 金蔵院自身が連印してなくとも、史料上では「内室」が連印し、宝蔵寺の寄進とも言うべき寺院運営に携わっていた。

ここまでをふまえ、十八世紀後半における金蔵院の動向を整理する。①金蔵院の人別は山本坊下へ編入された。つまり金蔵院は、それまでの宝蔵寺の人別管理から離れた。②しかし金蔵院の妻（内室）が宝蔵寺との社会関係を保持していた。

以上二点から、金蔵院は山本坊下へ人別編入となりながらも、宝蔵寺を通じて村政における一定の位置を確保しようとしたとみられる。[49] さらに宝暦十三年には、金蔵院他三名の宝蔵寺檀家総代が成身院へ後住人事の願いを作成する。[50] 明和八年（一七七一）には宝蔵寺から宝蔵院宛の借用証文も確認できる。安永七年（一七七八）には「宝蔵院内　おもよ」と、修験の妻が連印にあたっている。このような動向は金蔵院の例と同様とみてよかろう。

次に、村内における宝蔵院の位置を宝暦十四年の八ヵ条の答書（奉行所宛）から取り上げる。[51] ここでは次の記事がある。たとえば「拙者近所ニ寺四ヶ所有之、無住之節も畑小作ニ差遣シ候へとも小作手形取遣し仕候儀無之、其外百姓仲間ニ而歳々小作金指出し候儀御座候得共、相対之口定計ニ而小作証文致候儀無之、僧俗共ニ差滞候儀無之、猶又出入ニ仕候儀一切無御座候御事」とあり、①宝蔵院の近所には寺院が四寺院あること。②無住のさいには小作証文を取らずに口上にて「百姓仲間」により対応していた。③これまで①や②の状況で特別の支障がなかった。以上から、寺院の無住に伴って、百姓らは「小作金」を出し、さらに「口上」による対応が浸透していた状況がうかがえる。すなわち宗判寺院の無住の場合には、修験を含む百姓仲間で寺院運営が遂行されていく状況がみてとれる。

なお、寺院の無住状態が常態化していたとすれば、葬祭はいかなる対応がなされたのか。文政八年三月には「当寺死旦用之儀者是迄　御本寺兼代ニ被仰渡」[52] とあり、「死旦」に際しては文政八年（一八二五）以前には本寺の成身院によって実施されていたようである。日尾村の宝蔵寺および檀家らは、文政期以前には本寺から僧侶を招き、その上で葬祭が実施されていた。その意味では、百姓仲間及び修験宝蔵院によって、宝蔵寺の運営が維持されていたことが明らかとなってくる。

以上、日尾村の状況についてみてきた。当村は修験が村役人へ就任し、村政運営や寺院運営に関与した。宝蔵寺が無住のさいには、村や修験で管理する状況もうかがえた。ここでは村政運営へ関与した修験の例を示した。

四　入間郡・秩父郡における修験の「家」をめぐって

最後に山本坊霞下（秩父郡）における修験妻の例を補足する。検討史料は、文化八年（一八一一）における山本坊学僧明学院・名代大徳院から森御殿宛ての二通の願書写しである。[53]

まず秩父郡皆屋村（東秩父村）の例から述べる。修験は次の主張をする。「妻子菩提所同村禅宗光官寺より被相掠嘆催候儀、村法定例ニ而毎年大般若転読仕来候所、修験妻体之身分ニ而修行可致者ニ無之、以来明王院より転読札請候旨ハ、拙寺宗判不仕候由、旦家江相触候ニ付、旦家（中略）修験之儀者祈禱山伏と申、別段之者有之候等と申触相掠候仕合ニ御座候」とあり、修験（明王院）妻子の菩提寺（光官寺）をめぐる問題が記されている。ここで修験は、これまで修験（明王院）が大般若経の転読を実施していたことを述べる。しかし光官寺は修験が妻帯であるため、今後、明王院から転読札を受ければ百姓らの宗判を拒否すると主張する。一方、修験は僧侶から「祈禱山伏」と蔑視され、活動の妨害をなされたと主張する。

この事例の要点は、禅僧が大般若経の転読行為を修験から奪取することを企図したことにある。注目点として、禅僧が修験を妻帯持ちの「祈禱山伏」と蔑視した点が指摘できる。つまり、修験は自らが妻子をもつことで、禅僧から批判を受けていた。禅僧の修験批判に「妻子」の論理があると言える。

次に秩父郡大野村の金剛院の事例を述べる。同村では修験妻の院号をめぐって問題が生じる。たとえば、「村々旧例ニ而村役人幷頭立候百姓者院号大姉之法名相附け、其次第百姓者信士・信女之法号ニ御座候、然所同国秩父郡大野村金剛院祖母当八ヶ年に死去仕候砌り、院号大姉相願候得共」とあり、修験金剛院の祖母が死去のさいに、修験が大姉号を願った内容で問題となっている。村側は、旧例として大姉号の使用は村役人などの有力層に附けるものであるなどと主張し、修験祖母の院号を信女にすることを主張した。しかし修験側は「妻子之儀信女之法名ニ而ハ、甚以不都合之儀ニ御座候」とあり、修験妻の法名を不服とする。そして、「一派宗意相立」と示し、修験妻（祖母）の待遇改善を願っている。

このように当該期の本山派修験は、妻のあり方をめぐって、村や在地寺院との間で緊張関係をもつことがあった。以上から次の二点を確認したい。①十八世紀後半以降も禅僧が修験の活動を奪取していく傾向がみられた。②修験の妻の戒名問題にみる修験の「家」のあり方が争点となることがあった。このことは十八世紀後半においても修験の立場が在地寺院を介して規定されていた状況を意味する。最後に、修験の葬祭方法を示す史料を掲げる。比較的、修験の自身引導が進展した十九世紀初頭の史料を取り上げる。

【史料7】(54)

以書付奉願上候

一前々被仰付候通り、修験道自身引導之法式無違乱相守り死去之砌り、先達表江御届け申上候事、御院代御焼香被下候処、葬祭入用多分相掛り貧地之者共差支難儀ニ御座候ニ付、此度御願申上候者御霞下秩父郡之例ニ任せ御届け申上候ハヽ、隣寺焼香ニ被仰付、猶又御廻向料等志願ニ而御聞済被下候様ニ奉願上候、若此条御聞済難相成筋ニ御座候ハヽ、御院代御願可申上候得共、御布施幷廻向料御家来江之施銭等迄志次第差遣御聞済被下候様ニ奉願上候、其節差掛り御願申上候ハヽ、如何敷存此度一同以連印奉願上候、何卒右之段御聞済被下候様

ニ偏ニ奉願上候
文化十三子年
五月七日
森戸
大徳院㊞
大谷木
浄覚院㊞
岩殿
正学院㊞
山本坊御役所

この史料は、大徳院ら入間郡の修験が、山本坊に対して葬祭方法の変更を願ったものである。要点は、①これまで修験が自身引導を守ってきた、②自身引導は費用がかさむので、秩父郡での実施方法に変更したい（後述）、以上が該当する。

①の記載は修験の自身引導が文化期段階において大きく進展したことを示す。したがって修験と百姓は葬祭の実施方法に差違が明確化していた。しかし、②では葬祭の実施には費用がかさむので、秩父郡で実施されている（隣寺による焼香の実施）方法を願っている。

この史料と同年には、八点の議定が三十二名の修験によってかわされている[55]。①官位の手続きは手を抜かない。②葬祭は院代を願わず、隣寺立ち合いの上で取り計らう。③焼香料は一切差し出さず、銀二朱ずつ差し出す。④山号・寺号は銘々で名乗り、訴訟を起こさない。⑤宗門に関連の訴訟は仲間同士で助けあう。⑥葬祭時の遺体は、官位昇進を受給者は結袈裟、未修行の者は「小五条」を着用する。⑦未官位の者でも葬祭は相応に実施する。⑧法式時には木綿白単物を着用する。つまり、この段階での修験は葬祭実施を媒介として集団化を確認している。

しかし史料7にあるように、十九世紀初頭、当地では自身引導の実施方法に再編が図られていた。なお山本坊霞下では、修験妻の人別別帳化は達成されなかった(56)。したがって、修験の人別帳の別帳化は進展したが、その「家」は禅宗や真言宗との関係も保ちながら、明治期を迎えたと言える。

以上、十九世紀に入ると、入間郡では聖護院―山本坊を通じた修験の集団化が図られた。ただし、このような状況にいたる過程で、禅僧側は修験の活動を「妻帯の者」であるなどとし、宗教活動を奪い取りにかかる例もあった。また修験妻の戒名をめぐって、村内部と修験との対抗関係も読み取れた。秩父・入間郡における本山派修験は、聖護院を頂点とした組織化に身を寄せつつも、禅寺との関係を構築させつつ、存立していたと言えよう。

むすびに

本章の内容を整理する。まず、これまでの祭道公事研究のなかで検討されてきた武州比企郡鎌形村の例を再検討した。改めて十八世紀半ばにおける本山派修験大行院と曹洞宗班渓寺の社会関係に注目した。確認できたのは、葬祭の中でも引導の権限は班渓寺に認められ、一方で葬祭の一部の権限が大行院にも認められる余地を残した点である。このような状況は南奥州岩瀬郡でも確認された。その意味では、鎌形村の例は「引導」とその他の宗教活動との明確な分化を示した例と位置づけられる。また重視すべきは、葬祭自体が様々な儀礼作法とも言うべき要素を包含したことである(57)。この鎌形村の事例を出発点として、本章では改めて修験のあり方を検討した。

まずは山本坊霞下の自身引導、百姓山伏のあり方を述べた。秩父郡では、十八世紀半ばにいたっても、「百姓山伏」(一代限りの修験)が広範囲に展開していた。自身引導は、百姓と修験との差違を明確化する指標となる。しかし、秩父郡では十八世紀後半まで自身引導の進展が確認されなかった。同郡では、修験(今宮坊)が自身引導に積極的であったというよりも、むしろ禅宗寺院などへ委任することを望んでいた。つまり秩父郡においては、修験（百姓山伏）や年行事（今宮坊）が自身引導を拒んでいた。一部の修験には禅宗寺院等と社会関係を保ちながら、わずかな檀家であっても宗教活動の実施を望んでいたのである。この状況下に延享期において聖護院側からの自身引導等の指示が入り、訴訟として惹起した。結局、今宮坊が敗訴するため、国家側（聖護院）の編成を評価できるが、当地には「百姓山伏」を担った人々が存在したのである。少なくとも十八世紀後半まで、「百姓山伏」が秩父郡での修験のあり方の一形態であった。要は、わずかな檀家でありながらも、修験を標榜する者が存在した。そして、この修験は禅宗との関係において百姓層と同様に存立していたとみられる。

秩父郡日尾村では、十八世紀後半を中心に修験が村役人を勤めていた。この例は名主の輪番制に伴って修験が村政運営に関与したものであった。日尾村の人別管理をめぐっては、修験は山本坊霞下へと移行するが、妻は真言宗寺院管理のままとなる時期があった。そして妻が真言宗寺院の運営に関して、史料上に名前が記載された。この状況は修験自らが山本坊霞下に編入しながら、一方で修験妻を村の寺院運営に関与させ、修験としての立場、または村内での社会的位置を確保する動きであったと位置づけられる。その意味では、十八世紀後半における日尾村での修験のあり方は、本山派修験の編成（人別帳の別帳化など）に照応しながらも、村内の寺院との関係を遮断せずに、その寺院運営へも関与していた状況が判明する。

最後に山本坊霞下における修験編成のあり方を補足した。十九世紀初頭に入っても、山本坊霞下の修験は、禅宗や村からの蔑視観の克服という課題を背負っていた。禅僧の中には、修験の妻帯を宗教者として、いわば矛盾した存在として非難した例もみられた。このような禅僧らの主張は、おそらくは多くの例でも確認できよう。先に述べた日尾村の例のように、修験妻が修験の「代印」をする場合もある。今後も個々の村における修験のあり方へ迫った分析が求められよう(58)。

以上、本章ではいくつかの修験のあり方を取り上げた。最後に祭道公事論や地帯区分論との関係を述べる(59)。祭道公事の裁定は、当該期の修験を理解する上で極めて重要視される。端的に言えば、この裁定により禅僧らの「引導」権が確定されたのである。しかし、それ以外の一部を在地社会へ委任する政策方針は、修験と在地寺院の社会関係を黙認することにも繋がった。したがって、修験が葬祭に関与する余地は残った。ここに近世在地寺院（禅宗寺院など）の性格づけの一端も現出する。つまり、在地寺院は修験のもつ様々な作法を受容しつつ、「引導」等の活動を展開させる局面があったのである。(60) この位置づけは、「里修験」の概念規定にも影響をもとう。葬祭を指標として、僧侶と修験の立場を分化させる理解のみでは、在地社会における宗教事情を見誤ることにつながる。むしろ葬祭は、禅僧や修験の「共存と競合」が表出する「場」として存在したことも重視すべきである。

このような葬祭執行のあり方は、修験が在地社会へ展開する大きな要因になっていたとみられる。関東を修験地帯と評価するにあたっては、重要な事象と言えよう。

（1）　小沢正弘「江戸初期における祭道公事」（『埼玉県史研究』九、一九八二年）、廣瀬良弘「中・近世における曹洞禅僧の活動と葬祭について」（『宗学研究』二七、一九八三年）、宇高良哲『徳川家康と関東仏教教団』（東洋文化出版、一九八八年）など参照。

（2）　ここでは象徴的な見解を紹介する。文禄四年八月、修験と法華寺の間で争われた祭道公事の例がある。この事例の評価について、「戦国時代に幅広い民衆信仰を背景に武士と師檀関係を結び、かつ自由な行動から諜報機関としての役割を果し、重用され、発展を続けていた修験道は、平穏な時代に入ると著しく衰退し他宗との法論にも一貫性を欠いていた。文禄元年には法華寺・龍穏寺と修験山伏との間に祭道に関する争いが起き、家康の裁定を仰ぎ、この時から修験の山伏は各宗の斎場に入ることを禁じられたが、この公事は、その後も続けられ、再度家康の裁決をへた」とある。この理解の前提には、人々の自家の葬祭を永続的に寺院に委託する習慣が、この頃にできあがったというものである。また祭道公事について、修験が後退を余儀なくされたとする。『岩槻市史　通史編』（岩槻市、一九八八年）参照。

（3）　宮本袈裟雄『里修験の研究』（吉川弘文館、一九八四年）二五・二六頁では、「葬禱分離」という用語が示されている。

これは葬祭と祈禱を分離し、祈禱を修験が担うことを示した見解である。ただし、葬祭の中に祈禱活動が存在することも念頭におかねばなるまい。

（4）宮家準編『修験道辞典』（東京堂出版、一九八六年）。

（5）本編第一章参照。

（6）このような点から仏教史研究と修験道研究が分化され、双方が干渉することなく研究史が進展してきたとみられる。本章は分化された研究史を捉え直し、当該期の宗教事情への理解を深化させたい。特に葬祭は僧侶が独占的に掌握したと断じる傾向があろう。しかし、葬祭がいくつかの構成要素から成っていることにも留意が必要である。

（7）有元正雄『近世日本の宗教社会史』（吉川弘文館、二〇〇二年）。

（8）朴澤直秀『幕藩権力と寺檀制度』（吉川弘文館、二〇〇四年）。

（9）本編第一章参照。この問題については、十七世紀段階の各宗教者間のあり方が重要視されると考える。

（10）註（1）小沢・廣瀬論文など参照。

（11）『新編武蔵風土記稿』第九巻（雄山閣、一九七七年）など参照。なお鎌形村は正保期に幕領、元禄期に旗本領、天保十三年に川越藩領へと移行する。村高は『武蔵田園簿』によれば、三百五十石余で、田方が百八十石余、畑方が二百四十石余である。同様に、玉川村は宝永期に幕領から旗本領に移行し、明治をむかえる。

（12）班渓寺は清水冠者義高の母、威徳院殿班渓妙虎大姉の追福のために創建されたという伝承がある（『新編武蔵風土記稿』第九巻参照）、また班渓寺と鎌形八幡神社は道を挟み、隣接することも留意しておきたい。

（13）『新編武州古文書』上（角川出版、一九七五年）参照。他に註（1）の研究成果も参照。なお全阿弥については、註（1）宇高書参照。留意されるのは、史料文言は「引導」とあり、「葬祭」ではない点である。なお註（3）宮本書の二五頁では、葬祭へ修験が関与することが禁止されたとある。

（14）註（1）の成果を参照。全阿弥の裁定は、禅僧や真言僧の修験に対する優位性を示すことで共通する。

（15）玉川村竜福寺文書。玉川村図書館で複写資料を閲覧した。

（16）長島喜平編『鎌形八幡宮竝本山修験大行院文書集』（武州郷土史料第一集、一九七三年）参照。なお史料文言の誤植等は一部訂正した。

(17) 大行院は幸手不動院配下に位置する。幸手不動院については、『春日部市史　三巻　近世資料編Ⅴ』（春日部市、一九九一年）など参照。
(18) 註(16)長島書参照。
(19) 同右書参照。同史料には「御奉行所より御尋ニ付、如此書上ヶ置候大切之控也」との記載がある。
(20) 同右書参照。
(21) 宝暦期に大行院が修験の人別管理を実施したことを推定させる雛形が現存する。十八世紀半ばの鎌形村内での大行院の修験編成は、概ね浸透していたとみられる。
(22) 註(16)に同じ。同史料は現在でも福島県岩瀬町で確認されている。なお、同史料は藤田定興『近世修験道の地域的展開』（岩田書院、一九九六年）でも検討されている。
(23) 玉川村竜福寺文書。
(24) ここでは、主な秩父郡の研究を掲げる。岩本馨「秩父観音霊場をめぐる社会と空間」（『年報都市史研究一一　消費の社会史＝空間史』、山川出版社、二〇〇三年）、田中達也「近世大宮町の形成過程」（『歴史地理学調査報告』七、一九九六年）、椿真智子・城戸貴子「秩父両神村における修験の展開と変質」（『歴史地理学調査報告』五、一九九一年）、三木一彦「秩父地域における三峰信仰の受容と展開」（『歴史地理学調査報告』六、一九九四年）、栗原仲道『秩父路の信仰と霊場』（国書刊行会、一九七六年）など。なお秩父郡は、大宮郷に領主阿部家の陣屋が置かれる。また大宮郷が領主支配・流通経済上（妙見社の絹市）の中核にあたる。寛文三年以降、郡内二十七ヶ村が忍藩領となり、（後に五村が幕領）、奥州白河より松平氏が入るが、藩領として明治を迎える。
(25) 横山晴夫「本山派修験三峰山の興隆」（『国学院雑誌』八七―一、一九七九年）、同「三峰信仰とその展開」（『山岳宗教史研究叢書一四　修験道の美術・芸能・文学Ⅰ』（名著出版、一九八〇年）、羽塚孝和「武州本山派先達・山本坊について」（『日光山と関東の修験道』名著出版、一九七九年）、西村敏也「近世後期における武州三峰山の発展――異宗門交渉をキーワードに――」（高埜利彦・今谷明『中近世の宗教と国家』、岩田書院、一九九八年）。
(26) 相馬家文書『武州越生山本坊文書』（東洋文化出版、一九八九年）参照。
(27) 註(26)書参照、なお、この史料は早くとも十八世紀後半に写された史料と推察される。

(28) 註(25)羽塚論文及び註(26)書参照。ここでは山本坊の訴え、今宮坊の反論、その裁許が記されており、秩父郡の修験のあり方をみることができる。なお秩父郡では、百姓名で登場する人物の中に「修験」が存在したことを念頭におくべきであろう。
(29) 「松本家文書　第九冊」(『秩父市史資料編三』秩父市立図書館、二〇〇二年)四二〇頁。
(30) 同右、四〇三頁。
(31) 同右、四〇〇頁。
(32) 「松本家文書　第十四冊」(『秩父市史資料編五』秩父市立図書館、二〇〇四年)二八頁。
(33) 「松本家文書　第六冊」(『秩父市史資料編二』秩父市立図書館、二〇〇二年)二三一頁。
(34) 「松本家文書　第二冊」(『秩父市史資料編一』秩父市立図書館、二〇〇〇年)一四一頁。
(35) 「松本家文書　第十六冊」(『秩父市史資料編六』秩父市立図書館、二〇〇五年)五二三頁。
(36) 正覚院文書(埼玉県立文書館で閲覧)。ここでは同史料を参考に、入間郡・比企郡の事情を補っておくことにする。
(37・38) 『都幾川村史　通史編』(都幾川村、二〇〇一年)。
(39) 註(25)羽塚論文参照。
(40) 関口家文書(埼玉県小鹿野町日尾)。関口家は修験史料を伝来させることが知られる。同家史料については、『秩父合角ダム水没地域　総合調査報告書　人文編』下巻(合角ダム水没地域総合調査会、一九八二年)参照。
(41) 関口家文書。なお年番名主制については既に指摘されている。寛政四年に村民の総意として定名主制が復活する。延享二年の「日尾村宗門人別帳」(同家文書)では、村高百七十九石斗九升七合。また菩薩寺が二百三十七人、長福寺が七十五人、宝蔵寺が百人、光西寺が八十一人などとなっている。
(42) 関口家文書(差上申宗旨証文之事)。
(43・44) 関口家文書。
(45) 成身院は児玉・秩父・那賀郡で九十九の末寺を有する寺院である。(『児玉町史　近世資料編』、児玉町、一九九一年)参照。同寺の百体観音は秩父・坂東・西国巡礼を象徴した建築物であり、児玉三十三霊場の第一番として知られる。
(46・47) 関口家文書。

(48) 関口家文書「修覆造立寄進」。修験の妻が判をつくという極めて稀な事例と思われるが、修験の人別が山本坊―今宮坊に編入される中で、妻が宝蔵寺人別に入っていたことを示すとみられる。

(49～52) 関口家文書。

(53) 大徳院文書。本章では『諸家文書目録大家　大家(その二)』(坂戸市、一九九八年)参照。なお同史料は坂戸市寄贈史料となっており、同市教育委員会で閲覧した。大徳院文書八四四参照。また、当地の修験自身引導は、十八世紀半ば以降進展することがうかがえる。また各地で修験妻が在地寺院から離檀する志向も認められる。

(54) 大徳院文書。

(55) 大徳院文書「仲間祭式諸事につき仲間一同申合議定書」。

(56) 本編次章の大徳院の例で取り上げるが、入間郡の修験妻は在地寺院と宗旨証文をかわしている。

(57) 葬祭が、いくつかの構成要素から成るため、修験が関与する余地があった。すなわち幕藩権力は、禅僧が独占的にこれらの構成要素を確保することを認めなかったことになる。また、日取の問題にあるように、宗教者が当時の「日の吉凶」等に関する「知」を持ち合わせていることも重視されよう。たとえば、小池淳一・橋本萬平『寛永九年版　大ざっしょ』(岩田書院、一九九六年)参照。

(58) 近年では、祈禱寺院の経営分析が蓄積されている。田中洋平「近世北関東農村における祈禱寺院経営」(『日本歴史』六八六、二〇〇五年)参照。田中氏の成果にあるように、今後いくつかの事例分析が求められよう。

(59) 註(7)有元書参照。この問題は次章以降でも検討する。

(60) 本章では、葬祭は僧侶、それ以外は僧侶・修験といった構図での理解に訂正を迫った。勿論、これまでも葬祭の一部に修験が関与することの指摘はあるが、葬祭と祈禱という形で分化させ、その後の展開を示す手法には限界性が認められる。そして、祭道公事関連史料が武州を中心に伝来したのは、当地が修験と禅宗方が、共存・競合関係を保つことが多かったため、関連史料が伝来したとみられる。そのため、葬祭の構成内容が、いかに各宗教者に定められていくかという視角も重要となろう。なお本編第三章・四章でも、この問題に迫る。

第三章　幕末期における修験の動向と在地社会――武州入間郡を中心として――

はじめに

本章は、幕末期（天保期から慶応期）における在地社会の宗教秩序のあり方について、修験の動向から検討するものである。修験に注目するのは、修験が明治期以前まで各地で多様な活動をみせ、「神仏習合」の象徴的存在であったと考えるためである。つまり明治期以前の社会状況（神仏分離以前）を理解しようとすれば、修験は時代性を象徴する存在とも考えられる。研究史上では、「里修験」という用語に象徴されるように、修験が在地での様々な祈禱、さらには教育や医療などへの関与が確認され、村社会に受容されていった背景が明らかになっている（1）。

しかし、冒頭で掲げた修験の動向を考える上で、以下の三点が課題となろう。

①修験の宗教活動が僧侶や神職との間で競合し、たびたび争論となる背景（2）。

②明治期以降、修験が還俗の形をとるなど、一般に修験の社会的後退が指摘されるが、幕末から明治における修験の実態が不明確である（3）。特に明治期を旧修験がどのように捉え、「転身」するのか。このような視角にたって、修験像のあり方を捉え直す必要がある。

③民衆宗教（新宗教）の基盤として「修験」が位置しており、幕末期まで修験を中心とした秩序形成のあり方を示す必要がある（4）。

まず①は、修験と僧侶などとの社会関係のあり方を示すことで、ひとまずの解決をみよう。特に地帯区分論[5]や祭道公事論[6]といった関東を中心に提示されてきた研究史との関係性が浮上する。つまり地帯区分論では、関東において修験が色濃く展開したことが示されたが、他の宗教者との社会関係に注目することで、その意味づけが深まろう。また祭道公事論では、十六世紀末から十七世紀初頭にかけて、仏教諸宗派が修験を葬祭の場から排斥していく事例が豊富に示されてきた[7]。この見解について、本章では修験と僧侶の取り結ぶ社会関係に着目し、一定の相対化を図っていきたい。また②と③の整合性は、十九世紀以降の宗教の位置づけを考える上でも重要な問題とみなせよう。つまり、修験の社会的後退をみながらも、一方では様々な宗教領域に強い影響力を有したことを、どのように整合性をつけ理解するかである。

そこで本章では、まず①の問題を取り上げ、その上で幕末期における修験の社会的影響力を考えてみたい。特に、十九世紀における修験の社会的後退という消極的な位置づけ（②の問題）と民衆宗教の基盤となるといった積極的な見解（③の問題）についての整合性を図りたい。具体的には、修験の文化活動（教育活動など）を取り上げる。つまり修験を位置づけるにあたっては多様な活動の一端に祈禱活動を位置づけ直すことも求められるのではないか。また本章は、関東における在地での宗教者や宗教施設を中心とした秩序形成のあり方を総体的に明らかにするための一助と位置づけたい。

さて、本章の検討事例であるが、武州入間郡森戸村（図1参照）の本山派修験大徳院を取り上げる[8]。森戸村は、元禄期には田五反三畝余と畑二反余を有し、大徳院は熊野社朱印十石や鶴明神社の管理を担った。この両神社は、それぞれ森戸村、高麗郡町屋村の鎮守に該当し、延享元年（一七四四）には氏子八十四軒を有した。つまり大徳院は、二つの村の鎮守を管理しており、在地での一定の影響力をみることができる[9]。

特に検討対象は、大徳院周乗（文政十一年〜明治三十二年）の動向である。また「大徳院武山事跡調書」（大正元

図１　森戸村周辺現況図

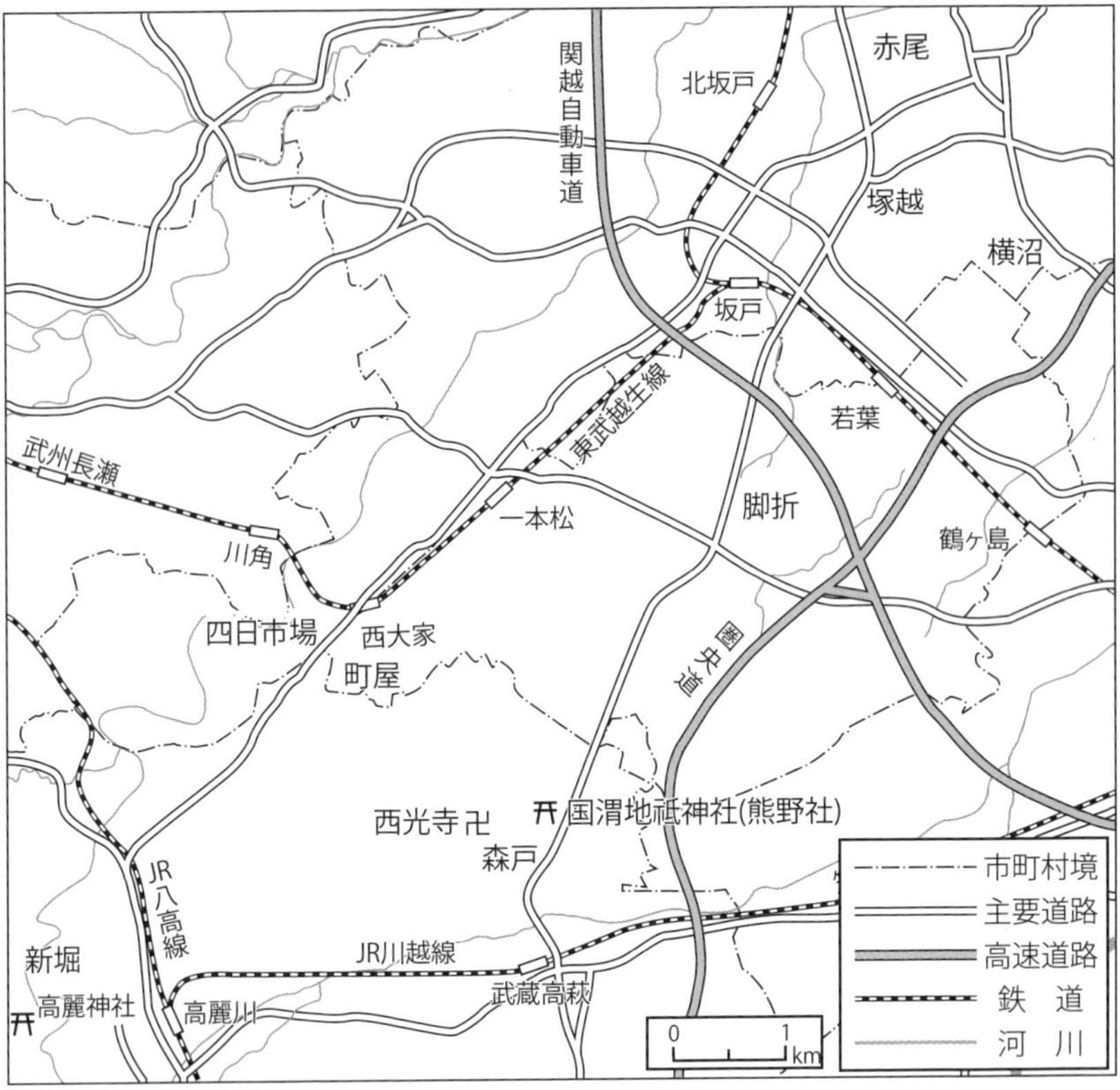
関越自動車道
北坂戸
赤尾
塚越
横沼
坂戸
東武越生線
若葉
武州長瀬
一本松
脚折
鶴ヶ島
川角
四日市場
西大家
町屋
圏央道
西光寺卍
国滑地祇神社(熊野社)
森戸
JR八高線
JR川越線
新堀
高麗神社
高麗川
武蔵高萩
0
1
km
市町村境
主要道路
高速道路
鉄　道
河　川

年）には、大徳院周乗が朝岡操（儒者）や大徳院周応（漢学）から習学したとあり、明治初期から「大我井学舎」を創立する（後述）。ここで大徳院周乗を取り上げる意義は、修験として一定の宗教活動が認められ、その上で文化活動を実施していたことが確認されるためである。すなわち、大徳院周乗の動向は先に述べた課題へ迫れる格好の素材と言えよう。

一　本山派修験の社会関係と宗教活動――「旧格覚帳」の検討を中心に――

まずは嘉永期における大徳院周乗の人的ネットワークのあり方を確認する。嘉永二年（一八四九）の役行者千百年忌に伴って、大徳院周乗は森戸村周辺の修験と共に、初の上京をはたす。同行したのは、寺山村林蔵院・高麗大宮寺・大塚万蔵院・浅羽村岩本院・増形村広徳院・駒寺光明院・森戸村持宝院である。大徳院は入間郡及び高麗郡の本山派修験との交流があった。このうち、高麗大宮寺が後の高麗郡高麗神社の神職に該当する（後述）。また、この遠忌事業に伴い、修験の身分間で香尊料の違いが明確化されており、修験編成の再編が図られたとの評価も可能である(10)。つまり、この状況を念頭におけば、安易な修験の相対化も許されない。この時期においても、聖護院を中心とした修験編成は有効性を保ち、その中で大徳院の位置を捉えなければならない。

（1）「旧格覚帳」の概要

ここでは、嘉永四年大徳院周乗が写した「旧格覚帳」を中心に検討する。この史料は、表紙に「他見堅無用」とみえ、大徳院周乗が内々に作成したものと考えられる。また「古老申伝古書付幷私考等迄書付置故」ともあり、これまでの大徳院の置かれた位置を、周乗が改めて書き留めたと言える。また同史料の特徴は、いくつかの史料と綴られ伝来してきたことである。ここでは同史料の概要について、同史料に綴られてきた史料の内容も取り上

表1　森戸村人別一覧

No.	宗判寺院	家数	人数	備　　考
1	龍穏寺	9	73	龍穏寺は曹洞宗関三刹の一つ、西光寺の本寺
2	南蔵寺	1	5	
3	長泉寺	2	13	
4	延命寺	2	12	真言宗、妙見社別当
5	西光寺	155	528	曹洞宗
	合　計	169	631	男343人、女288人

げながら検討する。

まず綴られている史料内容は、①宝暦六年（一七五六）入間郡森戸村人別帳（表1参照）②延享元年（一七四四）諸国寺院惣数何程配下共に寺号銘々可書出（雛形）③年中行事録④旧格覚帳⑤明治六年（一八七三）由緒書上、以上の五点に整理される。

そのうち④⑤に「大徳院周乗」の記載があることから、大徳院周乗が宝暦六年から明治六年までの史料を綴ったものと理解される。

これらの史料内容を個々に分析すると以下のように整理できる。①の森戸村人別帳には、村内の人別記載が中心的に記されている。(11) そのうち、修験の持高及び人別記載と享保六年（一七二一）における修験妻子の人別記載が確認される。宝暦六年には、森戸村では大徳院・常宝院・威徳院の修験がみえ、それぞれ管理の神社及び年貢地が確認できる。また享保六年の写しには、大徳院妻子が越生の龍穏寺、常宝院・威徳院妻子人別が下河原村の延命寺とみえる。入間郡の修験の妻子人別は、禅宗や真言宗寺院などとの関係の上から成り立っていた。なお、表1に村内の人別管理を行っていた寺院をまとめた。

②は延享元年、寺社奉行の朱印地や領地などに対する取り調べに関する記事で、大徳院は「朱印地十石」「除地四反六畝廿分」「御年貢地壱石四斗三升三合」とみえる。この他、常宝院が「年貢地壱石三斗五升」、威徳院が「年貢地三石四斗九升四合九貫」とある。③は正月から七月にかけての年中行事の下書きで、正月には

熊野社での法楽、末社での礼拝などが実施されたようである。④は次節で取り上げるため後述する。⑤は明治以前、聖護院支配下の修験であったことや中興が月証、「奉事」の社が延喜式記載の神社であることが示されている。[12]

以上、同史料は宝暦期から明治初期にかけての大徳院を取り巻く状況を記した内容である。大徳院周乗は、幕末から明治期にかけて、それまでの大徳院の活動を位置づけ直す作業を進めていた。

（2）「旧格覚帳」の分析

次に、同史料の内容分析を試みる（表2参照）。主に次の九項目、①祈願所旧格②役僧一件③道添村小峰氏④西光寺⑤町田氏⑥役僧墓所⑦持宝院⑧市郎稲荷⑨八幡宮に整理できる。[13] ここでは大徳院と他村の寺院、居村の寺院との社会関係に注目することから、①・④を中心に追求するが、まずはそれ以外の記事内容を略述する。

②は越生山本坊の役僧となる常宝院に関するもの、③は道添村の釜注連祓いを大徳院が執行することを示したもの、⑤は十八世紀後半以降、しばしば大徳院から離末の動きをみせた町田氏に関する記事である。大徳院が金蔵という本家筋の家に出向き、町田一族の釜注連を完遂していた旨も記されている。⑥は大徳院が持宝院（修験）の墓所を管理していたこと、⑦は持宝院と威徳院との関係を示したもの、⑧は百姓側が市郎稲荷の別当を持宝院としたいが、これまで神事等は大徳院が実施してきたこと、⑨は領主島津近江などが八幡宮へ参詣することがあり、この八幡社を通じての大徳院や村側の事情についての記事である。以上、概して大徳院と他の修験や祈禱活動のあり方、百姓への対応などについて記されている。大徳院は在地の諸状況に応じた対応を迫られていたことが改めて確認される。

さて、次に①の記事を考察する。冒頭には「下川原村真言宗延命寺ヲ祈願ニ相頼候事」とあり、下川原村の延命寺へ大徳院が祈願を依頼したことを記す。つまり、真言宗寺院と大徳院が何らかの社会関係を有していたこと

表２　「旧格覚帳」内容一覧

項目	主な内容	備考
①祈願所旧格	大徳院が下川原村の真言宗延命寺を祈願所として依頼。妙見社への帰依のために祈願を依頼した	延命寺は妙見社（朱印七石）の別当
②役僧一件	常宝院が山本坊霞下下川原村の修験となり、同村の光明院から檀家を預かった	檀家を預かる行為が確認できる
③道添村小峰氏	道添村小峰一家の釜注連祓いを大徳院が実施した	一時、高麗郡の観音堂で釜注連祓いを受けていた
④西 光 寺	大徳院が西光寺に出向いたさいには、本堂正面から登り、まず本尊に拝礼する	西光寺は森戸村に位置
⑤町 田 氏	釜注連は金蔵の家が本家であるので、彼の家に行き、そこで一同に実施した	
⑥役僧墓所	持宝院の墓所は、光明院が離末になり引き払った	当墓所は大徳院の支配
⑦持 宝 院	先代は熊野堂に居住していた。持宝院の先祖には威徳院がいる	大徳院配下の修験の動向を示す
⑧市郎稲荷	市郎稲荷の別当は持宝院である。遷宮は大徳院が実施する	同上
⑨八 幡 宮	地頭所島津家が八幡宮を鎮守と認識した。用人なども参詣する	領主と修験のあり方を示す

を想起させる。その背景として、次のような認識がみられる。

【史料1】

（前略）延命寺者、妙見大社別当ニ而、妙見　御朱印七石有之候、是ハ自分先祖桓武平氏相馬之流ニ候間、右妙見帰依之上、鎮守同様ニ致候故、自然延命寺之札等請候ニ付、逐々祈願所ニ相頼申候事

この記事によると、延命寺が妙見社の別当であること、また妙見社は朱印地を有しており、大徳院は「桓武平氏」の流れをくむことを認識している。また大徳院は「桓武平氏」に関係する妙見社に対して鎮守同様の帰依があり、そのため妙見社の別当延命寺から札を受けているという（祈願所としている）。この後の記事には、朱印七石を受けながらも、妙見社のなかでも「旧格」の社と認識することが記されている。つまり、大徳院は妙見社のなかでも、下川原村の妙見社を格式ある神社として認識する。そして、この認識を軸として延命寺との社会関係を構築していたことになる。また延命寺は「延命寺毎年極月廿八日、釜注連ニ来候節者」とあるように、大徳院へ釜注連を実施したことがわかる。そのさい、延命寺は土産を持参し、大徳院から布施を出すという。釜注連の土産を介して、宗教者間で社会関係が構築されていたと言える。なお延命寺無住にさいしては、大徳院自身が代理として釜注連を行ったこともうかがえる。

このような大徳院と居村以外の寺社との社会関係は、「周応代ニ下川原村寺世話人村役人江相断」とあるように、十八世紀後半から十九世紀初頭において構築されていた。つまり修験の活動は、居村以外の真言宗寺院及び神社（妙見社）との社会関係の上に形成されており、修験間のみ（霞場の確定）の問題に収斂しない。換言すれば、真言宗寺院や神社側も、修験との社会関係を有していたことを意味する。(14)

次に④の森戸村内部における禅宗寺院西光寺と大徳院との社会関係に注目する。西光寺は、村内で大部分の百姓の檀那寺で中核的寺院である。弘化三年（一八四六）の宗旨証文に注目すると、大徳院は自身引導、妻は越生龍

稳寺の「預置」という形をとっており、西光寺との関係はみられない。なお龍穏寺は西光寺の本寺に該当し、修験（大徳院）が村外の禅宗寺院との関係をもったことになる。つまり大徳院の「家」は妻を介して村外の禅宗寺院との関係を保持していた。

さらに「旧格覚帳」の中で、大徳院は西光寺に対して興味ぶかい姿勢をみせる。すなわち「大徳院西光寺江罷越候節者、本堂正面より上り、先本尊拝礼、其後客殿江通候旧覚」とあり、大徳院が西光寺へ出向いたさいには、本堂正面からあがり、まずは本尊に拝礼し、その後に客殿に通ることがわかる。つまり大徳院は禅宗寺院への配慮を怠らず、いわば敬意を表する形で対応していたことが判明する。また大徳院「家」の女性が死去した場合は、次のような記事がある。「此方女之小児死去之節者、西光寺ニ引導頼之例、婦人死去之節者、龍穏寺引導頼之節西光寺を為立合候例」とあり、小児が死去の場合は西光寺で実施し、婦人死去の場合には龍穏寺が訪れ、西光寺が立ち会うことがわかる。つまり、大徳院は西光寺との社会関係を遮断していない。

また「法事年回等ニ者塔婆者龍穏寺ニ而書候得共、読経回向ハ西光寺ニ為致候例」とあり、塔婆への文字の書き入れは龍穏寺が行い、読経回向は西光寺が実施する。この他、西光寺の経箱に関する記事があり、さらに西光寺境内での祈願に関する記事と続く。この境内祈願に関しては、「西光寺境内諸祈願当山より相勤候故例」とみられる。たとえば「嘉永二酉二月初午遷宮之節も地祭致候事頼手紙有之候、持宝院立会護摩了」とみえ、嘉永二年（一八四九）には境内での地祭には持宝院が護摩をたいている。これは曹洞宗寺院境内において、修験が宗教活動を実施した状況を意味する。そして「護摩」に続いて「禅宗仲間寄合大般若転読致候事」とみえ、西光寺の禅宗仲間で大般若経転読が実施されている。その後、嘉永二年の極月には釜注連を西光寺が大徳院へ依頼する記事がつづく。

なお修験の人別管理は、「百姓なみに一帳ニ候所、近年別紙ニ相成候事」と百姓との別帳化が示されている。しかし宗門帳の百姓との別帳化は、これまで述べた大徳院の状況を念頭におけば、禅宗寺院との社会関係の断絶的な状況を意味しないことになる。

以上を整理すると、大徳院は村外（妙見社や延命寺・龍穏寺）及び村内部（西光寺）の寺社との間で社会関係を有していたことが判明する。ここでは禅宗や真言宗の在地の寺社勢力が修験との関係を維持しながら、在地社会に存立していたことを確認したい。

（3）嘉永期の「夷狄退攘祈禱」と大徳院——三峰山との関係を中心に——

このような大徳院の社会関係のあり方を念頭におきながら、ここでは同じ嘉永期に顕著にみえだす「夷狄退攘祈禱」を取り上げる。「夷狄退攘祈禱」は、ペリー来航に伴って各地の寺社で実施されたが、大徳院でも同様である。注目すべきは、大徳院及び大宮寺清乗院が武州三峰山と関係をもったことである。嘉永五年（一八五二）四月六日には、「大徳院同道三峰山江行、八日護摩終り九日帰る」とみえ、大徳院らが三峰山へ出向き、護摩執行を行った(15)。このことは編成機構を異にする修験が三峰山を訪れたことを意味する。

他にも、当該期には三峰山に各地の修験が出向き、祈禱活動を実施する例がある。嘉永元年三月十日には、上州沼田法善寺が護摩修行に三峰山へ出向いている。また同年十二月三十日には、奥州伊達郡半田村の修験が三峰山を下山していることもわかる(16)。これらは当該期における三峰山の位置を理解する上でも、様々な問題を想起させようが、ここでは「夷狄退攘祈禱」と三峰山の関係を考える上で、嘉永六年十二月の次の立札に注目する。

【史料2】

抑当社大権現ハ、往昔大日本武尊東夷征伐御立願之御建立也、依而夷賊退攘国家安穏之御祈禱、無懈怠可抽丹誠事、丑十二月　　　三峰山執事

この記事は「御神前銅灯籠之脇江建之、文言左ニ」とあるように、三峰神社神前の立札とされたものである。注目すべきは、「日本武尊」の由緒が夷賊退攘の論理となっている点である。[17]なお先にも述べたように、本山派修験は遠忌事業などを通じて役行者との関係性を強める。したがって、武州三峰山は役行者と「日本武尊」が並立する「場」として位置づく。

一方、大徳院は、嘉永七年には「天下泰平国家安穏御武運長久夷狄降伏、殊者深津家武運長久諸願成就」とあるように、領主の武運長久の祈禱を実施する。また同七年には、「聖護院御門主於葛城山、夷狄退攘御祈禱有之」ともみえ、聖護院自身も「夷狄退攘祈禱」を実施している。

以上、嘉永期の大徳院の「夷狄退攘祈禱」をめぐる動向を示した。先述の大徳院は修験間の関係を超えて、禅宗や真言宗寺院との社会関係を形成していた。この社会関係をベースにしながら、「夷狄退攘祈禱」を行っていたことになる。「夷狄退攘祈禱」については、「日本武尊」との由緒を深めていた三峰山との関係を有していた。嘉永期の大徳院は、「夷狄退攘祈禱」と村内・村外の寺社と関係を構築していたことになる。

二　復古意識の醸成と修験――修験間の「知」の交流をめぐって――

前節では大徳院の社会関係のあり方に注目したが、ここでは大徳院の文化的活動を取り上げる。そのなかでも大徳院と「知」の交流をもっていた大宮寺清乗院の動向に注目する。以下、両修験の検討を通じて、明治以降の旧修験（後に神職）のあり方にも迫る。

さて入間郡では、北野村北野天神社、塚越村大宮住吉神社が多くの神職を編成していたことが知られる。[18]また明治以前には、同郡域の神職が府中六所宮の祭礼（七月祭礼）へ参勤していた。土岐昌訓氏は、北野天神社、大宮住吉神社（神職高麗氏）がそれぞれ山口領・「北武蔵十二郡域」に及ぶ神職編成を遂行していたことを明らかにし、大宮住吉神社に限っては「北武蔵十二郡惣社」と誇称し、高麗郡域を中心とした神職編成を遂行していたことを指摘している[19]。つまり、これら両社は在地で中核的位置をもち、神職の立場も主導性を有していたことが確認できる。

(1)大宮寺清乗院の文化的行動

先に嘉永二年時の大徳院と高麗郡大宮寺清乗院の関係をみたが、ここでは清乗院(後の高麗大記)の残した「桜陰筆記」(嘉永二年~明治四年)の記事を参照し、修験間の交流で生み出されてきた文化事情を確認する[20]。

明治期以前、大宮住吉神社の神職は「高麗」姓を名乗った。これは先に述べた本山派修験大宮寺との縁戚関係を有したことに起因するという[21]。また高麗郡野々宮神社は大宮住吉神社支配下に入りながら、「高麗王」との関係も知られる。たとえば府中六所宮への出仕をみせ、「祓の社」として位置づけられるという[22]。つまり、「高麗」を受容する動きは、十九世紀以降、入間郡や高麗郡で高まりをみせていく。

そこで注目すべきは、かつて「武蔵国高麗氏系図」が大宮住吉神社に保管されていたことである[23]。これまでの成果に依拠すれば、同系図は明治七年(一八七四)、国学者の井上淑陰の進言によって高麗神社(現高麗郡高麗神社)へ移管されたことになる。ここにも大宮住吉神社と現高麗神社との関係性の強さが確認できるが、明治以前には後の高麗神社となる大宮寺清乗院では、どのように認識されていたのか。

文久三年(一八六三)十月二十一日の桜陰筆記の記事には、「御代官被尋候ハ、高麗王より血統不絶相続候哉、記録書物有之哉、答血統相続之由申伝候、乍去系図之巻物は、天正年中当院良道」とみえる。これは修験=大宮寺(後の高麗氏)が代官より系図について「尋ね」があり、そのさいに天正年中から伝来する旨を示したものである。つまり、領主及び修験レベルにおいても「高麗王」の存在が認識されるにいたっている。つまり、大宮寺は確実に「高麗王」の系譜を受け継ぐことを示していたのである。この過程における清乗院は、大徳院などとの交流をもっているが、元治二年（一八六五）三月二十日には、「大徳院来る、高萩院来る、毛呂直助来る、皆帰る」という記事もある。清乗院は大徳院や高萩院といった修験との交流がありながら、毛呂直助との人的交流もみえる。この毛呂直助こそが、権田直助のことであり、一定の政治情報等を清乗院が掌握していたこともうかがえる。(24)

さらに、次のように大宮寺清乗院は大宮寺に伝来してきた「宝物」拝覧を行っている。慶応二年（一八六六）九月二十二日には、「上州甘楽郡峯村高麗平右衛門諸国神社仏閣拝礼ニ出、（中略）先祖外記当郡より出候由ニ付相尋候趣、宝物等拝見候事」とあり、上州の高麗平右衛門と名乗る人物が、大宮寺に参詣し、そこで先祖が高麗郡の出身という認識から宝物を「拝見」させたという。つまり、慶応期の清乗院は宝物「拝見」を行い「高麗王」の系譜を社会にアピールしていたと言えよう。

もっとも、「高麗王」に関する認識は、既に『新編武蔵風土記稿』でも確認される。たとえば「社伝に曰、元正天皇の御宇、霊亀二年高麗王を始めとして、千七百九十九人の高麗人当郡に来住し」とみえ、霊亀二年（七一六）に高麗郡の設定と高麗王の関係が示される。さらに「別当大宮寺は高麗王の子孫にて、世々社司たりしに、延久四年（中略）修験の道にて」と延久四年（一〇七二）以降に修験となった来歴も記される。さらに天正十九年（一五九一）に朱印三石を受けたことや「宝物」に関する記事などが続く。

地誌編纂レベルにおいても、「高麗王」との関係を中心とした復古認識が確認される。さらに文久期以降、大宮寺清乗院は、「高麗」の系譜を意識する状況を醸成させていた。そして、この復古認識が、明治初期に大宮寺から高麗神社へ移行していく過程において意義を有したとみられる。まさに「高麗」という社号を獲得することによって、明治期の神社再出発の正当性を明確に示しえた。社号の復興及び清乗院が「高麗」姓を称することは、在地で中核的神社であることを誇示する上でも有効性をもったと言えよう。

したがって大宮寺の「宝物」認識の強まりは、入間郡及び高麗郡域での神社再編の意識を明示したものとみられる。また先に述べた明治七年の井上淑陰の動向も、高麗神社を軸とした復古認識の強まりのなかで理解すべきであろう。なお高麗氏は明治初年から三年にかけて、平田鉄胤に国学を学び、明治四年以降は郷学校で教育界に貢献する。(25) この貢献は、高麗郡域を中心とした、在地社会における高麗神社の位置を確実なものにしたとみられる。次に、清乗院との頻繁な交流をもった大徳院の動向について述べる。

(2)大徳院の文化活動——二つの国渭地祇神社をめぐって——

この大宮寺清乗院の動きと照応するように、大徳院は自ら管理する熊野社を国渭地祇《くにいちぎ》神社として、社号を改編する。この社号は、延喜式の記載社であり、大徳院は社号の復興を試みたと評価できる。次の史料は、慶応四年(一八六八)九月に大徳院から鎮将軍府宛書状の一部である。

【史料3】

武州入間郡森戸村熊野三社大権現之儀者、最初延暦年中田村丸将軍東征之刻、建立有之候旧跡ニ御座候、古来神号国渭地祇神社と申来候、夫国者クマ之転訛ニ而熊之替字ニ御座候、渭者ヌ(ママ)ニ而野と同訓ニ候、地祇者只カミと訓し、其儘熊野神と申字面ニ候趣之社伝ニ御座候

史料3では、熊野社が延暦年中の建立で、古来は「国渭地祇神社」であったとする。そして熊野社の字面をそれぞれ転訛させると「国渭地祇」になるという。つまり、大徳院は社号の改編(復興)を意図している。この動向は、先の大宮寺清乗院と同質のものとして評価できるが、じつは入間郡内には同名の社号を称する神社が存在した。入間郡所沢北野天神社内の同社号である。つまり、慶応四年の大徳院の動きは、入間郡内で社号の重複をもたらした。(26)

そこで北野天神社の『新編武蔵風土記稿』の項を確認する。たとえば「神名帳に載たる物部天神社にして、祭神は（中略）又式内の神国渭地祇社・出雲祝雲神社をも合わせてここに祀るといふ」とみえ、式内社の記載がみえる。しかし、「以上の説信ずべからずもの多し、ことに式社の三座を合祀すと云ふこと最疑ふべし」とみえ、式内社の説を疑うことも記載されている。この記事を念頭におけば、大徳院は、式内社確定の困難な事情を鋭意についたことになる。一方、この状況を北野天神社から見直せば、いわば格式を相対化されたことに繋がろう。そして、先にも述べたように大徳院は修験から神職へと「転身」する過程で社号の復興を企図し、結果的に認可されるわけである。つまり、大宮寺清乗院と同様に大徳院は神職となる過程で社号の復興に成功したのである。なお明治以降、大徳院は教育活動に従事し、大宮寺と近似した立場を確立する。

次に、大徳院周乗の死後直ぐにまとめられた、大正元年（一九一二）の「大徳武山事蹟調書」を元に、明治以降の状況について、若干の見通しを述べてみたい[27]。たとえば明治に入ると「業を受クル者、日ニ多ク経書ヲ講スルノ声絶エズ塾ヲ名ケテ大我井学舎ト称ス」とみえ、大徳院は大我井学舎という私塾を開く。明治四年（一八七一）には韮山県が学校を設けるにあたっては、「教長」となるという。明治八年には、門生を集め「釈典ヲ行ヒ」とあり、さらに「書画珍本等ヲ集メテ縦覧ニ供ス、名ツケテ通覧会と云フ」とみえる。つまり大徳院を介して「知」の交流が行われた。また同年には、「作詩答問ヲ著述」とみえ、これ以降、様々な著述活動を展開させる。さらに明治十二年（一八七九）から十三年にかけては、「買書講ナル者ヲ組織シテ金銭ヲ貯蓄シテ郷間ノ子弟多ク書籍を購フヲ得ルノ途ヲ開キ」とみえ、在地の人々の書籍購入を促していたことになる。明治十四年には、次の記事がみえる[28]。「大我井文庫ト称スル私立図書館如タル者ヲ建ツ、広ク通俗文ノ歴史ヲ集メテ童蒙浅学ノ者ノ研究ニ供ス」というものである。この記事によると、大徳院が「私設図書館」を建て、「浅学ノ者」のための研究に寄与したというのである。つまり大徳院周乗は、いわば壮年期において、このような文化的活動を展開させた。大徳院の様々な文化的活動は、他の史料からもうかがえ、幕末期までに蓄えた「知」が明治期以降、在地社会に浸透していく。

以上、本節では、幕末から明治期にかけての修験の文化的行動を中心にみてきたが、前節で述べた大徳院の社会関係のあり方を組み込めば、その影響力の大きさを考えることができる。十九世紀における「復古の潮流」という状況をむかえ、修験は自らの管理する神社の「歴史性」を持ち出し、新たな秩序形成を企図した。(29) そして神職へ「転身」した旧修験は、在地社会での教育を中心とした文化的活動での主導的立場を獲得した。この文化的活動は、それ以前に形成されていた社会関係を基盤としたとみられる。明治以降、旧修験は明治以前に形成されていた社会関係を基盤として、その後の活動を展開させていくのである。

むすびに

最後に論点を整理し、本章をこれまでの研究史のなかへ位置づけたい。主な論点は、次の二点となる。

①修験（大徳院）の社会関係のあり方について、村内での禅宗寺院や村外の真言寺院や神社との社会関係を明らかにした。これは諸宗派を超えた社会関係の形成を意味しており編成機構以外の修験（三峰山）との関係も確認された。

②修験の文化的行動のあり方について、特に社号の獲得に注目し、明治期以降の神職への「転身」を理解する上での意義を追及した。大徳院及び大宮寺は、結果的に社号獲得に成功し、明治期以降の神職としての立場を明確にした。さらに大徳院は、それまでの獲得してきた「知」を明治期以降の在地社会で浸透させていった。

これらの論点を整理すると、以下の点が明らかになると考える。まず関東を修験地帯と評価した地帯区分論や祭道公事論との関係性である。

まず地帯区分論では、関東が修験地帯との評価を下したことに意義があるが、本章では修験が展開する背景を明らかにできたと考える。つまり、大徳院の有した宗派を超えた社会関係のあり方は、修験が在地で展開する上での特徴とすべき動向であろう。当該期の関東を中心とした地域では、修験との社会関係を有した諸宗派の寺院が存立したのである。したがって寺院側は、修験の展開を許容していたことが、修験存立の背景として理解できよう。この点は祭道公事論の理解にも関係をもつ[30]。つまり、これまで十六世紀末から十七世紀初頭にかけて徳川家康の裁定などが、修験の社会的後退を迫り、寺院僧侶が葬祭の権限を掌握したことに繋がったとしてきた。しかし、問題は本章に限らず、十八世紀以降の状況をみる限り、諸寺院と修験の社会関係が形成されていた。本章でみたように、むしろ社会関係を結ぶなかで、寺院側もその立地を安定的なものにしたとみられる[31]。関東に多い禅宗や真言宗は、修験との関係を保ち（あるいは取り込み）、在地社会との決裂を忌避したとも評価されよう。

次に幕末維新期の修験の位置づけであるが、明治初期に還俗するなど社会的後退は否めない。しかし大徳院や大宮寺の例に象徴的なように、明治期以前、修験は様々な文化性を内包した存在であった。また、その活動が明治初期の神社再出発に深く関係しており、修験は神職への「転身」の過程で「神道の領域」へ浸透していく。まさに幕末期の修験のあり方が神社秩序の改編に関与していったのである。

そして、幕末期まで修験が獲得した「知」は、明治期以降も在地において機能した。旧修験のもった「知」が、いかなる展開と意義をみるかは稿を改めるほかないが、幕末期までの修験の多様な社会関係のあり方は、十九世紀段階の修験の社会的影響を理解する上での指標ともなり得るのであろう。つまり、当該期の人々にとっての修験の位置とは、宗教者としての性格と共に、学問や政治情報などの「知」をリードする存在であったとみられ、このような存在であるからこそ、在地側はその宗教活動をも受容したとみられる。

以上の状況から、幕末期における在地の宗教秩序を考えれば、禅宗や真言宗などの宗教施設及び宗教者は、修験との関係性のなかに位置していたことになる。このことが明治期以降の在地社会と宗教の問題を理解する上での諸前提となろう。幕末期における修験を軸とした「知」の交流は、明治期以降の在地社会における文化的拠点となりえたことになる。旧修験のもっていた在地社会の把握方法は、明治前半の在地社会を規定していったとみられる。

（1）宮本袈裟雄『里修験の研究』（吉川弘文館、一九八四年）参照。なお修験に限らないが、当該期の宗教者が医療や教育などの文化活動に関与していたことは明らかであり、現状ではこのような活動が、どのような秩序形成に関係したかを検討すべきと考える。

（2）藤田定興『近世修験道の地域的展開』（岩田書院、一九九六年）、第二編第二章参照。

（3）田中秀和『幕末維新期における宗教と地域社会』（清文堂、一九九七年）。幕末期から神仏分離の潮流が存在することなどを明らかにしており、神仏分離研究の到達点の一つと理解される。また、引野亨輔「近世後期の地域社会における『神仏分離』騒動」（『近世の宗教と社会三　民衆の「知」と宗教』、吉川弘文館、二〇〇八年）参照。なお本章では、実際の在地で活動をみせていた修験の動向から、当該期のあり方を考える立場をとる。

（4）島薗進「民衆宗教か新宗教か」（『江戸の思想1　救済と信仰』、ぺりかん社、一九九五年）、岩田浩太郎「正当性と世界像」（『新しい近世史五　民衆世界と正当性』（新人物往来社、一九九六年）など参照。

（5）有元正雄『近世日本の宗教社会史』（吉川弘文館、二〇〇二年）。有元氏は、同書において、いわゆる地帯区分論を提起されている。特に関東を修験地帯として示されている。しかし、この点はこれまでも既に明らかにされてきた感は強いと思われる。問題は、いかに修験が展開する状況が生み出されていたかと考える。

（6）小沢正弘「江戸初期における祭道公事」（『埼玉県史研究』九、一九八二年）、廣瀬良弘「中・近世における曹洞禅僧の活動と葬祭について」（『宗学研究』二七、一九八三年）、宇高良哲『徳川家康と関東仏教教団』（東洋文化出版、一九八八年）、この他、註（2）藤田書『近世修験道の地域的展開』および本編第二章参照。

（7）この見解とは別として、修験は葬祭のさいに「引導」以外の「日取」や「時取」などを実施していることも確認される。さらに十八世紀以降、修験の自身引導の実施も顕在化することも確認される。詳細は、註(2)藤田書および本編第二章参照。
（8）大徳院文書。『諸家文書目録大家　大家(その二)』(坂戸市、一九九八年)。同史料は坂戸市寄贈史料となっており、同市教育委員会で閲覧した。本稿では、断りがない限り、同家史料を使用する。
（9）安政四年（一八五七）には、大徳院は自らの年貢地を町屋村や四日市場村へ小作させている。祈禱活動のみに収斂されず、百姓との社会関係を有している。
（10）たとえば先達は白銀三枚、年行事（朱印十石以上）は白銀二枚などに規定される。
（11）宝暦六年段階で、合計六百四十七人が記載され、その内五百二十八人が西光寺檀那である旨が記載されている。
（12）既に明治元年には、熊野神社は国渭地祇神社と社号が改称されているが、明治六年（一八七三）に改めて社号獲得の意義を確かめている。この点は、次節で取り上げる。
（13）ここでは史料文言を重視して示した。あえて書き上げられていることを念頭におけば、大徳院が宗教活動を実施するにあたっての留意点となろう。なお嘉永五年五月二十五日には、大徳院周応が死去し、これ以降、大徳院周乗の活動が活発化するとみられる。
（14）横沼村では宝暦十一年（一七六一）に修験大蔵院が天台宗寺院と「預け置候祈願旦那相帰し不申候出入」として訴訟を起こしている（大徳院文書参照）。日中の動きから生じた問題であるが、修験側に一時的に「祈禱檀家」を預けるという認識が存在していたことを物語る一件である。ここでは修験と天台宗寺院の関係性に注目しておきたい。
（15・16）『三峰神社日鑑　第七巻』（三峰神社、二〇〇五年）。
（17）同社の縁起等では、日本武尊が祭神となっていることが知られる。また安政期には、三峰神社の護符が火災や盗賊から守ることや「安政コレラ」への対応で信仰を広めた。他に高橋敏『幕末狂乱』（朝日新聞社、二〇〇五年）参照。
（18・19）土岐昌訓「近世の神社と神職」（『神社史の研究』、おうふう、一九九五年）参照。なお大宮住吉神社の神楽は、明治以前の府中六所宮との関係を有したことも知られる。『横浜の神代神楽――神楽師たちの近世・近代』（横浜市歴史博物館、二〇〇七年）参照。

(20)『日高市史　近世資料編』(日高市、一九九七年)、安藤優一郎「代替り朱印改の実態と諸問題――武蔵国高麗郡高麗神社を事例として」(『史学雑誌』一〇八編一二号、一九九九年)、『高麗神社・高麗家文書目録』(高麗神社、二〇〇六年)など参照。

(21〜23)『坂戸市史　通史編Ⅰ』(坂戸市、一九九三年)。井上淑陰は、江戸の清水浜臣に入門し、周辺地域の「知」の交流などが認められる。工藤航平「幕末期江戸周辺における地域文化の自立」(『関東近世史研究』六五、二〇〇七年)。

(24・25) 註(20)参照。権田直助については、岩田みゆき「志士と豪農」(『幕末の情報と社会変革』、吉川弘文館、二〇〇六年)参照。

(26) 大徳院以外に、入間郡寺山村林蔵院も同社号使用を志向する。また林蔵院も、明治以降、神職となるが「足利」姓を私唱する。ここでも入間郡の修験が復古性を意識したことが確認できる。

(27) 大徳院文書の中には、この他、明治期の動向を示す史料が残されている。ここでは同史料から、若干の見通しを示しておく。

(28) 大徳院周乗は、この他に書物の叙述も積極的に行っている。

(29) 羽賀祥二『史蹟論――十九世紀日本の地域社会と歴史意識――』(名古屋大学出版会、一九九八年)など参照。特に本章の事例のように修験の認識を検討することで、明治初期の神仏分離でイメージされる修験像の相対化を図りたい。

(30) 祭道公事については本編第二章参照。

(31) 現状では、このような寺院と修験の社会関係のあり方が、明治以降、乖離していくと見通しておきたい。また、葬祭(日取・時取・火清めなどを含む)をめぐっても、十九世紀以降、僧侶が独占的に掌握していく方向が強まると見通せよう。禅宗の地域展開を念頭におけば、葬祭の権限を段階的に掌握する視角も必要となる。

第四章　近世における禅宗寺院の機能と在地社会
――下野国足利郡山川村長林寺を例に――

はじめに

近年、日本近世における在地寺院の研究は、いくつかの成果を生み出している。その中で、朴澤直秀氏は武州入間郡平山村を例に、重要な見解と課題を提示している[(1)]。同氏は、平山村法眼寺が村にとって惣堂的な宗教施設であり、それが寺院を維持する理由の一つとする。また同氏は、寺院が村における「寄合の場」であること、祈禱実施の「場」であった点などを指摘している。この他にも、寺院住職就任のさいには村役人などが関与した事情等が明らかにされている。そして当該期の僧侶は、檀家組織や村、寺院（本末体制編成）を媒介として関係をもつ実態を明らかにした。

さらに近世在地寺院をめぐる研究史には、次のような動向も知られる。すなわち朱印寺院を対象とした研究である[(2)]。吉岡孝氏は、高尾山薬王院の門末寺院や村落における寺院の位置づけを試みている[(3)]。また寺院の年頭御礼が取り上げられ、寺院間の秩序のあり方にも迫っている。当該期の寺院は、在地社会の秩序形成に何らかの意味をもったとも想定される。ここに在地寺院を研究対象とする理由が求められよう。なお年頭御礼は、僧侶ばかりでなく、神職や修験にも同様に確認されている。当該期の宗教秩序を理解する上でも捨象できない事象となっている[(4)]。

また朴澤氏も取り上げているが、当該期の僧侶を、どのように捉えるかは当該期の「僧侶論」としても重要な問題と言える。たとえば僧侶（住職）はどのように輩出されるのか。このような問題意識を念頭におき在地社会における寺院・僧侶の位置を明らかにすることが求められよう。

そこで本章は、このような課題を明らかにできる例として、野州足利郡山川村長林寺を取り上げる。(5)その中で以下三点に注目する。

第一に、長林寺の宗教施設として機能に注目する。具体的には、同寺院の境内地を分析の対象とする。したがって、禅宗寺院のもった様々な構成要素を抽出してみたい。この作業を通じて、長林寺の位置が鮮明になろう。この他、村落内部の他の宗教施設や檀家層にも視野をもちたい。第二に、朱印寺院長林寺のあり方を深めたい。朱印寺院であるため、その住職のあり方、特に「朱印改め」に伴う長林寺のあり方を取り上げる。当問題は江戸の宿寺と住職の関係性など、曹洞宗内部での寺格の問題とも関連する。第三に、長林寺の末寺寺院への影響力、特に末寺住職決定の経緯を検討する。

以上の三点は相互に規定しあうが、主な目的は在地寺院が当該期の人々にとって、どのような「場」として機能したかを複眼的にみることである。また朱印寺院を積極的に取り上げるのは、徳川将軍の権威が在地社会へ寺院を通じて、いかに浸透したかという課題を設定するためである。また禅宗寺院に限らないが、一般に在地寺院は朝廷側や本寺との関係性に比重がおかれてきたとみられる。そのため朱印寺院を取り上げることで、このような理解へ一定の相対化を図りたい。

次に本章との関連のある長林寺の寺歴を略述する。(6)①天正十年（一五八二）以前、常陸国小茎に位置し、東林寺と称した。その後足利郡山川村へ移転した。②明治期「上杉伝説」が創造された寺院であること。(7)③山川長林寺は、曹洞宗の中で了庵派に属し、相模国関本最乗寺と関係をもった。この他、長林寺では現在でも資料調査会が継続し、同寺院の研究成果が蓄積されている[8]。その中で、同寺院の開基＝岡見家（彦根藩士）が、文政期において長林寺へ出向き法華経寄進を行ったことが明らかにされている。この他、同寺院の大般若経奉加帳には、足利周辺及び浅草周辺の人々が長林寺へ寄進を募っていたことも明らかとなっている。このように十九世紀の同寺院は、比較的広範囲での信仰圏を獲得していたと評価される。この点は境内地の分析で改めて取り上げる。

一　足利郡山川村における長林寺の位置

ここでは山川村長林寺の位置を、同寺院境内のあり方及び村内の宗教施設との関わりから述べてみたい。また檀家（初谷家）の「先祖供養」をめぐる意識を取り上げる。

(1)寛政二年の長林寺絵図をめぐって

寛政二年（一七九〇）作成の同寺院境内図から、同寺院の構成要素を抽出する。これは同寺院が、どのような信仰上の「場」であったかを確認する意義をもつ。なお寛政二年は禅宗寺院において、全国的な境内絵図が作成される[9]。これに伴い同寺から寺社奉行宛の史料が伝来している。境内図と共に「朱印高二十石、境内坪数六千四百坪」とみえる。そして境内には、様々な施設（小祠や石造物など）がみられる。主に、次の三点（①観音堂などの堂や小祠②池③衆寮）に注目する。

①観音堂は惣門から入り、左に位置する「坪数六坪」の施設である。当寺院には、旗本領主六角氏から寄進された観音像が存置する。次の史料は旗本六角が長林寺へ千手観音を寄附したことを示す。

【史料1】[10]

大悲千手観音一軀

右、主馬盛久守本尊之由申伝也、仏師雖不分明、古来霊験尤甚也、依之永代令寄附者也

六角侍従兼越前守

藤原朝臣広治（花押）

宝永三丙戌年

卯月十七日

下野国足利郡山川村

長林寺歩岩和尚

当観音の由緒は、「平家物語」にみられる平盛久が「守本尊」としたことが要となる。当観音は、当地の領主と長林寺を「平家物語」にみられる観音の霊験を通じてコミットさせた信仰対象と言えよう。観音堂及び観音像は、当該期の当寺院への「信仰」を念頭においた場合、重要な構成要素とみられる。なお惣門から入り、右には「坪数壱坪」の白山社が立地する。一般に白山社は禅宗寺院の譲法神として知られる。

②の池は、「坪数六百坪」から成り、北側には「弁天」が記載される。明治初期の絵図では、この池から山川村の一部を「潤した」ことがうかがえ、長林寺は、水利環境のよい場所へ立地していたことを物語る。なお長林寺の背後には山林が立地しており、まさに天然資源の豊富な「場」に立地していた。

③の衆寮は、現在確認できない施設である。明治初期の絵図には、その存在が認められ、後に境内から姿を消したことになる。なお衆寮は当然ながら、同寺院へ修行僧が居したことを意味する（後述）。その他、境内の記載には本堂「坪数七拾八坪半」、祖師堂「坪数九坪」、庫裏「坪数五拾七坪半」などがみられる。

以上、これらの施設等が、朱印二十石、坪数六千四百坪の範囲の中に含まれる。なお同寺には道了堂が立地している。道了堂は、同寺と小田原最乗寺との関係を象徴する堂と言えるが、絵図には描かれていない。ただし、

幕末期段階では存立しており、同寺院の境内を考える上での重要な施設と言えるだろう。

ここまで、境内の様相を述べたが、③の衆寮について補足する。先にも述べたが、長林寺には修行僧が居た。ただし、江戸時代を通じて、どの程度の修行僧が居していたかの詳細は不明である。この「修行僧」のあり方をイメージできる史料が同寺院の位牌として残っている。同寺院の檀家、小林家位牌には「長福寺十三世洞水歩仙」の記載がみえる。位牌中の長福寺は、長林寺末寺に該当する。そして同位牌には、百姓名（檀家）の戒名が記載され、その一部に長福寺十三世の記載がみえる。長林寺檀家小林家の一人（洞水歩仙となる該当者）は、長林寺において修行し、その後長福寺住職へ就任した経緯がうかがえる。つまり村内の一般百姓（長林寺檀家）が、長林寺で修行し、その上で洞水歩仙（長福寺住職）となった経緯が判明する。なお同寺過去帳によると「長福洞水歩仙大和尚　安永五丙申八月十八日　十九世崇山和尚弟子」とある。したがって、位牌は小林家にとって、一族から長福寺住職を輩出したことを誇示する意味があったのであろう。換言すれば、長林寺の位置した山川村は、住職輩出の基盤をもっていた。長林寺を取り巻く有力「一家」の中から僧侶が輩出され、その後末寺僧侶となり在地社会の形成に関わったことになる。また、同寺過去帳には歴代住職に該当しない「前住」と思われる人物もみえる[11]。長林寺は、住職が排他的に宗教活動を実施したのではなく、寺院を支える「修行僧」の関与が認められた。

このように長林寺の衆寮には、檀家から同寺院へ修行僧として入る人々が存在した。つまり同寺院の衆寮は、同村及び檀家から修行僧へ「転進」する「場」として機能しており、さらに言えば、長林寺をささえる「構成員」は、少なくとも住職及び住職以外の修行僧から成っていたと言えよう。

(2)山川村の宗教施設

次に村内の宗教施設について取り上げる。村内には、長林寺の他に天台宗観音寺、鎮守白髭神社が確認される。

この状況をふまえ、安政期に村内で生じた小社（虚空蔵）一件から、村内の宗教事情を示す。

ここでは当一件の済口証文から述べる。当一件は、村内の虚空蔵管理をめぐって百姓と観音寺が対立したものである。百姓側は、「村持ち」の管理、観音寺は「別当」管理を主張した。安政五年（一八五八）三月、済口証文が作成され落着する。(12)

当一件の背景となる、それまでの虚空蔵の状況は、「春秋両度祭礼仕、其頃より別当と申もの無之ニ付、祭礼之節者中村耕地観音寺幷同所当山修験明星院等相頼、奉幣法楽為相務、其時々橋本耕地軒別ニ割合出銭いたし」との記事からうかがえる。春と秋の祭礼にあたっては、別当はおらず、祭礼のさいには観音寺及び当山派修験明星院へ奉幣法楽などを依頼し、橋本の人々が出銭していたという。なお史料中の「橋本」は山川村高札場が立地するなど、同村内の中核的な「場」である。明星院は、村内に居したかは判然としないが、修験が同村祭礼へ関与したことを物語る。

また何故、当一件が生じたのかを次の記事から示してみたい。「同社境内ニ生立有之候小枝、殊之外諸願成就之趣ニ而日々近郷より参詣之もの有之、宝物絵馬等寄附いたし候ニ付」とある。同社境内の「小枝」へ諸願成就のため参詣人が増加した旨がうかがえる。このような状況に伴い、村内において管理運営（寺院と村の間）が問題となったとみられる。さらに観音寺は、「本寺同郡助戸村龍泉寺と申合」とみえ、この一件を山川村隣村助戸村の本寺龍泉寺と申し合わせたという。最終的には、山川村と観音寺が月番管理として決着する。なお当史料では、寛文期において観音寺が鎮守白髭神社など、村内五ヶ所の「免田」である旨の証文を受けたと記されている。村内では観音寺が多くの宗教施設の管理に携わった状況が判明する。

また、当一件を通じて橋本に居した初谷家のあり方がみえてくる。同家は長林寺筆頭檀家であった。したがって、同家は「菩提」が長林寺、虚空蔵運営については月番管理を観音寺等へ依頼する立場にあった。同家は長林寺・観音寺と重層的に関わりをもっていた状況が判明する。

（3）長林寺檀家と先祖供養——初谷家を中心に——

次に、長林寺檀家（初谷家）の「先祖供養」をめぐる動向を取り上げる。この問題を理解する上で、二つの研究を掲げておく。禅宗の地域展開について、廣瀬良弘氏は禅僧の葬祭への積極的関与が認められるとする[13]。一方、「先祖供養」や逆修供養をめぐっては高野山子院の動向に注目した成果がある[14]。十六世紀後半から十七世紀にかけて、在地社会においては禅宗の浸透と共に高野山側からの「先祖供養」をめぐる働きかけが並立していたとみられる。ここに両者の競合はみられなかったのだろうか。この問題意識をもちつつ、先の課題へ迫る。

天保七年（一八三六）には、長林寺泰玄から「初谷一家」へ「先祖代々精霊之月牌安置致置候」との旨の一札がみえる。月牌は、月に一度先祖命日に菩提供養することを意味する。天保十三年には、「引墓料」壱両弐分が初谷家から寺納されている。このような動向は、概ね多くの寺院でも確認できよう。しかし初谷家の「先祖供養」は、このような動向に留まらない。

次の史料は元文四年（一五三五）高野山清浄心院から初谷三之丞宛の「茶牌」である。高野山清浄心院は、下野国を旦那場とする子院である。当史料は初谷家が「安窓妙泰大姉」の供養を高野山清浄心院で行ったことを意味する。

【史料2[15]】

高野山清浄心院

茶俳非照

元文四年

表1　高野山への供養と長林寺関連

No.	建立者	関係年次	供養方法	供養者	備　考
1	高松坊	寛永８年９月６日	月牌	光山良輝禅定門	長林寺関連修験
2	高松坊	寛永８年９月６日	月牌	権大僧都法印止俊	長林寺関連修験
3	初谷二郎兵衛	寛永16年８月27日	月牌	道金	初谷姓
4	初谷正八郎	寛永16年８月27日	月牌	妙春	初谷姓
5	初谷二郎兵衛	寛永16年８月27日	月牌	妙西	初谷姓
6	初谷正八郎	寛永16年８月27日	月牌	悲母	初谷姓

（梵字）安窓妙泰大姉

五月廿七日

□年二月十四日立

初谷三之丞殿

当史料は十八世紀半ばにおいて、足利郡の百姓の中に高野山との関係を構築した「家」が存在したことをうかがわせる。したがって、当家の「先祖供養」は長林寺及び高野山の少なくとも二つの仏教勢力から形成されていたと言える。この状況が、どの程度普遍的にみられる状況であったかを考える必要もあろう。

元亀期から寛永期にかけて、高野山（子院の清浄心院）と足利郡域が関係を構築した状況が判明する。[16]このうち、長林寺とかかわるとみられる高松坊・初谷家を抽出したのが表1である。まず、寛永期に初谷家が名前を見出すことができる。この表の初谷家は山川村の初谷家とは異なるが、同家一族の可能性も残す。また表中の高松坊は、本山派修験と考えられる。この段階での高松坊の詳細は不明であるが、嘉永期の長林寺「殿堂寄附」に名前が確認できる。長林寺「殿堂寄付」には、多くの禅宗寺院や百姓も名前を連ねている。この中に高松坊の名前が確認される。[17]十六世紀末以降、高野山側と当該地域の関係構築が明らかである。

以上、ここでは「先祖供養」をめぐる禅宗寺院の立場を整理しておきたい。百姓層の「先祖供養」についての認識は、在地レベルで収斂する性格のものでなく、高野山までをも含んでいた。ここから百姓層の「先祖供養」に対する意識や立場を汲み取ることができる。したがって、在地寺院は百姓層の「先祖供養」への希求の全てを達成していなかったと評価できる。

ここで本節を整理しておこう。①同寺境内の分析を試み、観音信仰や衆寮が確認された。②村内には長林寺以外にも観音寺などがあった。初谷家は長林寺檀家（宗判寺檀関係）を保ちながら、観音寺と祈禱寺檀関係をもっていた。③「先祖供養」は長林寺以外にも高野山と関係をもつ例があったこと、以上三点を確認した上で、次に長林寺の朱印寺院としての意味を問う。

二　長林寺の格式と住職の活動

(1)長林寺住職と江戸の宿寺

長林寺には、住職が江戸へ出府する内容を示した史料が伝来する。ここでは、住職出府に注目し、どのように江戸との接点をもったかを述べる。まず同寺住職が、江戸城へ年頭御礼を実施したことを示す史料をみてみたい。

【史料3[18]】

病気ニ付御年礼延引之願

乍恐以書付奉願上候

一拙寺義来寅正月五年目壱度　御年礼相当ニ御座候処、当月中旬より風邪之上持病之疝気差送り、歩行も相成兼候間、種々医療差加候得共、于今同様相煩罷在候、依之出府登城、御年礼奉申上候儀出来兼候ニ付、何卒格別之御慈愛を以、願之通御許容被成下置、御公辺向可然様御執被成下置候様、偏ニ奉願上候、以上

文政十二巳丑年十二月

下野国足利郡山川村

長林寺

大中寺御役者中

泰玄

この史料は、同寺住職病気のため、正月五日の江戸城の登城が困難である旨を示したものである。冒頭に、「五年目壱度」とあり、同寺は五年に一度の登城が実施されていたとみられる。また病気による延引のため、このような史料が伝来したとみられるが、長林寺の格式を示す問題と評価されよう。

なお三年に一度の登城の例も確認される。武州豊島郡西台村円福寺には、次の記事がみられる。「三年一度御登城之節ハ、宿寺様へハ年々之通りニ而鑑司和尚江弐百文菓子者師へ百文也、是者登城之時計り也」とある。[19] 円福寺は三年に一度の登城にさいしては、宿寺へ百文を渡すなどした。円福寺も、長林寺と同様に朱印地をもつ寺院である。そのため年頭御礼は朱印地の「御礼」とも推察されるが、ここでは指摘にとどめる。いずれにしても、江戸城への登城という儀礼行為を通じて、禅宗寺院の格式が定められる方向にあったと考えられる。また登城行為に伴って、円福寺の例にもあるように、禅僧は江戸の宿寺へ礼金を出す行為が確認される。次に、この点について長林寺を例に掘り下げてみたい。

同寺住職の五年に一度の登城のさいには、次のような出金があった。なお、住職病気のため、末寺高沢寺が使僧として対応した。出金は、宿寺三ヶ寺に上納されている。宿寺は、いわゆる関三刹（禅宗寺院の触頭）関連寺院が該当する。関三刹は江戸府内を編成するにあたり、それぞれに宿寺を配置したことが知られる。ここでは文政十二年（一八二九）、五年に一度の登城に伴う出金の状況を確認する。[20]

まず「三田」への出金がみられる。たとえば御宿主七百文、鑑司へ五百文、奏者へ三百文とある。「三田」は大暁院（下野大中寺が該当）にあたる。次に「麻布宿」への出金がみられる。御宿主へ五百文、鑑司へ三百文、奏者へ二百文とある。麻布は四ノ橋に置かれ、龍穏寺の宿寺が該当する。最後に小日向宿への出金がある。出金額は麻布宿と同額である。小日向は独唱院（総寧寺が該当）にあたる。

以上から、長林寺住職は江戸城登城にあたり宿寺三ヶ寺へ出金を行った。したがって、江戸城への登城は、江戸府内の宿寺と禅僧の関係構築を意味していた。そして登城にあたり、宿寺が何らかの「差配」を行ったとも推察される。関三刹に関しては、これまで触れ流しなど、本末関係を補う意味の指摘が多い。しかし、このような機能と共に、江戸城、さらには将軍権威と在地禅宗寺院を繋ぐ機能を果たしていたことにも注目すべきである。また関三刹は、在地寺院住職の登城を介して、一定度禅僧の「編成」を担ったとも考えられる。なお関三刹を含めて、江戸府内の禅宗寺院の中には、毎年登城する寺院が確認される[21]。この例からも登城を介して禅宗寺院間の序列化が図られたとみられる。

この他、関三刹は、道了尊の年忌事業に伴い、各寺院から金銭の取り集めを実施した。文化六年（一八〇九）、道了尊四百年忌に伴い「当十月迄之内江戸小石川宿寺江可被相納候」とされ、宿寺の機能の一端が確認される[22]。四百五十年忌では、「三田宿刹」（大中寺宿寺）へ金銭を納める記事がみえる。文政三年には、総寧寺から宿寺宝蔵建て替えに伴い、勧化僧が長林寺を訪れている[23]。長林寺が宿寺の維持管理に関与していた状況が明らかである。

このように関三刹の宿寺は、年頭御礼や年忌法要への対応など、当該期の禅僧を理解する上で捨象できない役割を担っていた。

(2)長林寺と江戸――小石川周辺寺院との関係をめぐって――

次に朱印改め時以外の「宿寺」のあり方を取り上げたい。江戸における長林寺住職の活動を理解する上で、二つの寺院の例を取り上げる。①喜運寺、②慈照院、ともに小石川に立地する寺院である。

まず長林寺末の小石川喜運寺から述べる[24]。同寺は、慶長元年（一五九六）桜田に建立され、同九年に駿河台に移転する。元和期には、明暦大火で神田から小石川に移転する。慶長五年、長林寺中興源室永高は寂すが、慶長期から明暦期にかけて同寺院が整備されていったとみられる。また安永四年（一七七五）死去の同寺中興が「下野足利郡樺崎之邑松崎氏男也」とあり、長林寺末寺樺崎寺の檀家から僧侶となったとみられる。この他、同僧侶は喜運寺および下谷浄因寺を兼帯しているとも言う。

さて、天保三年（一八三二）、いわゆる「天保高改め」に伴い、住職が上京することとなる。次の史料は、上京のさいの動向である。

【史料4】(25)

右御用ニ付、六月八日猿田船ニ而出立、九日喜運寺着、十五日迄ニ御用向相済、廿日帰山、尤直出府也、滞留中小日向御宿へ相見舞候、御宿主幷役寮へ音物代料ニ而呈之候得共、表向ニ無之候得者、員数不記之、余者惣而略之もの也

長林寺住職は、天保の「高改め」＝御用に伴い、六月八日猿田船（渡良瀬川舟運）で出立した状況が判明する。九日小石川喜運寺に着き、十五日までで「御用」を済ませたという。二十日には長林寺へ帰山した。そして滞在中に小日向宿寺へ見舞金などを出したという。

この内容へ若干の考察を加えると、以下の点が指摘できる。①猿田船とあるように、渡良瀬川舟運を利用し江戸へ出向いていること、天保三年時点で、足利から江戸へは一日で訪れることが可能な点も判明する。②喜運寺が御用遂行のための宿となっている状況がうかがえる。江戸の長林寺末寺（喜運寺）が、本寺住職の江戸での活動を補佐する機能をもっていたと言えよう。

次に小石川慈照院の例を取り上げる。文化五年長林寺住職は、小石川久保町慈照院後住となっている。(26)同寺は総寧寺末、寛永八年の開山である。開基は旗本中山五平治であり、その祖父が伝通院の縁戚となっている。すな

わち慈照院の寺歴は禅宗寺院でありながら、徳川家との繋がりをもっていた。なお長林寺に残る大般若経の寄進者名には「金百疋　江戸小石川慈照院」とあり、長林寺との関係が確認される。(27) 文化五年の段階において、長林寺は徳川家関連寺院へ接近した状況がうかがえる。また長林寺を中心とした禅宗寺院が何らかの形で江戸の寺院との関係を志向したとみられる。

以上、①喜運寺②慈照院の例を取り上げた。二例ともに、小石川周辺に該当し、長林寺住職の活動を支える「場」として存立していた。

三　長林寺の機能と禅宗寺院

本節では、長林寺と末寺寺院のあり方を取り上げる。注目点は、本寺寺院の末寺寺院及びその檀家層への関与のあり方である。檀家＝百姓は、一般的な研究を依拠すれば寺院を通じて、「家意識」を醸成したことになる。この場合、檀那寺が最もそれに関わったことが想定できる。このような理解を念頭におきつつ、ここでは長林寺の末寺への影響力を示すことにする。第一に、長林寺が末寺寺院の史料等の管理へ、どのように関係したのかを追及する。なお、一般的に在地寺院は開基や開山等の寺歴が重視される。長林寺が末寺の寺歴へ、いかに関与したかを追求する。第二に、末寺住職輩出の一例を同寺史料から示す。

(1)在地寺院の史料保管をめぐる諸問題

まず長林寺末寺源光寺住職道海をめぐる一件を取り上げる。当一件は道海が人家へ「押込」みを行ったことにより、関東取締出役から召し取られたものである。これに伴い、関三刹の一つ大中寺は長林寺へ、次の指示を出す。(28)「其寺江検僧申付可遣旨被申付候間、被得其意、源光寺江致出張、組寺檀中重立候者為立会、諸什物幷山林田畑年分寺納高相糺、明細帳冊ニいたし、立会之者連印取揃、早々富田山中迄可差出候」とある。つまり、長林寺住職が検僧として源光寺へ出向くこと、そして組寺や檀中などを立ち合わせて、什物等を改める旨を指示した。さらに什物改めが済めば、大中寺へ差し出すことも示している。本寺長林寺と関三刹の一つ大中寺は、源光寺の史料保管にあたったと言える。

なお文政十一年（一八二八）、長林寺は「付け火」による火災に遭う。住職泰玄は朱印状や本尊、さらには過去帳・交割帳を持ち出している(29)。当該史料が寺院にとって重視されていたことを物語ろう。また火災となった長林寺は、一定の「慎み」も求められている(30)。

ここでは二つの例を取り上げたが、在地寺院にとっては何らかの支障が生じても、寺院財産とも言うべき史料を意識的に保管する状況が確認された。源光寺の一件でみたように、本末ルートが、このような問題へ対応している状況もうかがえた。史料保管のあり方は、寺院編成を捉えていく上でも重要な視角となりえよう。

（2）開基家の設定と長林寺——二つの開基をめぐる問題——

次に、末寺の開基家をめぐる問題を取り上げる。①常陸国江戸崎領の宝泉寺、②足利郡梁田長福寺、以上の二例である。

まず宝泉寺を取り上げるが、長林寺文書の中には宝泉寺住職に関した史料が伝来する。宝泉寺五世が後の長林寺九世となったためか、慶長十一年（一六〇六）「永平寺伽藍修造請状」が伝来する(31)。つまり史料の移動とも言える事象がみられる。ここで注目するのは、宝泉寺関係で伝来する「再開基号」許状である。

【史料5】

再開基号許状

一当寺末其村宝泉寺客殿及大破、現住本明長老建立志願之処、貴殿為願主を以、一宇造立遂再興之条、全門葉同新繁栄之勲功不過之候、仍之今般相改再開基号令免許者也

宝暦十三葵未五月

野州足利郡山川

長林寺　印

一九世高山歩嶽代

与　石嶋惣右衛門殿

この史料は、長林寺十九世から石嶋惣右衛門への再開基号免許状である。また端裏書には、石嶋惣右衛門が旦那・名主に該当し、客殿再建の願主となるなど、諸事世話人となった内容が判明する。このように長林寺十九世は末寺（宝泉寺）客殿再建の中心人物に「再開基」の免許状を作成した。しかし、在地寺院と檀家の間にとっては、開基家の存否は大きな意義をもち、時には争論として発展する。これが次の事例、富田宿（日光例幣使街道）の梁田長福寺の例である。

長福寺の開基家をめぐっては、①延享三年から同五年、②文政七年、二度にわたって一件が生じている。[32]それぞれの一件を掘り下げる。

①は、まず時期的に考えて延享期の本末帳作成に伴い、寺歴が問題となったことが想定される。実際、延享三年、長林寺から寺社奉行宛ての一札が残されている。ここでは、「長林寺七代永高和尚、天正年中ニ開闢之地ニ相違無御座候得共」とある。すなわち長福寺は、長林寺七世＝源室永高が天正期に開闢したという。

当該期の開基家をめぐる問題は、四郎右衛門家と半右衛門家、二つの家の軋轢から生じる。両家は、小川仁助と先祖との関係性をめぐり意見を異にする。なお、長福寺は小川仁助の菩提として源室永高を招き、小庵を建立

したことに始まるとする。四郎右衛門家（名主）は、小川仁助との不明確ながら関係を主張し、半右衛門家は先祖十左衛門を通じて小川仁助との関係を主張した。結局、延享五年、長福寺では開山の右に四郎右衛門一族、左に半右衛門一族の位牌を設置し決着する。また四郎右衛門は、長林寺へ「居士・大姉号」の処遇の一札をかわしている。延享期における長福寺の開基問題は、明確な方針を決定できずに妥協的な落ち着きをみた。

一方、②の文政七年の一件は、笑山歩闇の入山に伴って生じた。入山に伴い、笑山は半右衛門家と開基をめぐって「口論」となったという。

二つの一件のうち、①は評定所宛て、②は長林寺宛ての史料である。そのため長福寺の本寺にあたる長林寺へ史料が伝来したとみられる。そして当一件は、長林寺中興七世源室永高が取り結んだ関係から生じた。要は長林寺の開山（本寺の開山）が、末寺長福寺の開山にあたり、それが末寺檀家の「家」意識と関係したのである。一般的に多くの禅宗寺院は、十六世紀後半から十七世紀前半にかけて創建される。そのさい、源室永高（長林寺中興）のように、一人の人物が複数寺院の開山となる例が多い。そのため在地において開基のあり方が持ち上がると、その開基と開山（長林寺では中興源室永高）の関係へも影響が及んだとみられる。したがって、長林寺は末寺の居する檀家へも影響力をもっていたのである。したがって、中本寺＝長林寺は、末寺の立地する地域と不可分な関係を構築していた。当該期における寺院間の本末体制が、単なる寺院間の問題ではなく、末寺檀家を含んで在地社会を規定していたと言えよう。

(3) 末寺住職の決定をめぐって

最後に長林寺住職と末寺住職の関係を復元する。一般に住職のあり方については本寺から末寺への規制の側面が念頭にあがろう。ここでは住職任命の経緯を取り上げてみたい。

「公用留」の中には、文政三年から「差上申世寿法臘時代書之事」とする記事がみえる(33)。末寺へ住職となる者は、同様の史料を本寺へ提出したとみられる。主な内容は、出身村や生年月日、転衣の時期などが記される。また「公用留」の中には、「差上申寺例証文之事」とする史料が数点書きとめられている。これは末寺寺院へ住職となることに関連して作成されたとみられる。ここでは慶応三年（一八六七）、末寺常州信太郡嶋津村長泰寺を例に後住決定までの経緯を跡付ける。

慶応三年十月、常州真壁郡関本村万年寺住職謙道長老が遷化した。謙道長老の「遺書」には、嶋津村長泰寺から住職を入れる「遺命」があった。この長泰寺は長林寺末寺である。つまり、謙道の「遺命」をくむことで、本寺の長林寺の立場が不明確となる。ここで注目すべきは、長泰寺新住職決定のプロセスである。万年寺は「今般拙寺（万年寺）衆寮宝宗長老人境相応ニ付、同寺・組寺・檀中一同納得之上後席ニ相定申度」と主張する。衆寮のある万年寺は長泰寺へ住職をおくり込む状況を万年寺・組寺・檀中一同が納得したという。そして、以上の点を万年寺住職・長泰寺檀中総代らが長泰寺の本寺長林寺へ願ったのである。なお、この場合にも「差上申世寿法臘時代書之事」が作成されている。同史料では、宗宝の履歴が記されている。①常州真壁郡関本村の生まれ、②天保八年に万年寺で剃髪、③天保十三年常恒会之席へ出始、④世寿三八年、等々が万年寺衆寮から長林寺へ出される。そして「差上申寺例証文之事」として、什物や祠堂金などの寺院財産への対応が「紛失無之様」と記される。また同末寺の宝泉寺との間で長林寺へ隔年「年賀」を勤めることも示されている(34)。すなわち「猶拙寺幷宝泉寺ニ而年賀之儀隔年ニ　御本山江急度相勤可申候事」などとある。

この慶応期の一連の経緯から、次の点を指摘しておきたい。万年寺は、長林寺の末寺寺院でありながら、実際には万年寺から住職が就任した。そして、万年寺衆寮のある居村の出身者が長泰寺後住となったのである。

先に長林寺衆寮が僧侶を輩出した例を述べた。ここでは万年寺衆寮が僧侶を輩出した。また「遺書」の内容が後住決定の重要な指針となっていたことも確認できた。この例をみると、末寺住職の全てが本寺からおくり込まれるという理解は成り立たない。当該期における僧侶のあり方を理解する上では、遺書や衆寮の存在が大きな意味をもっていたのである。そして末寺住職に就任した僧侶（長泰寺）は、本寺（長林寺）との関係を「年賀」などで確認することになる。当該期の村―衆寮の関係性から、いかに僧侶が輩出されるか。村と寺院の性格を理解する上で捨象できない視角ではなかろうか。

むすびに

本章は、足利郡山川村長林寺を例に在地寺院の位置づけを試みた。まず冒頭で述べた視点と関連させながら、本章の内容を整理してみたい。

①長林寺境内の分析を試みたが、同寺は様々な諸要素から存立していたことを確認した。衆寮は、山川村側から百姓を受け入れ「修行僧」として居させ、さらに末寺住職を輩出させた。ここに山川村と長林寺のあり方が現出しよう。なお衆寮から他寺院住職へ就任せず、「修行僧」が同寺を支えた一面もあった。一方、檀家（初谷家）に注視すると、長林寺以外の観音寺等と祈禱寺檀関係をもった。また当家の「先祖供養」は、長林寺以外にも高野山と関係をもっていた。なお、初谷家が実際に高野山へ参詣したかは確認できないが、高野山が「菩提」の地として認識されていたことは明らかである。

②長林寺住職は、江戸での行動を求められる立場にあった。同寺が朱印地を有することなどが、その大きな要因とみられる。江戸の「宿寺」は、江戸城での儀礼遂行の媒介役として存立した。また小石川の長林寺末寺寺院は長林寺住職の活動を支える一面をも備えた。

③長林寺住職が末寺の檀家や住職任命にも関与していたことを示した。長林寺は末寺檀家等の家格をめぐる、

いわば序列化を図る存在であった。また常州関本村万年寺の衆寮の例をみたが、長林寺末であっても全てが長林寺から輩出される訳ではなかった。僧侶が輩出される例は、今後も収集する必要があろうが、単線的な本末関係に規定されなかったことを当史料群から明らかにできた。ただし末寺住職となれば本寺長林寺への「年賀」を果たすなどの「役」を求められた。

以上、主に三点の整理をおこなった。最後に在地社会へ長林寺の位置づけを試みたい。まず注目点は、衆寮の存在、朱印地を有したことの関連である。先述したように朱印地を描いた絵図には、衆寮が記載されていた。当該期の僧侶を輩出する基盤を朱印地の「場」が機能していたことが示せよう。そして朱印寺院の性格が大きいとみられるが、住職は江戸城への年頭御礼に参勤していた。少なくとも僧侶輩出の基盤が、朱印地をもつという事情と連関していたと評価されよう。

さらに長林寺と末寺寺院のあり方にも迫った。末寺住職の就任へ影響力を保持していたのは言うまでも無いが、一定度末寺の居した人々への影響もみられた。在地寺院と人々は、寺請制に伴い社会関係を構築していた点は自明である。この社会関係にも、本寺長林寺の影響力が認められた。長林寺中興（源室永高）が開いた末寺寺院の村々は、寺院の開基家をめぐり、つまりは「家」意識形成の上で長林寺中興との関係性が重視された。

このように長林寺は在地社会における様々な社会関係を構造化させ存立していた。当該期の檀家を始めとした人々や「修行僧」や修験など、多くの人々との人的交流も認められた。近世在地禅宗寺院の一例として、本章を位置づけたい。

（1）　朴澤直秀『幕藩権力と寺檀制度』（吉川弘文館、二〇〇四年）。この他、当該期の寺院については、①祈願の場（家内安全・安産・五穀豊穣・害虫退散など）、②集会の場（村政の寄合・紛争解決など）③役所としての場（寺社領）、寺請制度（身元保証）、④駆け込む場（入寺）、⑤祭礼、⑥人生儀礼と供養（葬式や法要、厄除けなど）などが、その機能として想定される。④の点については、近年の佐藤孝之氏の成果がある。

（2）重田正夫「御朱印寺社領の成立過程――武蔵国（埼玉県域）の場合――」（『文書館紀要』創刊号、一九八五年）、松本和明「近世朱印寺社領の成立について」（『論集きんせい』二九、二〇〇七年）、安藤優一郎「代替わり朱印改の実態と諸問題――武蔵国高麗郡高麗神社を事例として――」（『史学雑誌』一〇八編一二号、一九九九年）。

（3）吉岡孝「近世寺院における門末秩序と地域の論理」（『近世高尾山史の研究』、名著出版、一九九八年）。この他、岩橋清美「高尾山薬王院と大覚寺門跡」（同前）参照。

（4）靭矢嘉史「近世神主と幕府権威」（『歴史学研究』八〇三、二〇〇五年）。

（5・6）『長林寺乃研究』（新人物往来社、二〇〇六年）。なお同郡（西宮）にも同名の長林寺が存在し注意を要する。

（7）関口博巨「地方小本寺の由緒と伝説」（『長林寺乃研究』、新人物往来社、二〇〇六年）。

（8）山川長林寺資料調査会「地方寺院調査の現場から」（『社寺資料研究』八、二〇〇六年）、皆川義孝「近世後期における長林寺の信仰圏」（『鶴見大学仏教文化研究所紀要』一一、二〇〇六年）、なお長林寺の開基は岡見氏である。同寺は天正十九年以前に、常陸から山川村へ移転したと推察される。

（9）『何がわかるか社寺境内図』（国立歴史民俗博物館、二〇〇一年）など参照。

（10）長林寺文書『長林寺乃研究』、四七四頁参照。長林寺輩出の僧侶が末寺に入り、そこで在地社会を規定していくことになる。あるいは該当末寺がないまま、「修行僧」として長林寺へ居した場合もあろう。

（11）同寺観音堂から「前住笑岩院」とふされた位牌などが発見されている。この笑岩院は、歴代住職にはカウントされていない。長林寺には、このような「修行僧」が存在していたことを示す。同右参照。

（12）初谷家文書。同家は山川村名主にあたる。安政五年には、観音寺が宗判権を論理に要求を強めるなど、山川村と観音寺が虚空蔵をめぐり意見を異にした旨が明らかである。

（13）廣瀬良弘『禅宗地方展開史の研究』（吉川弘文館、一九八九年）。

（14）圭室文雄「高野聖と相模国」（『寒川町史研究』四、一九九一年）、なお武蔵では、有元修一「高野山清浄心院文書の紹介」（『埼玉地方史』五二、二〇〇四年）など参照。この他、同様の例として桜智院と関係をもっている武州幸手の巻島家（月牌証文）、石塚家（日牌証文）が確認されている。『幸手市史調査報告書第九集　幸手一色氏――系図から伝承まで』（幸手市、二〇〇〇年）、九一頁参照。他に岩淵令治氏による、松代藩真田家と高野山の関係を追求した研究がある。『江戸武家地の研究』（塙書房、二〇〇四年）。

(15) 初谷家文書。なお現当主によれば、この茶牌を盆供養の時期に毎年仏壇へかけるという。初谷家（三之丞家）は、既に十七世紀半ばには山川村に居していた。足利郡域では、寛永期にその苗字が確認される。同家の位牌には、寛永十一年（一六三四）から宝暦七年（一七五七）までの戒名が記されている。嘉永期には、長林寺の殿堂再建でも筆頭の立場であった。註(12)参照。

(16) 『鹿沼市史　資料編古代・中世』（鹿沼市、一九九九年）、『高野山清浄心院　下野国供養帳　第三』（鹿沼市、一九九九年）から作成した。また、相模における高室院については以下の成果がある。『高野山清浄心院　下野国供養帳　第三』（鹿沼市、一九九九年）。

(17) 長林寺と修験の関係を示す例を記す。宝暦五年九月吉日の記載がある木札が同寺へ伝来している。木札中央には「金剛山奉修顕密護摩供如意祓□」とある。金剛山は、かつて一時的に長林寺に使用された山号と推察されるが不詳である。一般に同寺山号は「福聚山」である。また木札には、「長林寺代　永観坊」とみえる。永観坊の詳細は不明だが修験の可能性を残す。そして当木札は、何よりも禅宗寺院境内において護摩をあげた旨をうかがわせる。高松坊や永観坊など長林寺と修験との共存が一定度確認される（本編第三章も参照）。

(18) 長林寺文書（『長林寺乃研究』、五二七頁参照）。

(19) 円福寺文書（東京都板橋区西台）参照。板橋区公文書館で閲覧した。

(20) 長林寺文書（『長林寺乃研究』、五二七頁参照）。

(21) 関三刹事体はそれぞれ毎年、年頭御礼を実施している（『総持寺史』参照）。

(22) 長林寺文書（『長林寺乃研究』、五〇六頁参照）。

(23) 長林寺文書（『長林寺乃研究』、五一六頁参照）。

(24) 『御府内寺社備考五』（一九八七年）。

(25) 長林寺文書（『長林寺乃研究』、五三九頁参照）。

(26) 註(24)に同じ。
(27) 註(8)参照。
(28) 長林寺文書(『長林寺乃研究』、五六八頁参照)。
(29・30) 長林寺文書(『長林寺乃研究』、五二一頁参照)。
(31) 禅宗に限らないだろうが、末寺から住職が転出するさいに史料を伝来させていったとみられる。
(32) 富川武史「末寺梁田山長福寺の開基をめぐる訴訟について」(『長林寺乃研究』所収)。
(33) 長林寺文書(『長林寺乃研究』、五七三頁~五七五頁参照)。
(34) 長林寺文書(『長林寺乃研究』、五七五頁参照)。

第三編

民衆宗教の展開と近世国家

第一章　関東における富士信仰の展開と幕府権威――天台勢力のあり方を中心に――

はじめに

慶応四年（一八六八）、富士山御師は有《あり》栖《す》川宮《がわのみや》熾仁《たるひと》親王を中心として蒼龍隊を結成する。これは御師のもつ人的ネットワークが、幕末維新期の政治情勢を理解する上で重要な位置にあったことを意味する(1)。富士信仰の展開は、幕末維新期の政治問題にも深く関係した研究領域として位置づけられた。しかし、そもそも何故、江戸を中心とした地域において富士講が進展するのか。この問いに明確にこたえた成果はあっただろうか。端的に言えば、何故、富士なのか(2)。

そこで本章では、当該期における富士信仰が将軍在所の江戸及びその近郊で隆盛した背景を明らかにしたい。注目する問題は、富士山御師や先達の寛永寺を頂点とした天台勢力との社会関係である。つまり、徳川政権と不可分な関わりのある寛永寺を軸にすえることで、関東での富士信仰展開の背景や意義を追及する。

さて、近年の富士信仰の研究史は、本所論の進展と共に、富士山御師と吉田・白川家との関わりが注目されてきた。つまり江戸との関係よりは、京都の本所との関係性が追求されてきた傾向が強い(3)。当該期の多くの宗教者を考えた場合に、富士山御師も本所との関係で理解されてきたことに起因しよう。しかし江戸に限らないが、先にも述べたように幕府の宗教権威のあり方を考えた場合、寛永寺―日光山を捨象することは賢明ではなかろう。

当該期における在地レベルでの宗教のあり方を理解する上では、①京都の本所からの動向、②寛永寺に居した輪王寺宮に収斂される動向、少なくともこの二つの動向を念頭においたアプローチが必要になると考える。

一方、富士信仰には御師以外にも先達の活動が知られるが、これらの人々の活動には、いくつか注目すべき点がある。たとえば御師による医療行為、特には宗教的作法と関連した事象である(4)。富士信仰展開の背景には、御師や先達の宗教的作法の実施、その社会への浸透のあり方を検討すべきである。

また岡田博氏は、小谷三志に関する研究を蓄積している(5)。本章との関連で注目する指摘は、小谷らの日光山への傾倒である(6)。十九世紀初頭段階で、日光山への傾倒は、先に述べた輪王寺宮に収斂する動向とも関係性をもつと想定される。以上の成果を念頭におき、以下二点を論点とする。

①天台勢力（特に寛永寺に収斂される勢力）と富士山御師や先達の関係性を示す。たとえば富士信仰と木食・念仏などとの関係性である。また羽黒修験の活動と富士信仰の展開のあり方を検証する。

②改めて富士山御師や先達の活動を確認し、富士信仰の隆盛の背景を示す。

この二点は本章の中心論点とするが、①の木食に関しては、木食の確立した寺院が寛永期に天海によって編成されることを念頭におく(7)。また、幕府の宗教権威と富士信仰の関係性を積極的に取り上げることで、関東で隆盛した富士信仰の位置づけを試みる。②については、御師や先達の活動（特に「病気治し」などの活動）を改めて取り上げ、当該期の在地レベルにおける秩序形成のあり方を①の問題と関連づけて論じたい。したがって小谷三志らに代表される先達層の動向も、本所や寛永寺の動向を念頭において注目すべきだろう。

また徳川将軍と不可分な関係を有した寛永寺を取り上げることで、民衆宗教の一つとして捉えられる富士信仰と「近世仏教」の位置づけにも迫りたい(8)。なお近年では、地域社会の研究動向（須走村などの御師集落を対象とした成果）を理解する上でも、富士信仰は注目されている。青柳周一氏は、明和安永期以降、多くの人々が富士登山の過程で、御師集落に宿泊をして、その集落に多くの経済効果等をもたらす点を明らかにした(9)。本章では、多くの登山客が訪れる甲州郡内地域を取り上げるが、富士信仰の展開に伴う地域再編という状況も念頭におくことにする。

一　富士信仰の展開と天台宗権威

(1)宝暦以前の富士山御師と天台勢力

ここでは、宝暦以前の富士信仰と天台勢力との関係について述べる。まず上吉田村の富士山御師と天台宗寺院のあり方について取り上げる。次の史料から宝暦以前の富士山御師の東叡山認識を整理する。

【史料1】(10)

乍恐書付以奉願上候

一此度物御師三拾弐人者共、貴院御存之通数年御師社職勤来候得共、①何方より茂御師之御支配与申茂無之、
御牛王札等諸国旦家江相配来り候処、何卒此度貴院御取次を以、向後　東叡山御支配被成下候様ニ奉願上
候、左様ニ罷成候ハヽ、②大鳥居内之貴院御支配之護摩堂永々修復造作等、貴院御世話ニ無之様申合仕候間連
印仕候、三拾弐人之者共願之通り、御取次被成下、御支配ニ罷成候様偏ニ奉願上候、為後日連印如斯ニ御座
候、以上

寛延四未二月

甲斐国上吉田御師
三拾弐人物代
外川　美濃（印）
池谷　筑後（印）

法性寺法印

竹屋　肥後（印）

この史料は、寛延四年（一七五一）に上吉田村の御師（三十二人の惣代三名）が、都留郡上鶴島村法性寺へ「東叡山支配」の取次ぎを願ったものである。同寺は、元禄十六年（一七〇三）に真正が本願となり鶴島村に建立されたという。延享二年（一七四五）には住職の願いにより寛永寺直末となっている。[11]また同寺は、かつて上吉田村の浅間明神（北口浅間神社）の神宮寺で、同明神の中の護摩堂を維持していたため、当寺がこれを引継ぎ、毎年四月に当寺の僧侶が社参し護摩修行を行っていたという。ここから史料の背景には、法性寺の寺格の浮上が前提にあるとみるべきであろう。なお上吉田村の御師の檀家寺は臨済宗の西念寺であるが、十八世紀半ばにおいて、御師はかつての浅間神社に関係があったとする法性寺に「東叡山」との取次ぎを願ったことになる。

そして傍線①では、御師は「何方より茂御師之御支配与申茂無之」とみえ、御師の支配の脆弱性を示す。また傍線②では、東叡山支配が貫徹すれば、大鳥居内の東叡山支配護摩堂の修復負担を、今後「御世話ニ無之」とすると示す。ここで東叡山管理の護摩堂が立地していたことにも留意したい。なお史料冒頭で「御師三拾弐人」とあり、この段階で三十二名が御師として認められている。

これ以降、宝暦段階に富士山御師は吉田家・白川家との関係を整備する。[12]そのため、この史料はそれ以前に、東叡山との接触を図ろうとしていたことを示す。宝暦期の富士山御師をめぐる「吉田白川論争」の背景には、このような東叡山との結びつきが完遂しなかったことが掲げられる。

(2)木食の富士信仰への接近――相模国愛甲郡七沢村を中心として――

富士信仰と木食の接点を考えた場合、そもそも角行の思想（元和五＝一六一五年九月）のなかに、「中道にて木じき」とみえ、角行が五穀を断った修行を行ったことがうかがえる。[13]また小田原藩藩主大久保氏の政策により、相模では木食ゆかりの寺院が点在する。これらの寺院は寛永寺下に編成されていき、東叡山との関係が色濃い[14]。また相模では富士山への導者が、禅宗寺院最乗寺へ立ち寄っていたことも知られ、富士信仰が多くの仏教勢力と関わりをもち展開した。

一方、木食の展開を考えた場合に注目されるのが、念仏の問題である。なお念仏は、元禄期の日光山における釘念仏再興に象徴的なように、天台や浄土宗の勢力が積極的に実施した。また天海による融通念仏の認可も指摘されているように、幕初の寺社政策を捉える上で重要な問題であったとみられる。

小田原藩は、貞享期・元禄期において寺社統制の法度を出している[15]。その中で「千日万日ハ不及申、四十八夜念仏執行をも、前以此方江窺可被申候」とみえ、念仏執行についての規制を出している。この他にも、即身成仏が禁止されるなど、角行や身禄の宗教活動との重なる問題が規制された。ただし、十九世紀の越後栃尾では、次のような状況がみられた。

【史料2[16]】

古志郡栃尾の郷にて、わかきおのことも寒ん行といふことをつとむ。其さま小寒のはしめより大寒のをはりに至三十日、日々垢離をとり、夜毎深更に至、社地、墓所、火葬場なむと其他村中の小路、橋ある地に立とまり、①鉦打ならし念仏す。祈念する神を富士権現といふ。行中の潔斎身を慎むこと僧侶と同じ。もし穢れたるを見あやまちてけかたるを火に煮やきせるをくらへば、いく度も垢離をとる。つつしみたらざれば忽ち神罰をうけて、口ゆかみこし屈し手足ちぢまるなとやうの不測目前にあり。②村里に病者あるとき此行者等を招きて念仏講を修す。甚しき験ありとそ。病ひ癒すとも当来の功徳になるとて衆皆是を信す。三年の行はつれば僧徒に托して供養塚を築く。ひとつは父のため、ひとつは母のため、ひとつは身のためにすとて、大概九年の行をつとむ。

これは十九世紀初頭の越後栃尾における寒念仏の実施について示すものである。傍線①では、念仏（寒念仏）が実施され、その祈念を行う「神を富士権現といふ」とある。寒念仏と富士権現が密接に展開していることがうかがえる。また傍線②では、村に「病人」がいる場合には、寒念仏の行者を呼び寄せ、念仏講の依頼をしたことが記されている。このような念仏講が病を癒す効果があると認識されていたことになる。この史料は念仏と「病気治し」、それに富士信仰が関係していることを物語る。[17]以上は、元禄期以降の念仏の展開と富士信仰の重層性を示す顕著な例となろうが、次に相模国での木食と富士信仰の展開を述べる。

愛甲郡七沢村の浅間神社は、木食（禅法寺）が別当にあたった。[18]浅間神社は禅法寺とともに元禄元年（一六八八）から同四年にかけて、尾張徳川家による造営が実施される。[19]また同村には、木食との関係が色濃い天台宗観音寺が立地していた。

貞享元年（一六八四）には、木食空誉の「願状」が伝来する。[20]空誉は、木食弾誓から数えて四代目の木食に該当する。すなわち弾誓―但唱―長音―空誉となる。この空誉が大和郡山藩主の「言舌不自由」を願状に記している。さらに元禄三年には、空誉が小田原藩主大久保壱岐守の息女の寿命長久を願状に記している。ここでも木食の動向が富士信仰と共通する点を認めることができる。なお、この大久保壱岐守から数えて、三代目が大久保忠隣で弾誓と関わりが深い。すなわち弾誓開山の阿弥陀寺へ境内地を寄進しているのである。弾誓が、この禅法寺の開山、中興が空誉にあたり、大久保氏と木食の関係は根強い。さらに禅法寺は弾誓が開いた浄発願寺末寺の天台宗寺院である。つまり、七沢村は天台―木食―富士信仰が象徴的に結びついたことになる。なお浄発願寺は、天和三年（一六八三）に寛永寺子院の凌雲院末寺として空誉が再興した。弾誓系木食寺院の総本山の位置となる。[21]

以上、十七世紀以降における木食には、富士信仰との接近がみられ、その上で在地での位置を明確化させていったとも理解されよう。そして後述するが、甲州郡内の三つ峠山を開山した空胎は、禅法寺及び観音寺の本寺、さらには正徳期以降、佐渡弾誓寺・松本念来寺・同弾誓寺の本寺で修行したことが確認されており、西相模の関東天台勢力が富士信仰を理解する上で重要な位置をもっていたことを物語る。

(3)先達を受容する地域——十九世紀の甲州郡内——

ここでは甲州都留郡の御正体山の開山で知られる妙心、同郡三つ峠山の開山で知られる空胎について改めて取り上げ、その上で忍野村の行場再編の動向についても言及する[22]。

まず御正体の開山の時期については、文化十一年（一八一四）七月中旬とされている[23]。妙心は同十二年三月七日より山籠りに入り、約一ヶ月で即身仏となる。そのさい、妙心は自らを介抱していた菊池源蔵に対して、掛け物や証文などを譲り渡すとともに、般若心経・観音経・阿弥陀経を伝授した。この他に、「万方丸」として丸薬の製法が伝授されている。また文政四年（一八二一）作成の「梵行院妙心法師御由来[24]」には、妙心の徳川家康への認識が示されている。たとえば「当年八日光山ニて神君東照大権現御尊霊御年忌御追行被遊候由」とあり、妙心が徳川家康の年忌法要を認識していることがうかがえる。一方、文政期（文政六年）の富士講の展開を理解する上では、次の史料も確認できる。

【史料3[25]】

覚

近来富士山参詣罷越候もの多人数申合、甲州道中筋旅行、東叡山御用抔と申紛シ、宿人馬御定賃銭にて為差出、かさつ之義も有之由相聞候間（後略）

史料3によれば、文政六年段階での甲州街道沿いでは、「東叡山御用」として「かさつ之義」をおこなう人々の存在が確認できる。十九世紀初頭に、「東叡山御用」の論理が社会に浸透にしたことを物語ろう。富士講の展開を支える背景として、東叡山との関係が存在した。なお、この「東叡山御用」に伴う問題は、おそらくは金銭等の「ねだり」行為が想定される。また、先に述べた妙心だが、鹿留村に入る以前に信濃善光寺での修行を経験している。善光寺は、東叡山の直末寺院であり、その存在基盤は幕府権威と直結する。(26)

天保期には、空胎が三つ峠山を開山する。(27)空胎は天保期に白川家より免許を受けるが、三つ峠の麓の下暮地村に入る以前においては、先述の浄発願寺や佐渡で修行を行っている。ここに木食との接点を見出すことができるが、先述したように空胎は天台宗系統との関係を示しており、妙心との共通性を指摘できる。(28)大月から上吉田までの富士道沿いには、天台宗系統に傾倒した宗教者が地域側に受容されていったと言えよう。

次に都留郡忍草村における忍野八海信仰再編の動きについて述べる。この問題に深く関係するのが忍草村に立地する寛永寺直末寺院の天台宗寺院東円寺である。(29)行場再興の発願には、市川大門村の百姓友右衛門によるところが大きい。友右衛門は、大我講の先達で天保六年に市川烽火台に大碑を建立して富士浅間明神を奉祀したという。特に河内領及び駿河、上野方面の先達であった。(30)なお東叡山役所からの七ヶ条の請書もみられる。(31)ここで重視されるのは、東円寺が東叡山との取次ぎにあたった点である。つまり、八海山信仰再編には、寛永寺（輪王寺宮）の意向が影響したのである。さらに弘化四年（一八四七）、大我講司正大先達篭衆の朝衛兌孝道が、甲州八代郡岩間村の小林利兵衛へ永行泰明の先達を認めている。(32)

ただし、留意点もある。天保六年（一八三五）、岩間村近村の宮原村浅間神社が有栖川宮の祈願所となる。同八年には、同宮から「正一位浅間神社」の神階を受け、同九年には「正一位一宮浅間神社」の染筆を受ける。この当時、在地神社側が宮家との接点をもつにいたったのである。ここに富士信仰は、天台宗及び宮家の権威を受ける形で展開していくことになる。(33)

以上、十九世紀における郡内地域に受容された妙心・空胎、さらに天台宗寺院東円寺の位置について述べた。

これまで富士信仰は、明治期以降に神道系へ編成されることから、天台勢力との関係性については検討されることが少なかった。しかし、郡内地域は富士信仰の展開を契機として、先達などの天台勢力を取り込み、それを地域再編の担い手としていた。次に寛永寺との関係をもつ羽黒修験の問題について取り上げたい。

二　富士信仰の展開と「病気治し」――先達の活動をめぐって――

(1)羽黒修験と富士信仰

羽黒修験は、これまでの成果にあるように寛永寺に編成された[34]。これは羽黒修験の江戸及び関東での活動の正当性につながったとみられる。先に述べたように、富士信仰に関係した先達が天台勢力との接点を有している以上、天台勢力―羽黒修験との競合も想定すべきであろう。これまで先達と修験の競合が確認されているが、羽黒修験の動向に注目しつつ、江戸及び関東での富士信仰の展開について述べてみたい。換言すれば、羽黒信仰の関東での展開についての理解の一助にも繋がろう。

ここでの注目史料は、嘉永二年（一八四九）六月に石山蔵人（神事舞太夫）が写した「富士講出入日記」の中の一部の記事である。嘉永二年の写しであるので、富士講の禁令との関わりが想起される。なお同史料は、神事舞太夫家に伝来されてきたものである[35]。

まず、文政十二年の上総国埴生郡水沼村の名主三郎左衛門と神事舞太夫の争論を取り上げる。ここで神事舞太夫側は寺社奉行宛てに三郎左衛門を訴える。三郎左衛門は富士講の先達として確認できる。論点は、病人への祈禱活動の実施に関するものだが、注目点は次の神事舞太夫の論理である。

【史料4[36]】

（前略）近年専分富士講之祈禱手広ニ相成、房総配下之者職業之差障ニ罷成難渋仕候旨、年々出役之者江相願候得共捨置候所、右様之無実申掛ケ候を、其儘ニ差置候而者眼前配下相潰し、且享保年中より者凡支配下五百軒余茂相潰し難渋至極候所、此上潰候而者御威光を以御立被下置候一派退転可仕与（後略）

舞太夫側は富士講の祈禱活動が広範囲に及び、房総における舞太夫の職業に差し障りがあることを示す。さらに享保期より支配下の舞太夫（五百軒）を潰したことを主張する。先述したように、誇張した主張ともみられるが、この背景には、先達三郎左衛門の活動があり、先達の活動が舞太夫と抵触したことが考えられる。

次に「富士講出入日記」の、もう一つの内容を述べる。これは羽黒十老修験と先達との活動に関するものである。次の史料5以外の主な記事は表1に整理した通りである。概して、俗人の者が祈禱行為などにより手鎖や所払いを命じられている。特に富士講の禁令との抵触があげられる。その中には、三郎左衛門の動向も記されており、富士講の先達が神事舞太夫及び羽黒修験の活動と競合することを示す（表1のNo.11）。

【史料5】(37)

差上申一札之事

羽黒十老触頭東朝院消応不如意おいて、又者富士講之義ニ付不行届之取計致候一件、再応之御吟味之上、左之通り被仰渡候、

一東朝院消応義清僧殊ニ触頭之身分ニ而神田永留町弐丁目代地喜兵衛妹やす密通之上及女犯男子出生後衣類小遣ひ稼等手当いたし囲女同様ニ致置、剰　御奉行所御差図之趣ニ申成、①召仕木村新次郎幷ニ元武家奉公致し水越大八家来之積りに致、富士講先達又者講頭など与号、俗人ニ而行衣を着し祈念等を致候ものを相改、拙僧より免状受候得者不苦敷など与申聞、②一己之存付を以法号授可致候趣之免状取拵相渡し対礼金貰請、其外小伝馬町壱丁目ニ罷在候長八事照永幷法号照清事、本郷三丁目仙右衛門を拙僧配下之積りニ致し、③富士山北口大鳥居修復ニ付、御府内信心之者共助成相願度旨、右両人申出候ニ付相伺候など不束之儀書面認メ　御

奉行所江差出し、或者当例村々配下之寺院江紦筋有之、（中略）殊ニ兼而之申付方不届より右始末ニ相成候義共、傍不届ニ付遠島可被仰付候処御牢屋類焼之節御赦被　遣立帰候ニ付脱衣中追放被　仰付候

但し御払場所等徘徊致間敷段被　仰渡候（後略）

これは羽黒十老修験の「密通」に関係した様々な「不如意」を示したものである。注目点は「不如意」の背景である。たとえば東朝院（羽黒修験）が水越大八などを「家来」にし、富士講先達や講頭と称する俗人を改めたという（傍線①）。この俗人が行衣を着していたことも示されている。また東朝院が免許状をも発給した点もうかがえる。この点は、俗人を相手とした東朝院の問題行為とみられる。さらに傍線②では、免許状に照応する礼金を受けたことがわかる。ここに羽黒修験と富士講の先達などの関わりが読み取れる。この他、東朝院が長八＝照永と照清＝仙右衛門を配下としようとしたことが示される。さらに、その両人が北口浅間神社鳥居修復に関して、御府内における信心の人々の助成を取りまとめることが記されている（傍線③）。

結局、ここでは羽黒修験側が照永などを勝手に配下として、礼金を受ける行為に及んだことが問題となっている。換言すれば、照永などの俗人が羽黒修験と接触することによって、宗教的作法を伝授されることが問題視されたのである。なお史料中略部分には、東朝院が西方村源内の御仕置きの許しを東叡山に願っていることなどがみえる。ここに東朝院と東叡山（寛永寺）のルートがうかがえる。また№5仙右衛門については、次のようにある。

【史料6(38)】

一仙右衛門義、富士講之義ニ付く而者、前々町御触之趣之候所、兼々富士浅間ヲ信仰致候迚、元小伝馬町ニ罷在候長八事照永より祈念之仕方習受不束成懸ヶ物、又者巻物等譲り受、法名を茂付貫、村上照清などと号、俗人之身分ニ而病人之祈念致候始末不届ニ付、所払被　仰付候（後略）

まず仙右衛門が「前々町御触」＝富士講の禁令にも関わらず、富士信仰に傾倒していたことがわかる。その上

表1 「富士講出入日記」内容一覧

No.	罪人	罪状	主な問題点
1	木村新二郎	押込	水越新二郎は東朝院より免状を受け、水越大八らと行衣を着て歩行していた。本郷三丁目の仙右衛門を東朝院の指示により配下とし、金弐朱を東朝院より貰い受けた
2	やす	同右	東朝院と密通した
3	喜兵衛・志つ	手鎖	東朝院が(居宅類焼のため)喜兵衛・志つの居宅へ逗留し、喜兵衛妹を懐妊させた。また東朝院が小遣いなどを手当てした
4	惣兵衛	所払い	惣兵衛は東朝院と共に逗留した
5	仙右衛門	同右	本文史料6に対応
6	伊之助・豊吉・利兵衛・吉兵衛	同右	東朝院より免許を受け、富士講で禁止されている祈禱活動を実施した。東朝院から法名等をも受けた。特に豊吉は吟味中に伊勢参宮した
7	弥太郎・藤助直右衛門・三右衛門	手鎖	富士講で禁止されている行為を実施した。また清五郎宅で寄合祈禱を実施した
8	清五郎	御叱り	弥太郎らの講中に加わり、自宅で祈禱行為を実施した
9	善兵衛	手鎖	東朝院より改めを受けて、祈禱行為を実施した。奉行の吟味にも関わらず心得違いをしている
10	五郎兵衛	御叱り	五郎兵衛の店へ善兵衛がおり、善兵衛の指示で店を引き払い行方不明となった
11	三郎左衛門	追放	神事舞太夫小島主計と病人の対応をめぐり争いとなった
12	丈六・弥三郎・万五郎	手鎖	長八＝照永から世話を受け、村上講中と唱え、同行に加わった。水沼村三郎左衛門より祈禱作法を習いうけた。小島主計と争いとなった

13	源兵衛	所払い	長八＝照永から祈禱作法を習い受け、照嶽などと唱えた
14	太助・庄兵衛・喜右衛門・清内	御叱り	水越大八を預かっているはずが、欠落ちとさせた。なお水越大八は井上善之進と改名した
15	小島主計・一舟留治など	過料銭	右記で吟味にあった者は三日の間に過料銭を納める

で、元小伝馬町の長八＝照永から祈禱の仕法を習い受け、巻物等も譲り受けたことがうかがえる。

文政五・六年（一八二二・一八二三）には、北口鳥居修復をめぐり村上照永が名前をみせる。[39] 同五年には、浅間神社神主小佐野伊勢・先年行事刑部讃岐らが、「御師神主共ニ万端手廻兼候間」とみえ、神主・御師が修復料の取り集めを村上照永に依頼している。また文政六年には、北口浅間神社鳥居修復に関して、村上照永らが富士山御師の年行事（大雁丸筑前・小猿屋伊予）らと、寄進をめぐって証文をかわしている。

この文政期の村上照永の動きを念頭におきながら、いくつか考察を試みる。一つには、仙右衛門が受けた「村上照清」の法名である（史料6）。富士講の問題を念頭においた場合、苗字の「村上」が注目される。つまり、当例の状況は、村上派の展開との関係が想起される。先にも述べた村上照永は、村上派の系譜をたどると、第八世に該当する。[40] 俗名は「吉嶺長八郎」であり、文化三年（一八〇六）に血脈を継承し、文政十一年八月三日に没したと伝えられる。俗名が史料6と違うことがわかる。それ以外の記載内容は合致する。

また史料では、「村上」の苗字を受容したことも示されており、仙右衛門は第八世から祈禱仕方を習い受けた可能性が高い。なお第九世は、「村上照旺」＝吉川多四郎とされており、仙右衛門ではない。そして表1のNo.12には、「村上講中」の文言がみえ、やはり村上派の動向として推察される。仙右衛門以外の記事にも、「源兵衛」は照永から祈念仕方を習いうけ、「照瀧」と号し、病人への加持祈禱を行い所払いとなっている。ここでは「照」の号が継承されていくことも読み取っておきたい。

最後に同史料からうかがえる、羽黒十老修験（東朝院消応）について付け加えておく。史料中の「羽黒十老」には触頭の記載がみえる。住居先は「神田松下町三丁目南側代地　久右衛門店」とある。触頭の格式をもちながら、このような住居先であったことになる。[41]

以上、羽黒十老修験と富士信仰の関係を中心に述べた。ここでは羽黒修験と富士講（村上派）の展開に関係性が見出せた。勿論、このような状況が全ての富士講の展開と関係するわけでないが、先述した郡内地域の状況とあわせると、天台権威と富士信仰の展開を示す事象として捉えられよう。

（2）「四ヶ日様」と先達

これまで述べてきたように、先達らは「病気治し」に関連した活動をみせた。ここでは「病気治し」の問題と、そこから派生して展開する先達の様々な活動について述べる。特に「四ヶ日様」という、富士信仰の展開に伴って生じた信仰のあり方へも迫りたい。

さて、富士山御師は檀那廻り先で、様々な祈禱活動を実施するが、先達も同様である。この点が度々の富士講の禁令に伴って、「富士講と号し」とする先達らの活動に禁令が出されていくことと関連する。[42]次の史料は当該期における富士信仰の展開に関係して、様々な問題が生じたことを示す史料である。かつて井野辺茂雄氏が検証した史料であるが、改めて取り上げる。[43]

【史料7】[44]

文化四年四月七日

武州上藤井村新兵衛外一人、富士浅間講相催候趣聞入り引合の処　召し出され再応御吟味の上、左の通り仰

せ渡され候

一、①新兵衛・文七儀富士浅間講信仰致し病気平癒の後日々水備へ線香炊き其身限り信心いたし候儀は格別　寄合等は致す間じき処、②四ヶ日と号　毎月四度づゝ寄り合い富士浅間の画像などを飾り和歌唱え候故参り候者も倶に祈念致し多人数寄合い候様相成り、殊に村内並隣村の者共供へ水を遣はし、本復の節線香請貰候段俗の為分にて加持祈禱紛らわしき致し方新兵衛は村役も相勤め乍ら別して心得違いの至り両人共手鎖仰せ付られ候

文化四年（一八〇七）、羽生領上藤井村の百姓新兵衛が「富士浅間講」を催したために手鎖となった一件を示したものである。上藤井村は、宝暦十二年（一七六二）までは幕領で、その後に佐倉藩領となる。また同村には、禅宗寺院源長寺が朱印二十石を有し、この一件とのかかわりをもつ(45)。

さて、史料では上藤井村新兵衛・文七が富士浅間講を信仰し、病気平癒の後に、水を備えて線香を焚いたという（傍線①）。この行為から「病気治し」と水のもつ意義が想起される。富士講では、水が「病気治し」と大きく関連し、さらに取締りの対象となる(46)。また史料中の線香は、富士講の先達が占いに使用したと推察される(47)。そして水と線香が寄合のさいに使用されていたことになる。このような活動が寄合に伴って実施されており、幕府側から問題視されたとみられる。

次に傍線②の「四ヶ日」について述べる。富士信仰では、一般に「四ヶ日様」は、月に四度祀りあげるものとされている(48)。「富士諺解録」によると、「三日・十三日・十七日・廿六日（中略）家業ノ障リニナラザル様、夜ナ、相集リ、業ノ励ミ方、家内ノ治メ方、忠孝ノ道ヲ説キ合ヒテ」とみえ、月に四度、家業に障りがないように夜に集まり、業の励行法などを説きあうものとする(49)。

そして「四ヶ日様」の寄合では「富士浅間の画像などを飾り和歌を唱え」とあり、富士浅間の画像、おそらく

は三幅（御身抜き・木花咲耶姫・小御嶽）を飾るとみられる。さらに和歌を唱え、祈念することが示されている。和歌を唱えることが呪術的世界と深く関係したとも評価されよう。(50) そして病が本復すれば線香を貰い請ける行為におよぶという。これらの行為が俗人でありながら「加持祈禱」を実施することを意味し、取締りの対象となるわけである。

なお、同内容の史料は『羽生市史』に掲載されており、新兵衛・文七及び源長寺住職が差出人に該当し、寺社奉行宛の形式となっている。(51) また同史料には源長寺所蔵朱印状箱の葵紋使用の有無も争点ともなっている。一件の詳細な背景は不明であるが、少なくとも村内で新七らが禅宗寺院との関わりを持ちながら、その上で先に述べた問題を引き起こしたことになる。

以上、改めて先達の活動を整理すると、水を使用した「病気治し」、線香の使用、和歌を詠むことによる呪術性、これらを連動的に活動に組み合わせていたと理解される。

むすびに

最後に本章の論点を整理する。第一の論点は、天台勢力と富士信仰の関係性であったが、宝暦期以前の富士山御師の対応や先達の動向などから、その関係性を確認した。この動向への着目は、京都本所側からのアプローチ以外に在地の宗教者を理解していく上で必要な視角になるとみられる。

たとえば、天台勢力と有栖川宮の存在が相矛盾することなく、在地側に受容されていた。富士講の先達の活動には、天台勢力との接触が存在し、地域側（郡内地域）は、その動きを取り込んでいた。十九世紀以降の富士信仰の展開とは、天台宗を軸とした宮家等の権威を積極的に取り込む動向と不可分であったとみられる。

そしてこの背景には、当該期の人々が先達らの活動へ傾倒していたことが掲げられよう。これが第二の論点であり、以下整理する。先達の活動で目立ったのは、「病気治し」をめぐる問題で、次の二点を指摘しておきたい。一つは、羽黒修験との関係性で示したように、先達が法名を受け、巻物を伝授されつつ、「病気治し」を実施していたことである。つまりは宗教性を帯びることで、その「病気治し」の作法を充実させていく背景が存在した。この点は、本山や本所を介して宗教活動を保証されるという性格の問題ではなく、師弟関係を軸とした展開であった。もう一点は「四ヶ日様」の問題にみられたように、先達が水や線香を駆使し、それと関連させる中で「病気治し」が存在したことである。換言すれば、富士信仰の展開において、これら水や線香のもつ意義を考えることも可能となる。

以上、富士山御師は吉田や白川といった本所との関わりをもち、その一方で檀那場に居住した先達は羽黒修験などの天台勢力との接点をもっていた。富士信仰は、このような二つの勢力との関係を保持し、その上で江戸＝将軍在所を中心に浸透していったことになる。換言すれば、富士信仰の展開とは、本所及び輪王寺宮に収斂される幕府権威と結びついていたことで、より促進されたものと言えよう。この理解は、関東における宗教の地帯区分を考えた場合も新たな論点を提起できよう[52]。関東を修験地帯とする評価から、寛永寺に象徴される幕府権威との関係で考えていくことは、必要な視角となるのではないか。

江戸及び近郊での富士信仰を始めとした諸信仰の展開には、将軍権威との関係が色濃い寛永寺との接点が重要な権威づけになったと考える。上野榛名山や妙義山、下野の日光とのあり方と共に、今後注目すべき問題となろう。

（1）　小泉雅弘「吉田御師『蒼龍隊』の戊辰戦争」（明治維新学会編『明治維新と文化』、吉川弘文館、二〇〇五年）。

（2）　この点に関しては、江戸幕府創設時における富士山の「場」としての意味づけなどが重要となろう。たとえば、小林ふみ子「『三国一』の富士山」（『富士山と日本人の心性』、岩田書院、二〇〇七年）、トビ・ロナルド「通詞いらぬ山――富士山と異国人の対話」（『鎖国という外交』、小学館、二〇〇八年）。この他、「江戸図屛風」の中にも富士山が記載されており、言説レベルにおける江戸建設との関連も想起される。

（3）上吉田村に居住した多くの御師の史料群に吉田家や白川家との関係を示す史料が多いことが、研究史を規定してきたとみられる。なお、宝暦期以前、一部の御師が「祝号」を吉田家から習得したことも明らかとなっている。十七世紀末から十八世紀半ばにかけて、御師がどの本所権威とつながりをもつかは、不明確であったとみられる（『富士吉田市史通史編　第二巻　近世』、富士吉田市、二〇〇二年参照）。

（4）澤登寛聡「富士信仰儀礼と江戸幕府の富士講取締令」（『法政大学文学部紀要』四七、二〇〇二年）。他に『富士をめざした安房の人たち』（館山市立博物館、一九九五年）参照。

（5）岡田博『報徳と不二孝仲間』（岩田書院、二〇〇〇年）。

（6）岡田博「小谷三志の東照宮信仰」（『大日光』六一、一九八九年）、同「富士講にみる東照宮信仰」（『大日光』六三、一九九二年）。なお化政期には徳川実紀の編纂があるように、大名や代官・儒者が積極的に東照宮崇拝の風潮を創りだそうとしていることが明らかにされている。羽賀祥二『史蹟論――十九世紀日本の地域社会と歴史意識――』（名古屋大学出版会、一九九八年）参照。

（7）宮島潤子『信濃の聖と木食行者』（角川書店、一九八三年）、五来重「塔の峰本『弾誓上人絵詞伝』による弾誓の伝記と宗教」（『箱根町誌　第三巻』、箱根町、一九八四年）、西海賢二『漂白の聖たち――箱根周辺の木食僧――』（岩田書院、一九九五年）など。

（8）青柳周一「人の移動と地域社会――富士山の『日蓮宗の名所』化をめぐって――」（『近世地域史フォーラム二　地域史の視点』、吉川弘文館、二〇〇六年）参照。

（9）青柳周一『富嶽旅百景』（角川書店、二〇〇二年）。

（10）山梨県富士吉田市　竹屋家文書（『富士吉田市　史料編第五巻　近世』、富士吉田市、一九九七年）。なお、宝暦以前において、良恕親王が「三国第一之山」の扁額を大鳥居に奉納した由緒がある。註（2）小林論文参照。

（11）『甲斐国志　巻九〇』（雄山閣、一九六八年）。

(12)　山梨県富士吉田市　竹屋家文書（『富士吉田市　史料編第五巻　近世』、富士吉田市、一九九七年）参照。河口村については、『山梨県史　資料編十三　近世六下』（山梨県、二〇〇四年）および註(3)参照。
(13)　岩科小一郎『富士講の歴史』（名著出版、一九八三年）。
(14)　『厚木市史　近世資料編一　社寺』（厚木市、一九八六年）。
(15)　『山北町史　史料編　近世』（山北町、二〇〇四年）。
(16)　「北越月令」（『庶民生活資料集成　第九巻』（三一書房、一九六九年）。
(17)　この他、近隣の栃堀村でも寒念仏が実施されている。栃堀村では庄屋と病人を除いて精者若衆が結成された。そこでも寺院に入り念仏を唱え、富士権現に参詣することがあったという。『栃尾市史　上巻』（栃尾市、一九七七年）。当該期において富士権現と念仏信仰の共存関係が存在したことがわかる。
(18〜20)　註(7)参照。同村には空誉が開山した観音寺が立地していた。これも浄発願寺末の天台宗寺院である。
(21)　註(13)岩科書参照。宮島潤子『謎の石仏――作物聖の足跡』（角川選書、一九九三年）、『三つ峠山の信仰と民俗』（西桂町、一九九三年）、『江南町史　通史編上巻』（江南町、二〇〇四年）。甲州郡内の三つ峠山の開山にあたった空胎は、嘉永期から安政期にかけて浄発願寺に入院している。空胎の存在からも木食と富士信仰の関係性がうかがえる。他に註(6)参照。
(22)　甲州郡内の大月から上吉田にかけての、いわゆる富士道沿いの村々のあり方を取り上げる。
(23・24)　『都留市史』（都留市、一九九七年）。他に関口博巨「講と日待ち」（福田アジオ編『結衆・結社の日本史』、山川出版社、二〇〇六年）。
(25)　『鳩ヶ谷史　史料編四　肥留間家文書(三)』（鳩ヶ谷市、一九八四年）一六八頁。同史料では同年に東叡山御山内継立に関する人足十三名の差出がみられる。化政期における将軍権威のあり方を理解する上でも注目できる。他に註(6)参照。この他、鳩ヶ谷周辺には小谷門人が存在しており注目される。
(26)　註(7)参照。
(27)　『三つ峠山の信仰と民俗』（西桂町、一九九三年）、『江南町史　通史編』上巻（江南町、二〇〇四年）参照。
(28)　地域側が先達を積極的に受容することが指摘できると共に、それが天台宗と関係した「宗教者」であった点にも注目したい。仏教（日蓮宗）と富士信仰の融合という点を重視すれば、註(8)青柳書の成果も参照できよう。

(29～32)『忍野村誌　巻二』（忍野村、一九八九年）参照。
(33) 文久期における上吉田村の真宗寺院が東叡山との関係を示している。宗派をこえて東叡山との繋がりを志向する動きも確認される。
(34) 戸川安章『出羽三山――歴史と文化――』（郁文堂書店、一九七三年）など。羽黒修験の取締りを十人の役僧（十老）が担う。承応二年（一六五三）に老僧が任命され、各地には錫杖頭が取締りにあたった。
(35) 同史料群を分析した成果として、橋本鶴人「習合神事舞太夫に関する一考察」（『所沢市史研究』一九、一九九八年）。なお同史料群には、舞太夫に限らず神職・修験に関する史料も含まれ、今後多様な視角からの検討が必要となろう。
(36～38)「富士講出入日記」参照。神事舞太夫の関東における分布等は、石山家文書から確認される。この点は稿を改めたい。
(39)『富士吉田市史　史料編　第四巻　近世Ⅱ』（富士吉田市、一九九五年）。
(40)『富士吉田市史　通史編　第二巻　近世』（富士吉田市、二〇〇一年）七九三頁参照。
(41) 江戸の宗教者を考えるにあたっては、組織編成及び居住のあり方を念頭におく必要がある。井上智勝「神道者」（高埜利彦編『民間に生きる宗教者』、吉川弘文館、二〇〇〇年）、竹ノ内雅人「江戸の神社とその周辺――祭礼をめぐって――」（『年報都市史研究一二　伝統都市の文節構造』、山川出版社、二〇〇四年）。
(42) 註(13)岩科書参照。
(43) 井野辺茂雄『富士の研究　第三　富士の信仰』（古今書院、一九二八年）。
(44) 岩佐忠雄『北富士すそのものがたり(二)』（富士五湖史友会、一九七二年）。
(45)『羽生市史』（羽生市、一九七一年）、同史料は、同書で富田勝治所蔵とみえ、御師側と在地側の双方で史料が確認される一件となる。
(46) 註(13)岩科書など参照。富士講の禁令に「富士の加持水」が問題となっていることが知られる。
(47) 岡田博氏の御教示による。御師の「占い」については、本編第二章を参照。
(48・49) 註(43)井野辺書、三一一頁参照。

(50)　これまでの研究史で、江戸を中心的な「場」とした小山田与清の人的ネットワークが明らかとなっている。そのメンバーの一員に小谷三志がいるが、和歌のもつ呪術性を念頭におくことで、その人的ネットワークの意味づけにも新たな視角を組み入れることができよう。また、文化期以降、富士山御師および西念寺僧侶の文化活動も注目される。他に千社札の連（小谷三志が一員）に注目する滝口正哉氏の成果も参照。同「江戸庶民信仰の娯楽化――千社札をめぐって――」（『関東近世史研究』五四、二〇〇三年）。

(51)　註(45)史料参照。

(52)　有元正雄氏の関東での地帯区分（修験地帯）の評価については、輪王寺宮のあり方を組み込むことで、一定の相対化が図られると考える。この他、註(8)青柳書の日蓮宗の問題も重視されよう。このような視角から、今後、地帯区分のあり方を捉え直していくことが重要視されよう。

第二章　民衆宗教と本所権威——富士・木曾御嶽信仰をめぐって——

はじめに

江戸時代において代表的な民衆宗教に掲げられるのが、富士信仰・木曾御嶽信仰と言えよう。十八世紀以降、関東各地の人々は、富士講や御嶽講を形成した。そして、各地の先達・講元は多くの人々の登拝行為等を主導していたことが知られる。たとえば、富士講の先達では、先達小谷三志の活動が知られる(1)。小谷は、いわば「俗人」でありながら、様々な宗教性を帯びた活動をみせていたのである。一方、御嶽信仰に関しては十八世紀後半以降、普寛などが登拝行路を整備したことが明らかになっている(2)。

そこで本章は、これらの富士・御嶽信仰を主導的に担った人々のあり方に注目する。そして、これらの人々を二つの視角から分析してみたい。

第一に、陰陽道の在地社会への展開と御師・講元の関係性に注目する。特に、ここでは土御門家による陰陽師編成との関連性を述べてみたい。第二に、寛永寺及び本山派修験と御嶽講の展開に注目する。御嶽信仰の展開は、これまで寛永寺及び尾張藩の影響が指摘されてきた(3)。研究史では、本山派修験と御嶽信仰に関する成果があまりみられない(4)。このような状況をふまえつつ、本章では御嶽講と本山派修験の関係性を取り上げる。むしろ、修験と御嶽講のあり方を取り上げることで、寛永寺と御嶽講のあり方を逆照射することも可能となろう。そして、二つの視角の共通点は、本所の動向と民衆宗教の展開に注目することである。

また民衆宗教の展開を取り上げるにあたっては、「宗教史」というカテゴリーのみでなく、幕末期の社会状況に位置づける試みも必要となろう。(5)換言すれば、宗教史研究と幕末情勢（特に朝廷権威の問題）の解明とも言うべき問題の双方を念頭においた検討が求められると考える。(6)このことは、近世国家と民衆宗教というテーマ設定にもつながろう。

一　富士山御師・先達と御嶽講講元の陰陽道受容

まずは、陰陽師研究について、高埜利彦氏の主な見解から整理する。(7)①天和期の綸旨の限界性に伴う陰陽師編成の遅れ、②宝暦期〜寛政期の土御門家が幕府へ全国陰陽師支配の触れを要請、③近世陰陽道の組織機構の提示、④陰陽師の身分・階層の問題、主な論点を掲げれば以上になろう。

このうち②について、梅田千尋氏は、土御門家による陰陽師編成の画期性の再提起（天明期）や京都の陰陽師集団のあり方などを明らかにしている。(8)現状の十八世紀後半の陰陽師については、精緻化した議論が展開されている。さらに④について、林淳氏の成果がある。(9)

同氏は寛政三年（一七九一）の諸国触れの意義を追求し、土御門家による陰陽師編成の進展を明らかにした。さらに天保十三年（一八四二）、江戸市中の諸宗教者取締りの触れを分析し、その中で土御門家の権威上昇を指摘している。また土御門家の陰陽師編成の特徴として理解しておかねばならない点は、修験や神職といった既成の宗教者にも、配下を獲得していくことにある。そのため、土御門家の陰陽師編成には、いわば雑多性と多様性が色濃く存在していた。土御門家が在地の陰陽師に対して「兼職」を認めることの意義を追求せねばなるまい。この「兼職」事情についても、本章では富士・御嶽信仰の展開と関連させて論じてみたい。

（1）陰陽師編成の諸事例

ここでは土御門家の陰陽師編成の諸事例を確認する。先に述べたように土御門家は僧侶・修験等との「兼職」を認め、さらに百姓層にも「売卜組」として入門を認めた。まず、このような状況を示す諸事例を収集した。

野州都賀郡上三川村白鷺神社神主柳田家には、「陰陽師随身覚」が伝来する。[10] 同家は、手習塾を開業し、その傍らで陰陽道の教授を行っていた。表1は、同家の門人一覧である。安政四年（一八五七）から明治十五年（一八八二）にかけての入門者が確認できる野州を中心として、上州・常州・奥州などの僧侶・修験・浪人などの名前が確認できる。また№65以降には、女性の名前もみられる。同史料には、年齢も記載され、比較的幅広い年齢層に陰陽道が教授されたことがうかがえる。

この他、表以外の人々の中にも野州では、いくつかの事例が知られる。一つには、芳賀郡東高橋村の例である。明治三年（一八七〇）、手塚重光は土御門東京役所吉川綱興から陰陽師免許を受ける。[11] 明治初期まで土御門家が陰陽師免許に関与したことを物語る。二つには、都賀郡塩山村の例がある。安政六年、佐藤石松は土御門家江戸役所から免許を受ける。[12] 史料の包紙には、「職札　野州都賀郡佐藤石松　幼年ニ付後見親四郎兵衛殿江」とあり、幼年者入門の場合には、親が後見人となっている。さらに、都賀郡壬生雄琴神社神職黒川家が文政期に土御門家へ入門する。[13] 同家は、明治維新期において利鎌隊を結成することが知られる。後述するが、富士山吉田口御師も土御門家に入門し、後に蒼龍隊を結成した。

武州においても、いくつかの事例が確認されている。一つには、僧侶（臨済宗）が土御門家へ入門をした事例がある。[14] 安政六年正月、吉川筑前は多摩郡廻田村宝珠寺卜嵒殿宛の職札を発給している。この中では、「占考広相勤事」、「公儀御法度之儀者不及申当役所作法之通相守、非義非道之儀無之、職業正敷可相勤者也」とある。僧侶が「売卜組」へ編入された事例となる。この他、武州では中藤村の指田家、[15] 文久元年（一八六一）、多摩郡三ツ木

表1　柳田家陰陽師弟子随身覚人名一覧

No.	出身地及び身分	入門者
1	上州太田宿	根岸左近
2	野州粕尾村	坂本主税
3	常州下館大町	松本英輔
4	常州太田町	小河理達
5	(常州)谷田貝町	野沢昇進
6	野州塚越村	伊沢藤恵
7	野州小里村	森伊賀
8	野州大山村	大沼斎宮
9	同州福良村	薄井右京
10	野州東館村	高田相模
11	野州東館村	高田隼人
12	総州向石毛村	斎藤亮学
13	常州水戸浪人	加藤九十九
14	紀州　浪人	小林主水
15	野州藤岡村	若山林平
16	野州宇都宮浪人	大芦祥輔
17	野州仲村	吉沢斎女
18	野州東蓼沼村	森野新兵衛
19	野州平塚村	直井周仙
20	野州薬師寺	野口主計
21	野州板戸村	大山広吉
22	野州板戸村	薬王院自明
23	野州永田村	東性院英膳
24	野州永田村	鶴見隼人
25	野州永田村	石河市左衛門
26	野州延嶋村	小貫掃部
27	奥州岩出山浪人	宮城雄斎
28	総州山河水海道	篠崎　栄
29	安芸浪人雲水	関　寛山
30	野州栃木住	長瀬愛珊
31	江戸長谷川町	鳥居保元
32	野州栃木住	金沢房子
33	野州石田村	大島勇之進
34	野州友沼村	今中村辰之丞井　昇
35	上州武生村	今井　昇
36	野州磯部住	上野益子
37	房州産江戸新宿住	佐藤五晴
38	野州横田村	大塚　保
39	紀州浪人(当時猿山ニ住医師)	村上才磨(桃溪とも云)
40	九州産上野ニ住	簗瀬安左衛門
41	常州笠間浪人	鈴木　貢
42	橋本橋木寺	塚原昌恵
43	上総柴山在小堤村	大木忠三郎
44	石田村(感応寺)	今　典房
45	野州羽生田村	福性院暁膳
46	野州田中村	和田芳山
47	栃木仲町	服部東馬
48	水戸浪人	田村将監
49	下総仁連宿	中村主殿
50	野州小金井宿	石原文右衛門
51	上州桐生町	安蔵　貢
52	越後三条町	村江喜三郎
53	上州境村	金井文朝
54	武州本庄宿	登母恵勇

No.	出身地及び身分	入門者
55	上州馬見塚村	木村小左衛門
56	武州熊谷宿	稲垣政之進
57	野州芳賀郡沖杉村	沖杉智興
58	野州都賀郡永田村	仙波義成
59	野州都賀郡国谷村	柳田貞子（亥五十三才）
60	野州都賀郡壬生河中子村	熊倉良雄（俗名　瀧蔵）
61	常州茨城郡中泉村	高松東馬
62	野州西川田村	栗原主税
63	上州館林産当時雲水	山﨑真一
64	常州多賀郡杉田村産水戸領 野尻村当時雲水	皆川順庵
65	野州河内郡薬師寺下原	本多保平（子三十九才）
66	野州都賀郡渋井村	鶴見とき女（子三十七才）
67	野州都賀郡薬師寺村	金谷小三郎（寅廿廿六才）
68	野州河内郡上石田村	大島むめ女（寅五十壱才）
69	野州河内郡下石田村	神部英富（寅三十三才）
70	野州河内郡中根井	松本因幡（子廿廿七才）
71	野州河内郡磯新田村	持性院英春（巳四十七才）
72	野州河内郡東汗村 生国尾張国粕貝郡吉幸村	庵主心教（午七十五才）
73	野州河内郡三村	猪瀬兵次
74	野州都賀郡尻内村	林　飾高（午廿三才）
75	奥州棚倉修験	長　教山（寅四十壱才）
76	（奥州）田むら	柳田　備（六十五才）
77	奥州保原	藤田要女（四十七才）
78	常州川原子	吉村藤吾（三十才）
79	東京浅草	澄川久信
80	東京小田原士族	伊原牧右衛門
81	喜連川浪人	大谷信晴
82	徳川家人	新井伴二郎
83	信州善光寺	原田良佐
84	上州徳川	新田多万岐
85	那須郡月次村神職	坂本織江
86	那須郡京野村	斉藤　斉
87	那須郡上境村	楢山志津馬
88	那須郡建部村建部神社祠官	金瀬伴二郎
89	那須郡烏山町	小林民弥
90	大谷村高尾神社社守	阿久津青珉

村の土御門家への入門例[16]がある。また埼玉郡大室村では、万延二年（一八六一）、文久元年（一八六一）、百姓が土御門家へ入門する[17]。ここでは下早村遠藤一学が「陰陽道取締方手先役　師匠」とあり、在地社会において土御門との間で取次ぎ人が介在していたことが判明する。

表2　祓い講組合一覧

No.	所在地	宗教者名
1	武州入間郡竹間沢村	前田筑前（取締役）
2	相州津久井郡根小谷村	大草伊織
3	武州入間郡入間川村	石山美濃
4	武州多摩郡矢ノ口村	山本石見
5	同　新座郡野火止村	石山文吾
6	武州荏原郡世田ヶ谷村	斉藤豊後
7	同　豊島郡新井村	関口甚太夫
8	同　多摩郡高井戸宿	斉藤筑後
9	同　同郡本町田村	北条山城
10	同　同郡能ヶ谷村	池田左門
11	相州愛甲郡厚木宿	若杉大和
12	同　愛甲郡愛甲村	萩原文吾
13	武州多摩郡秋津村	熊川左門
14	同　多摩郡二ノ宮村	古谷兵庫
15	同　入間郡南畑村	鈴木出雲
16	武州荏原郡若林村	斉藤兵庫
17	相州愛甲郡愛甲村	萩原数馬
18	武州多摩郡関戸村	森田主膳
19	同　多摩郡染谷村	池田左仲
20	同　多摩郡矢ノ口村	山本主馬
21	武州多摩郡府中宿	相原玄番
22	相州足柄上郡金子村	小川摂津
23	相州高座郡高尾村	本間平太夫
24	同　高座郡溝村	亀山石門
25	武州多摩郡南秋津村	熊川左司馬
26	相州高座郡皆原村	番場源道

このような取次ぎ人（師匠）の存在は、武州から相州で結成された祓講でも確認できる（表2参照）。なお祓講は、天保十二年（一八四一）、武州・相州の陰陽師・神楽師が結成した「組合」である(18)。ここでは公儀法度の遵守、「天下泰平武運長久」を祈願することなどが確約される。さらに、陰陽師入門にあたっては、師弟関係の遵守をも確約させている。天保一〇年以降、「売卜組」への入門者が増加する中で、このような師弟関係の重要性を確約したとみられる。

さらに、陰陽師を捉える上で、興味深い史料が埼玉県大利根町大塚家に伝来する(19)。同家の史料群の中には、表紙に「陰陽家勤方書上候写　若職之書写　先触之写」（安政四年）と記載された史料がある。たとえば、「陰陽家勤方書上」（土御門家から寺社奉行宛）には、陰陽師の苗字帯刀が古組・新組に限ることや百姓らで門人になる者は、「病身之者農間渡世之ため配下ニ加わり」とあり、農間渡世の一端として「占い」が位置づけられる。また「若職之事」では、「奥州会津領天台宗智善院配下若賀職と申者」について、土御門家から寺社奉行宛ての尋書等が記載されている。

以上、天保期以降、関東各地では陰陽師入門を示す史料が伝来している。このことは陰陽二元論の「知」を受容する人々の増加も想起させる。このような状況を念頭におきつつ、次に富士山御師と陰陽道受容の問題を追求する。

(2)富士山御師の陰陽道受容――外川美濃を中心に――

ここでは富士山吉田口御師外川(外河の表記もあるが、以下外川とする)美濃の動向を中心に、富士山御師と陰陽師編成の問題を取り上げる。[20]主な目的は、十九世紀における富士山御師の位置づけである。[21]遅くとも天保期には富士山御師と土御門家が関係を構築した。この状況を示すのが、次の職札である。[22]この職札は、嘉永三年(一八五〇)五月十九日、土御門殿職札方御役所から「兼職　外河美濃」へ発給されたものである。この中には、土御門家からの取り決めとして「陰陽道習学勤修之儀、聞届置候事」や「公儀御法度之儀者不申及　安家御掟之趣正敷相守可申事」などの記載がみえる。なお、このような職札については、高埜氏や林淳氏の成果がある。[23]

史料の注目点は、史料の大半が木版刷りであることである。史料中の㊞と宛名の「甲州都留郡上吉田村兼職外河美濃江」、この他嘉永三年の年号以外は、全て木版刷りである。当該期において土御門家側が職札を大量発給したことを物語ろう。なお裏書に「天保四卯年」段階での加帳の記載がみえ、天保期段階から土御門家との関係を構築したこともうかがえる。また「兼職　外河美濃」とあり、富士山御師が陰陽師を兼職したことが判明する。

なお他に売卜組免許とみられる史料も伝来しており、富士山御師の中には売卜組の陰陽師が存在した。[24]富士山御師の性格の一端に兼職陰陽師の性格を加えておきたい。このように富士山御師が陰陽師入門をみせていたが、元治期以降には外川が陰陽師編成を担っている。

【史料1】[25]

達書

甲州都留郡上吉田村師職中兼職取締申付置候処、富士山信心之輩中ニ者、陰陽道執心之もの有之、且廻先ニ而支配入取次之儀被　相頼候、、配下入取扱聞済請度旨、先般願書を以願出候付、其段役頭江相伺候処、役掛一同評決之上、聞届可遣旨被申付候間、当役所支配之国々者何連之国郡ニ候共、且廻先ニ而取次之儀被相頼候ハ、篤と身元取糺願書先例之通為認調印之上、可為相願候、然上者支配入取扱候分者、其許組下可申付候

土御門殿江戸役所出役取次役
　甲州陰陽家取締役
　　小林信平　㊞

元治元年甲子七月六日
都留郡上吉田村
　外河美濃殿

この史料は、土御門江戸役所出役の小林信平が、陰陽師取締りの徹底を外川美濃へ達したものである。この中では、改めて富士山御師が陰陽師との兼職を認められたこと、御師の旦那廻りにさいして「取次」が認可されたことがわかる。さらに、ここでの小林信平の取締りの状況について、次の史料を参照する。(26)

【史料2】

（前略）右者都而国中ニ於て異法・新法不思議之吉凶等相告、国民之迷味を引出候輩、或者俗体ニ而多人数集会、講中など与相唱ひ、祈禱修行病人江者医業之可預薬方ヲ差示シ、又者方違吉凶神之祟り抔与霊談ヲ申聞、非道之行事執行致候向、其外木石之軽重ヲ計り、神慮抔与怪敷吉凶善悪ヲ申述、其職ニ当らす多分之謝物掠取候者古来より国害ニ付、武家・仏家・神官・百姓・町人ニ不限自他共相改、不正之行事者急度差留申候、併先方執心ニ而其身助益之ため以来法則相立、修行仕度旨懇願之向者夫々定法之通取計、兼職加入為仕候向

も御座候、猶先例別紙両通奉差上候、右之通御尋ニ付此段奉申上候、以上（後略）

史料2は、慶応二年（一八六六）、関東陰陽家触頭吉川筑前から寺社奉行宛の陰陽家取締役についての返答書である。前略部分には小林信平が、①出身は甲州八代郡市部村、②子供の正太郎に百姓株を譲ったこと、③「其身一代限」の取締役であり、「甲州一円陰陽道取締役」を申しつけられたことが記されている。

そして史料では、①甲州での「異法・新法」の吉凶等を告げる輩を取締ること、②俗人でありながら多人数で集会を開き、「講中」などと唱え、祈禱修行や医療行為を施す者を取締ること、③方違吉凶に関して、神の祟りといった霊談を申し聞かせ「非道之行事」の執行者を取締ること、④「木石の軽重」を計り、怪しき吉凶善悪を述べる者を取締ること、以上が示されている。さらに、これらの行為に伴った多くの謝物を掠め取ることは、「国害」とし、武士・僧侶・神官・百姓・町人の改めを実施することも付け加えられている。ただし、「其身助益之ため」に、いわば修行を志す者には「兼職」を容認している。

以上を整理すれば、異法や新法を吹聴するなどの怪しき者の取締り、一方で陰陽師の「兼職」を許可していくことが、取締役の職務であったとみられる。

つまり、先の史料1でみられたように小林信平から外川美濃への指示は、異法や新法を吹聴するような人々の取締りと陰陽師兼職の許可を促すものであったとみられる。なお、当該期の江戸では、いわば私的な社会関係に沿った形で医療等に関する「知」の授与が確認される[27]。外川は先達の「行名」を許可したが[28]、この場合も医療等に関する「知」の授与をもたらした可能性をもとう。特に史料2にみえる小林から外川への取締りの内実は、在地社会において病人などへ薬を渡し、霊験を説き金銭を授受する人々に対してのものであった。換言すれば、富士山御師の活動（医療を含む）は、土御門家の取締役を担うことを通じて、その活動が保証されていたと言えよう。

さらに陰陽師取締に関しては、次のような状況も確認される。慶応四年（一八六八）「都留郡一円取締役」には、桑原甲斐があたった。同家は、都留郡大明日見村において医療活動に従事した[29]。また同家では、文久元年の「漢方処方」、文久三年以降には、江戸深川の和泉屋久兵衛からの「薬購入帳」を伝来させている。桑原家が漢方医療に従事し、その上で陰陽師取締にあたっていたことを示す。この状況は、先の史料2の内容にもあるように、当該期における医療と宗教の未分化な状況を想起させる。

以上、甲斐国における陰陽師編成のあり方は、土御門家側が百姓層（桑原家など）をも取り込む形で浸透させていた。一方、吉田口に限らないが、富士山御師は家相や占い等の陰陽道に関係の深い活動を展開させていた。土御門家の取締り、特に吉田口富士山御師に対しては外川美濃を中心に行われた。また陰陽道取締の内実には、医療問題を含んでいたことを述べた。

（3）「土御門家掟帳」からみる外川家の動向

次に外川美濃の檀那廻りのあり方について、陰陽師編成との関係から述べる。ここでは外川美濃作成の「土御門家掟帳」に注目する[30]。表3は、同史料の内容を整理したものである。元治二年（一八六五）から慶応三年にかけて土御門家に入門した百姓をあらわしている。それぞれ武州比企郡・秩父郡・男衾郡・上州佐井郡の百姓十名がみえる。また、表中の加帳年代が、百姓の陰陽師入門年次に該当するとみられる。

まず、この表の注目点は師匠名である。すなわち平村の蓉行、小川村の徳行晴山、外川美濃が該当する。蓉行と徳行晴山は、先に述べた富士講の先達と考えられる。本来は百姓である者が「行名」で、この史料に記載されている。この中で、徳行晴山が関与していた史料が伝来する[31]。

この中では、冒頭に「大島主殿知行所武州男衾郡勝呂村百姓私義兼而陰陽道執心ニ付、占考稽古仕候処、当節者妻子等も相応ニ相弁候ニ付、百姓農間兼職仕度奉存候間、何卒御配下ニ被下候様御職札被下候様奉願上候」とあ

表3　陰陽師取締一覧

居住地	願人	請人	加帳年代	師匠名
比企郡小川村	島田徳行	小八	元治元年12月27日	
比企郡五明村	関口済兵衛	久右衛門	元治元年11月15日	
同上	小島杉之丞	済兵衛	元治元年11月11日	平村　蓉行
男衾郡勝呂村	喜右衛門	三郎右衛門	元治2年正月11日	小川村　徳行晴山
比企郡小川村	源八郎	弥吉	元治2年正月12日	同上
秩父郡安戸村	佐国次	百蔵	元治2年正月12日	同上
上州佐井郡五目牛村	弥作	弁次郎	慶応元年5月7日	外川美濃
秩父郡椚平村	興七	弁次郎	慶応2年正月15日	同上
上州佐井郡伊勢崎町	庄五右衛門	小八・茂助	慶応3年6月6日	同上
上州佐井郡武士村	丈八	熊右衛門	慶応3年6月25日	同上

出典：「土御門家掟帳」(田辺家文書)

る。ここでは「農間兼職」と文言があり、百姓が陰陽師を兼職する。また「御貢料之儀者御定法之通り、毎年三月限り急度上納仕候、若差滞候ハヽ、請人弁納可仕候」とあり、貢納料が上納できない場合には請人の弁納が求められた。

この他、万一、何らかの問題が生じた場合には、師匠（徳行晴山）が出向き対応することもわかる。一方、貢納料についての記載もみられる。土御門家への貢納料は、三月に上納し、滞納の場合には請人（三郎兵衛）が弁納することが示されている。

百姓層が土御門家へ入門するにあたっては、富士講先達（徳行晴山など）や外川美濃が師匠として取り次いでいた。土御門家の陰陽師編成の一面には、富士講の先達・御師の取次行為があったと言える。

また、先に外川美濃が富士山御師の中でも陰陽道取締を担っていたことを述べた。このような外川の立場が、同家へ陰陽師関係の史料を伝来させた背景ともなろう。当該期における外川美濃の性格を考えると、上吉田村での登山客への対応以外に、①檀那場等での様々な活動、②陰陽師の取次及び取締り、③師匠となり土御門家への取次ぎの実施。以上の活動を担っていたと言える(32)。

以上の状況から、土御門家側は富士山御師の特性（檀那廻り等の活動）を活用し、その編成の遅れ（神職などに対する）を克服していったと考えられる。そして、師匠という文言にみられるように、師弟関係を結ぶ形で組織編成を進めたことも、一つの特徴となろう。在地社会の人々は、陰陽道に関した師弟関係を結ぶことで様々な「知」を獲得したとみられる。

（4）御嶽講講元馬橋家の陰陽道受容

次に武州入間郡大塚野新田馬橋家に残された、本所土御門家との関係を示す史料を検討する。[33]その中で、ここでは次の二つの史料に注目する。慶応三年十二月作成の「土御門殿献金帳」、もう一つが弘化四年作成の「信心免許一打古組掟書之写」である。

前述の史料は、土御門家の「御祭壇所修復」（天文台修造にも該当）に伴って作成されたことが冒頭に記されている。その上で、陰陽道取締役の斉藤豊後（後述）は、大塚野新田の馬橋家に対して、職札の軽重による献金額の差異を示している。たとえば取締中＝金拾両、小頭中＝金五両、御門人＝金五両、一打＝金千疋、天社＝金壱両二分、諸占考＝金壱両二分、占考＝金三分、免札＝金弐分、以上である。さらに、正月九日に坂戸宿吉野屋丹次郎宅に呼び出された人々の献金額が示されている。宇多次郎（馬橋家）＝金弐両二分など、計十二名の百姓から拾両二分が献金された。土御門家の祭壇所修復に伴いながら、百姓層へも本所側の意向が機能していることがうかがえる。なお同史料には、大塚野新田他、入間郡・高麗郡の十六ヶ村が書き上げられており、比較的広範囲に献金の取り立てが試みられたことになる。

また史料中の斉藤豊後は、先に述べた武蔵・相模の陰陽師・神楽師組合である「祓講」にも確認できる。[34]同名とすれば、土御門家の陰陽師編成が、「祓講」の人的ネットワークを利用したものとみてよかろう。なお、先に土御門家の陰陽師編成を富士山御師や先達が取次ぎを担っていたことを述べた。土御門家は御嶽講の講元の立場をも取り込みながら、献金の集金を進めていったとみられる。

さて、同史料では、次のような記事が続く。「右之通りニ有之候処、翌辰年正月九日年始日待之節、普寛大菩薩より被呼出候面々」とあり、正月九日の日待のさい（御嶽講で開催される日待カ）に、「普寛大菩薩」より呼び出された人々がいるという。ここには坂戸周辺の、「とみや村平之丞」、「五味ヶ谷村新左衛門」などが書き上げられる。同史料には、陰陽道関係と「普寛」の記事が混在していたことになる。

次に「信心免許一打古組掟書之写」を検討する。史料巻末には「天保三辰年閏十一月」とみえ、差出人が「土御門殿関東役所印吉川主計」、宛名に「武州信心一打古組取締小頭役　柴崎仙左衛門殿」がみえる。さらに最巻末には「大塚野新田　馬橋宇多治良保得」とある。つまり、史料の性格としては土御門関東役所から柴崎宛の内容を馬橋家が弘化四年に写し取ったものと言える。写し取った内容は大きく二つにわけられる。①木曾御嶽山に関する記事、②土御門家との関係を中心とした陰陽道の記事、様々な記事が混在する形で記載されている点が特徴と言える。

ここでは①の記事を考察する。冒頭では、「木曾御嶽山大権現信心ニ而、当家江願出候輩私ニ神拝式難相勤段、至極神妙之事ニ付、兼行之免許相遣候輩江申渡候事」とある。注目点は、「当家」が何を指すかであるが、御嶽山を信心する者は「当家」へ願い出て、その者へ兼行の免許を遣わす旨を示した記事である。少なくとも木曾御嶽信仰と「当家」の関わりが浮上する。その上で同史料の他の記事をみていくと、次のようにある。たとえば「依之於当家者奉仕尊敬之本体　北辰鎮宅霊符御同体也」とある。「当家」の奉仕する本体が「北辰鎮宅霊符」と同体であることが認識されている。さらに「御嶽山信心之者之宅江者勿論、其外諸色より一切之祈禱相頼来候節、一打組合之者罷越祭壇秘符禁等相勤候共、免許通り相勤可申」とある。御嶽山への信心は勿論であるが、その他の祈禱については、「一打組合」の者が出向き、「祭壇秘符禁等」を勧め、免許通りに実施することが指示されている。なお一打についても、先の史料でも確認され、陰陽師関係の文言である。木曾御嶽信仰の展開と陰陽道との接触をうかがわせる。この他、馬橋家には、土御門家へ入門したことをうかがわせる史料が散見する。[35]結局、馬橋家では陰陽道の作法を受容しながら、御嶽信仰へ傾倒していたことになる。土御門家の陰陽師免許は、御嶽信仰を支える性格を有したと言えよう。

以上、ここでは御嶽講の中心的担い手（講元）の陰陽道受容を示したが、講元の活動は土御門家との献金上納に象徴されるように、本所土御門家との関係の中で展開していた。

天保期以降、改めて土御門家の陰陽師編成の進展が認められた。そして、この中で富士山御師・先達がその一端を担っていた。また御嶽講の講元（馬橋家）も、陰陽道の「知」を得ていた。天保期以降の在地社会には、これらの人々を通じて陰陽二元的な「知」が浸透していった。

二　御嶽信仰を支える宗教者——寛永寺と本山派修験の競合をめぐって——

ここでは、御嶽信仰の展開を、寛永寺、本山派修験の動向から位置づけてみたい。まずは、寛永寺側の動向を確認する。

(1)寛永寺と御嶽信仰の様相

寛永寺三十六坊の一つ、尾張藩祈願所の自証院は御嶽講の拡大を行った。[36]武州では、与野本町の一山講が知られるが、この一山から影響を受けた講に宗岡一山講がある。[37]

安政三年（一八五六）、中宗岡村の内田一郎兵衛は御嶽神社神主滝右京進から一山石灯籠建立に伴って金子五両受け取りの「覚」をかわす。同家は、既に嘉永六年（一八五三）時において、自証院の元に御嶽講を形成している。

宗岡講とは別に、武州各地において嘉永末から安政期にかけて、自証院を中心に御嶽講が形成されたとみられる。内田家は、御嶽講の結成を通じて、尾張藩や自証院へ連なる権威を得ることが可能になったとみられる。このような動向について、先に述べた馬橋家の例で確認する。(38)

【史料3】(39)

（前略）去嘉永元申年以来両郡御取締筋被仰、格別之思召を以護摩法執行之儀幷護摩堂本尊ハ智所大師御作之不動明王、尾州様御祈願所江戸市谷善町自証院江御預ヶ相成居候、尊像　日光御門主様江改而　御開眼幷別当職之儀被仰立候処、則護摩本尊御開眼両部法滅護摩兼別当自証院江被仰付候、依之御嶽山道筋児野と申所仮に護摩堂御引移、去ル酉年以来自証院年々登山、天下泰平御武運長久為安全永代護摩執行被致、近年同行相増、弥以御山繁栄相成候、然所右護摩堂及大破候付、再建之儀御達相成候得共、年々臨時御物入□自然御延引御座候哉ニ奉存付、信心之者共不及御手伝仕度奉願候処、大金之儀自力のみニ而格別之儀茂難出来御志之御方々江御相談夫々寄付仕度奉願候処、表向勧化之筋不相成（後略）

史料の前略部分には、御嶽信仰が富士山と共に幕府の取締りの対象となり、近年「尾州様」の「御信仰」があることが記されている。また、史料は万延元年の護摩堂修覆に伴って作成されたものである。

史料3の冒頭にあるように、嘉永期には幕府が御嶽信仰を取り締まるに関わらず、「格別之思召」によって許容されたという。そして、御嶽山での護摩法執行について、その本尊は智所大師作の不動明王とし、それを尾張の祈願所＝自証院へ預けることが示されている。また日光御門主から本尊＝不動明王の開眼供養及び別当職については、自証院が実施するという。史料後半では、護摩堂再建方法が記され、表向きには勧進が実施できないという。御嶽信仰の受容は、日光門主（輪王寺宮）などの権威との繋がりをもつことが想定できよう。

以上、武州宗岡講を始めとして、御嶽講が寛永寺や尾張藩の権威を仰ぐことで展開していたことを確認した。

この点は、先の陰陽道受容の問題とあわせて理解しておきたい。

(2)木曾御嶽信仰の展開と在地修験——嘉永安政期の武州入間郡森戸村大徳院をめぐって——

次に、武州入間郡森戸村大徳院を例に、本山派修験が御嶽講に関与した諸状況を取り上げる。大徳院は、安政二年から同六年にかけて京都円成寺大僧都などとの書簡綴りを伝来させている。書簡内容は後述するが、寛永寺側の動向を意識していることが判明する。ここでは木曾御嶽信仰の展開という社会的潮流に、いかに修験（大徳院）らの宗教者が「共存と競合」を図るかを述べる。[40]

まず、嘉永期から安政期における大徳院の人的ネットワークのあり方について整理する。なお幕末維新期において大徳院の状況については、次の点が明らかである。[41]要点を述べると、①幕末期まで有した「知」のネットワークが、明治以降、神職となって以降も意義を有したこと。②①とも関連して、幕末期まで曹洞宗寺院等との社会関係が認められるなど、在地社会での活動が多岐にわたった。つまり、このような実態の上に、御嶽信仰の問題が加わることを意味する。以上、二点を念頭におき、先の課題に迫る。

【I　大徳院の人的ネットワークについて】

嘉永二年（一八四九）の役行者千五百年忌に伴う大徳院の動向から述べる。検討史料は、表紙に「嘉永二酉春参洛　日記」とある。ここから聖護院側からの指示やそれに対応する山本坊霞下修験の状況が判明する。なお大徳院は様々な出来事を比較的、書き留める性格を有した。

【史料4】

正月廿八日岩本院・万宝院・光明院・持宝院等当院江会集致候而、出立日且道筋旅装等相談之上取極、林蔵院・大宮寺江通達致候事、二月二日山本坊江行、笈実山役継目料相納、則受取書、但一同之関手形一通ニ認□

候受取之事

この記事から正月八日に山本坊霞下の修験が大徳院宅へ参会し、出立の準備などの会合をしたことがわかる。この内容を林蔵院や大宮寺へ通達する旨も記されている。林蔵院は、入間郡寺山村の本山派修験として知られる(42)。そして二月二日には、越生山本坊の所へ行き、様々な役銭を納めたとある。なお記事の直後には、山本坊御役所前から大徳院宛の「覚」が記載されている。笈実山役「金壱両壱分弐百文」、先達許継目料金「金弐分」が確認される。ここでは大徳院宅へ修験が結集する状況を重視する。

この後、「如先例、鎮守熊野大権現広前ニ村内一同出会、持法院経慶、同隠居了慶も来り」とみえ、村内一同及び修験持法院が熊野大権現（大徳院が別当）に集合した。また、ここで「祝い」の「謡」などが実施され、百姓らが「村境迄見送り」とし、林蔵院ら他の修験とおち合った。そして、相模国高座郡から大津へと東海道を通行した記事などが続く。さらに「千五百回忌」の実施状況についての記事が続く。たとえば導師＝三山検行宮、講弐伽陀＝大善院権大僧都実全、散華＝円成寺権大僧都法印実祐などの書き上げがある。この中で、円成寺は京都東山の本山派修験先達に該当する(43)。大徳院が導師を始めとした人々を認知していたと言えよう。

次に、嘉永七年から書き留められている「朱印改め」を取り上げる。表紙には、「日記　権律師周乗」とあり、大徳院周乗作成の史料である(44)。当史料では、大徳院が江戸へ「朱印改め」を試みるにあたって、様々な記事が散見される。注点目は次の部分である。たとえば「因幡堂・十禅寺　御朱印之下向ニ付、両所惣代柳之坊兼円成寺先達同道方可罷下旨」とみえる。因幡堂・十禅寺などが「朱印改め」で江戸へ下向するに伴い、円成寺が同道していたことがわかる。この記事から読み取りたいのは、大徳院が柳之坊兼円成寺を意識している点である。これをふまえ、次の記事をみてみたい。なお因幡堂は、いわゆる院室の寺格をもち、十禅寺は京都山科に位置し、明正天皇に再興されたことが知られる(45)。

【史料5】

一廿二日晴　円成寺旅宿　下谷金杉三丁目西蔵院方江可尋存罷出候処、同人今日習礼ニ而青山疾江出、右相待退出之途中ニ而出遇、夫より同道日本橋辺江用向、室町之酒亭ニ而饗応被致、別而告候事京都円成寺武州大徳院親類同様ニ相心得、以来上方関東之振合相互ニ助援致候筈之口誓ニ及候事

この史料では、円成寺旅宿へ大徳院が訪れ、退出以後に出会い、日本橋で饗応となったとある。注目点は、大徳院と円成寺が「親類同様」である旨が示されていることである。遅くとも、嘉永七年の段階で両者は懇意の関係にあった。

なお天保期以降の大徳院は在地社会において「教育」活動を担っていた(46)。この点を若干補っておきたい。史料は「明治六年改　貸籍記　塾幹」と表紙にあるものである。内容は、大徳院が貸本を実施していた旨を示す。表紙裏には、「明治六年改　旧年借人未返之分」とある。書籍の未返却者が書き上げられているわけである。たとえば「天保十五辰年二月十六日　一五山堂待請神送　厚川　岱龍」とみえる。他には、川越南丁識法院、岩殿正学院、森戸新田三九郎など、同史料では天保十五年（一八四四）以降明治六年（一八七三）までの書籍未返却者を書き上げている。明治六年以降も新たに記載され始めており、天保期から明治期にかけて、大徳院が多くの人びとの「知」の拠点の一つとなっていたことを物語る。

以上、嘉永期から安政期にかけての大徳院のおかれた状況を略述した。①大徳院と円成寺が懇意の社会関係を有したこと、②在地社会において大徳院が「知」の主導的位置をもったこと、以上が確認される。このような大徳院のあり方をふまえつつ、次に大徳院と円成寺間の書簡を取り上げる。

〔Ⅱ　大徳院と円成寺の往復書簡の概要〕

まず、ここで中心的に使用する史料概要を述べる(47)。表紙（表題）は以下である。

【史料6】

「　安政二年卯より
信州御嶽山
御祈禱ニ付京都往復書状控
其外諸事留

三宮山納所」

安政二年から、御嶽山での祈禱実施をめぐって、京都との間での往復書簡が書き留められている。三宮山納所は、大徳院が使用している呼称である。また史料巻末をみると、安政六年までの記事が書き留められていることも判明する。次に書簡の数量をカウントすると、以下のように整理される。差出人・宛名人も確認する。

①安政二年　六月二十一日　梅林院から大徳院宛
②同　年　十月　二日　円成寺大僧都照空から大徳院法印御侍者
③同　年　十一月　五日　禁裏御宿院柳坊大僧都照空から正年行事大徳院
④（安政三年）十二月　大徳院周乗から円大僧都
⑤安政三年　正月二十八日　円成院大僧都から大徳院
⑥安政三年　正月　晦日　記載なし
⑦安政三年　十二月　周乗から円大僧都御前御侍者
⑧安政四年　四月　十七日　大僧都照空から大徳院
⑨安政四年　六月二十三日　柳坊大僧都照空から大徳院
⑩安政五年　三月　十六日　周乗から円大僧都

⑪安政五年　七月　十四日　大徳院周乗から円大僧都御前侍者
⑫安政五年　八月　八日　大徳院から柳坊大僧都
⑬安政六年　三月　　　　大徳院周乗から玉木河内介・岩室内記

この書簡は大徳院（周乗）と柳坊や円大僧都（円成寺）が中心的人物となっている。また右記の書簡以外にも、様々な記載が当史料には書き込まれている。そのため、ここでは便宜上、書簡として判読できる記事部分をカウントした。次節から書き込み部分の内容も含めて、書簡内容を整理する。なお④は、安政三年十二月の記載となっているため括弧を付した。

[Ⅲ　大徳院と御嶽信仰――書簡分析を通じて――]

まずは、安政二年から三年までの主な内容を述べる。①の書簡内容の確認から試みたい。この書簡の前には、「安政二年乙卯　御嶽山御祈被仰付」との記載がある。この記載を念頭におきながら、書簡①を検討する。

【書簡①】

一筆啓上仕候、先以御山内御法務御勤被成大慶之御儀奉存候、然上者此度拙僧儀四月下旬上京仕候所、柳坊御先達罷下り、信州御嶽山之地、早々御相談申、尤貴院様ニおゐて昨年中御相談之儀承知仕候、仍而此度御嶽山ニおゐて従　禁裏御所御祈之儀被仰付、御嶽迄罷下り一七《ママ》日之間御祈禱被仰付之趣御通達申候、何連御目ニ懸り候而御認可申上候、先者用向、早々以上

六月廿七日　　　　梅林院　拝

大徳院様

書簡①は、梅林院が大徳院に対して、御嶽山の禁裏御所から祈禱実施の旨を指示されたことを示す(48)。この背景には、梅林院が上京し、その際に柳坊御先達との相談があったことも記されている。梅林院の詳細は不明だが本

山派修験の一員とみられる。次に書簡②（安政二年十月二日）では、「此上関東筋講中、其外万端之儀者、貴君御方を初御頼申入候」とあり、大徳院らが関東筋の御嶽講の万端を円成寺側から「御頼」された旨が示されている。この他の詳細は、梅林院に伝えてあると記されている。

【書簡③】

以聞書申入候、信州御嶽山之儀、年久法儀未定ニ候処、①今般改而従　禁裏御所御祈之儀被　仰付、②大峯山同様例年六月廿五日より一七日之間、大護摩修行御牘御巻数等　献上、王体御加持被　仰出候、已来於御宿坊、右御祈可相勤儀ニ候、此間聖護院宮被　聞召、玉体御安穏寳雅延長一天泰平諸人之願意、精誠可尽懇祈旨候へ者、一派之繁栄厚思召候、就而者諸国より信仰之行者先達同行其旨相心得、当御宿坊江随従被致候輩、自利ニ他之宿願可抽懇祈候、乍併是迄講中之振合も有之候ニ付、③関東筋之事共、貴院江頼入存候間、夫々江遂入魂示談之上、信州御者引立有之儀、肝煎万端可被尽精誠候抔致度候、此度貴院より注進之模様次第　御殿表江及　言上御下知書等も可被　仰付候条、梅林院等申合、弥酬国家之深息、天下泰平諸講中宿願之程不宜抔、可被抽勤労頼入存候、恐々不備

禁裏御宿院

十一月五日　柳坊大僧都

照空（花押）

正年行事　大徳院貴衲

書簡③は、禁裏御宿院の柳坊大僧都が大徳院へ出した書簡である。(49) これによると、御嶽山への対応は、依然として定まっていないが、次の内容が示される。

今回改めて、禁裏御所の御祈りを仰せつかり、大峯山と同様の対応が命じられたという（傍線部①）。大峰山同

様に、十七日間の護摩修行などが実施されたことは注目できよう（傍線部②）。また「御宿坊」で、これらの祈願が実施され、聖護院宮も「一派繁栄」を試みたという。諸国から「信仰」のある行者も、これらの事情を心得ているという。そして関東からの講中の対応については、貴院（大徳院）へ依頼したい事情が示されている（傍線部③）。これらの点を梅林院にも申し合わせるともいう。

以上から安政二年段階で、禁裏御所宿院から御嶽山が大峯山と同様に祈禱の「場」として命じられたことがわかる。この動向を契機として、関東の大徳院が祈禱を通じて禁裏御所との関係をもつにいたったとみられる。

次に書簡④について取り上げる。主に六つの内容から成り、要点を整理する。一点目は大徳院が、十月二日・十一月五日の書簡を「拝読」した記事である。この中で、「山本坊下よりも少々上京之者も御座候得共、何連も拙僧之近辺ニ而無之、且其砌者少々不快ニ而」とみえ、大徳院が「肝煎」でありながら、参詣者の把握にいたっていないという。二点目は、大僧都転住に伴った扇子料献上の祝儀に関する内容、三点目は、当年に江戸で大地震（安政大地震）がおきたが、田舎（森戸周辺か）では被害が少ないとする内容、四点目は昨年の書簡（梅林院などの書面）が無事に届いたなどの内容、五点目は、御内下知書の趣を請けたことなど、六点目は、総持院様・大膳院様が昨年中家来を失ったことなど、以上である。ここまでが概ね書簡④の内容となるが、大徳院が円成寺大僧都照空と御嶽信仰のあり方をめぐって、一定度認識を共有していた点が確認できる。

書簡⑤は、新年の慶事に伴う内容である。書簡⑥は、安政大地震の被害が少なかったこと、講中取り立てに関すること、大膳院・総持院に関することが記されている。[50]

なお、ここでも安政地震の記事がみえるが、安政期にはコレラ騒動で吉田神社を勧請する事例も知られる。[51]安政期の社会世情は、在地の宗教者を取り巻く状況に何らかの影響をもたらしたとみられる。

次に書簡⑦の内容を検討するが、書簡⑥との間に次のような文言、「六月十二日出立　登山」がある。また、

「肝煎」として、次の三名（大徳院代　正蔵院、梅林院、幸手役僧　宮本院）の記載がある。大徳院・梅林院・宮本院が参詣者を取りまとめたという。そして書簡⑦では、「無拠赤工村正蔵院と申者拙院法脈ニ有之」とみえ、大徳院の名代として正蔵院が指名されている。この中には、次のような記事もみえる。

【書簡⑦】

（前略）当時別当と唱え自証院事、大敵ニ御坐候間、直下之儀ニ者無之儀奉存候、就而者尾州家之儀、拙僧差合も御座候間、御札献上等之儀御任せ可被下候筋ニ寄、御撫物等ヲも相願候積も御坐候、此儀も梅林院正蔵院より委細可奉申上候（後略）

注目点は、大徳院が自証院を「大敵」としていることである。先に述べたように、自証院は寛永寺と深い関係をもち、御嶽信仰の認可に大きな影響をもった。つまり、御嶽信仰を支える人々は、自証院を中心に講を形成していた。この講が、大徳院らにとっては、脅威的な存在として意識されたわけである。両者が競合関係をもって、御嶽講が展開したことになろう。この他、自証院と共に御嶽信仰の認可に関係した尾張藩に対する大徳院の対応もみえる。以上、安政二年から三年にかけて、大徳院は、柳坊大僧都や尾張藩との関係を通じて御嶽信仰へ関与した。

次に安政四年から六年までの主な内容を述べる。書簡⑧では、「信州御嶽山御祈之儀、去一月一七日従　御所表先例之通り、御沙汰御坐候条、別而例と相成候上者、無退転事御賢察可被下候、猶亦当国五月廿五・六日頃京都発足ニ而福島表六月中前後ニ入込候」などとある。実際に京都から木曾福島（福島表）へ大僧都が発足している旨が判明する。

この木曾福島の記事は、次の書簡⑨でも確認される。書簡⑩から⑬は、大徳院側の認識を示したものである。書簡⑩（安政五年）では、「段々御嶽山も興隆之儀ニ相成、誠ニ雀輝之至ニ奉存候、当年存者拙院も是非登山仕度、心懸居申候、登山も仕候ハ、、万端御引立之程奉冀候」とある。この段階での大徳院は、御嶽山への登山者が徐々に増加している旨の認識を示している。

なお書簡⑩と⑪の間には、「七月十五日出立登山　大徳院代僧周興坊、講中六七人」との記事がみえる。大徳院代僧が講を形成して登山したとみられる。これに伴い書簡⑪では、「周興坊拙院同様御引立之程」とみえ、「御引立」が御嶽登山に伴う修験の活動と言える。書簡⑫では、代僧が五・六日程引き連れ、七月二十二日に「田原」へ到着したなどの記事などがみられる。最後に書簡⑬を確認する。

【書簡⑬】

愚翰拝見仕候、春和之節益御機嫌克被遊御勤仕珍重之御儀奉存候、然者①信州御嶽山之儀柳坊大僧都是迄精誠被致己ニ本山一派御祈所之模様ニも相成、拙僧共ニ至迄御宗門ニ光輝と深喜悦仕候、且柳坊大僧都よりも拙僧江度々書状も被遣、各講中万事肝煎ヶ様被申聞候ニ付、拙僧も乍不及配慮仕、名代之者両度差登講中引立方仕候、②然処先年来東叡山御支配所之間ニ申成、彼院家自証院年々登山仕旨、江戸幷関東在々之講中一円ニ手付罷在候、其後ニ至り柳坊登山ニ相成候ニ付、（中略）何分申候而も自証院ニ利益有之候、③剰御末下修験ニ而講元先達等ニ相成、数多之講中支配仕候者も依然として東叡方ニ有之候、是等者御宗門と不忠千万ニ候得共、只今御威光ヲ以仕置仕候も、却而害端ヲ開き可申、（中略）将又昨年七月中拙院代講中之者引連登山仕候処、最早柳坊大僧都退山被致候跡ニ而、都而不都合ニ御坐候、其鄙雑説ニ者④柳坊大僧都如何哉、尾州家と被及異論候様承候、依之拙僧乍不及弥心配仕、則名代之者帰国致候哉否、早速柳坊方江明八日限問合之書状差遣候処、于今一向返翰無御坐、拙僧心配不忍黙止、依之（中略）関東筋講中之事日夜繁盛仕候得共、兎角自証院之指合御坐候而於拙院共難渋仕候、（後略）

書簡⑬は、柳坊大僧都を中心に本山派修験が御嶽山へ関与していたことを示すものである（傍線①）。そして東叡山支配の自証院が「御嶽山」に関与することとなり、江戸や関東の講が自証院に「編成」されている状況もうかがえる（傍線②）。さらに末下の修験の中で、講元や先達を担った人々も自証院側に関係を結んでいたとする（傍線③）。つまり東叡山側と柳坊の競合が生じていた。そして、柳坊と尾張藩の間での「異論」にも関連して、大徳院が度々書簡を送っていた旨が記されている（傍線④）。なお、当書簡は大徳院から玉木河内（本山派修験の取次）らに送られたものである。玉木は聖護院に属する、いわゆる「取次」として知られる。したがって、同書簡の内容が聖護院側に通じたことも示唆される(52)。

このように、当書簡の内容から、自証院に対抗する本山派修験の状況がうかがえ、注目できよう。一方で一部の本山派修験が自証院と関係を結んで御嶽山へ登山する状況もうかがえた。ここまでの一連の書簡は、本山派修験の一勢力が自証院を中心とした東叡山との対抗の中から作成したとみられる。

以上、御嶽信仰を支える人々には、寛永寺支配の自証院と柳坊大僧都と関係を有した大徳院らが並立して展開していた。ただし、自証院らが本山派修験を取り込む形も確認された。御嶽信仰展開の意義の一つには、これら在地修験のあり方に影響を及ぼしたことが掲げられよう。

むすびに

最後に、本章の主な内容をまとめる。第一に、天保期以降の土御門家による陰陽師編成を取り上げた。ここで明らかになったのは、年齢・性別・身分をこえて多くの人々が土御門家へ入門していたことである。さらに、土御門家の陰陽師編成には、富士山御師・先達が一翼を担っていた。また御師らは、在地社会での様々な呪術的行為の取締役も担った。この他、御師は元治期以降、谷村陣屋警護を命じられるにいたった。幕末期における御師とは、領主権力を補佐する形で在地社会における取締り業務を担った。一方、御嶽講の講元も、土御門家の作法を得ていた。幕末期においては、これらの民衆宗教の主導的な担い手と土御門家の社会関係が構築されていたことになる。明治四年、陰陽道は廃止となるが、陰陽道の「知」が富士や御嶽信仰の中に受けつがれていくと評価できよう。

第二に、御嶽講の展開を寛永寺及び本山派修験の競合に注目して取り上げた。寛永寺自証院が、御嶽講形成へ大きな影響力をもった点は改めて確認できた。一方、この動向に対抗する形で、本山派修験の活動もみられた。幕末期における本山派修験は、御嶽信仰に関係することで、自らの存立状況の整備を試みていたとみられる。

以上、本所権威を軸としながら展開する富士・御嶽信仰の展開を述べてきた。この問題は、民衆宗教と近世国家のあり方にも関連するテーマと考えられる。特に「禁裏御所」の祈禱活動と本山派修験が関与したように、幕末期の情勢に不可分に展開したとみられる。当該期の民衆宗教の展開を朝廷権威の浸透という問題意識の元で位置づけることも可能となろう。[53]つまり、民衆宗教の展開は、朝廷権威との関係で追究することが求められよう。このことが民衆宗教の展開を近世国家に位置づけていく上で重要視され、さらに近代国家と民衆宗教を捉えていく上で想定すべき事象と言えよう。

(1)　岡田博『報徳と不二孝仲間』（岩田書院、二〇〇〇年）参照。
(2)　生駒勘吉「御嶽信仰の成立と御嶽講」（『山岳宗教叢書九　富士・御嶽と中部霊山』、名著出版、一九八三年）。
(3)　同右。近年では、中山郁「木曾御嶽信仰の質的転換――木食普寛の開山活動について――」（『山岳修験　別冊日本における山岳信仰と修験道』（二〇〇七年）、菅原寿清『木曾御嶽信仰――宗教人類学的研究』（岩田書院、二〇〇二年）など参照。
(4)　在地修験が、どのように御嶽講形成を認識したのか。この点は各地で検証すべき問題となろう。澤博勝「日本における宗教的対立と共存」（『歴史学研究』八〇八、二〇〇五年）、他に本書序論参照。

（5）幕末期には国学者の動向が顕在化する。民衆宗教という類型される社会動向についても、朝廷権威の浸透の問題と関連づけた理解が求められよう。国学については、小野将「国学者」（『芸能・文化の世界』、吉川弘文館、二〇〇〇年）、同「近世の『国学』的言説とイデオロギー状況」（『歴史学研究』、二〇〇三年）なども参照。

（6）高埜利彦『近世日本の国家権力と宗教』（東京大学出版会、一九八九年）参照。特に当該期の祭祀権が文化期において幕府から朝廷へ移行するという指摘を念頭におく。特に十九世紀に入り、朝廷側が在地側へ祈禱実施を命じる動向も、民衆宗教の展開を考える上で捨象できない問題と理解する。

（7）同右書参照。

（8）梅田千尋「陰陽師」（高埜利彦編『民間に生きる宗教者』、吉川弘文館、二〇〇〇年）。他に同『近世陰陽道組織の研究』（吉川弘文館、二〇〇九年）。

（9）林淳『近世陰陽道の研究』（吉川弘文館、二〇〇五年）。他に高原豊明『清明伝説と吉備の陰陽師』（岩田書院、二〇〇一年）参照。また、井上智勝氏は神道者について、浪人から陰陽師へ転身する例を示している。多様な人々が陰陽道を受容することも念頭におく。また西田かほる氏は、甲州における神子の分析を通じて、陰陽道の浸透を示している。両研究ともに『民間に生きる宗教者』（吉川弘文館、二〇〇〇年）。

（10）『栃木県史　史料編　近世Ⅱ』（栃木県、一九七六年）七三四～七四二頁。

（11）『芳賀町史　史料編　近世』（芳賀町、二〇〇〇年）参照。

（12）『鹿沼市史　資料編　近世二』（鹿沼市、二〇〇二年）。この他、菊池卓「土御門神道と晃麓の神職たち」（『鹿沼史林』四二、二〇〇三年）参照。

（13）『壬生町史　通史編Ⅰ』（壬生町、一九九一年）参照。

（14）『東村山市史八　資料編　近世二』（東村山市、一九九九年）六七三頁。

（15）註（9）林書参照。

（16）『武蔵村山市史　通史編上巻』（武蔵村山市、二〇〇二年）。

（17）『加須市史　資料編Ⅰ』（加須市、一九八四年）。

（18）『三芳町史　通史編』（三芳町、一九八六年）など参照。

(19)『大利根町史　資料編』上巻（大利根町、二〇〇〇年）。

(20)拙稿「富士山御師の活動と陰陽師編成」（『富士山御師の歴史的研究』、山川出版社、二〇〇九年）参照。詳細は拙稿に譲るが、ここでは外川美濃の陰陽師編成に注目する。以下、拙稿で明らかにした外川美濃について補足する。①文化期には、檀那場において「易」「祈禱」などを実施していた。②外川は「家相」の「知」をもっていた。③富士講先達へ「行名」許可を行っていた。④檀那場には、多摩郡・入間郡・葛飾郡、江戸などが存在した。

(21)田辺四郎家文書（富士吉田市）。職札の位置づけについては、註(9)林書、一六一頁から一六六頁を参照。明和期、触頭吉村権頭が陰陽師組織編成の改革を志向した。林氏は主な特質を三点に整理している。ここでは本章と関わる、主な要点をまとめておきたい。①土御門家配下陰陽師を入門の順により、いくつかの組（古組・新組・売卜組など）に分類できる。そのうち、売卜組は、他の法職の者で占考を行う兼業的陰陽師と定義されている。②職札の改定がなされた。③江戸役所は陰陽師の職分の中核を占考にすえて、組織編成を進展させた。

(22)田辺四郎家文書（富士吉田市）。

(23)註(6)高埜書、註(9)林書参照。

(24・25)註(22)文書参照。『富士御師の生きた集落』（甲州史料調査会、一九九八年）。

(25)註(22)文書参照。

(26)桑原継男家文書（富士吉田市）。『富士吉田市史　史料編第四巻　近世Ⅱ』（富士吉田市、一九九四年）参照。史料番号三八九。同家史料の性格は、『古文書所在目録　第三集』（富士吉田市、一九八三年）参照。上吉田村御師や川口御師は、元治期以降、谷村代官所の警護を担っている。元治期には、御師は武備と共に本章で述べた宗教や医療に関する取締りを担う存在となっていたことになる（本編前章参照）。

(27)海原亮「近世の都市の『医療』環境と広小路空間」（『江戸の広場』、東京大学出版会、二〇〇五年）、他に澤登寛聡「富士信仰儀礼と江戸幕府の富士講取締令」（『法政大学文学部研究紀要』四七、二〇〇二年）参照。

(28)註(20)拙稿参照。

(29)註(26)参照。同家が医者の家として名前が挙がるのは、桑原玄海が初見だという。なお文化十二年に大明日見村で蘭方医として開業していることが判明している。『富士吉田市史　通史編第二巻　近世』（富士吉田市、二〇〇一年）六一七頁参照。

(30・31) 田辺四郎家文書。

(32) この他、富士山御師の和歌等の文化活動が知られる。また御師の檀家寺にあたる西念寺住職も考証活動を展開させていた。

(33) 馬橋家文書(埼玉県鶴ヶ島市)参照。同家文書については、『鶴ヶ島市諸家文書目録(4)』(鶴ヶ島市、一九九三年)参照。詳細は拙稿「十九世紀における宗教の共存と在地社会——木曾御嶽信仰をめぐって——」(『禅と地域社会』、吉川弘文館、二〇〇九年)に譲る。武州児玉郡本庄の禅宗安養院境内には、慶応期において中興の祖=普寛堂が建立される。御嶽信仰の拠点の一つが禅宗寺院となっていたことを示す。民衆宗教の進展には、曹洞宗寺院側の共存の方針がみられたと言える。

(34) 註(18)に同じ。

(35) 註(33)拙稿参照。児玉郡下阿久原村寿光寺(真言宗)の例を述べる。同寺は、児玉郡成身院末の真言寺院であり、村内部では鎮守の別当を担った、村内の中核的宗教施設である。同年には、村内の勘右衛門と寿光寺及び百姓十九名、さらに世話人と同寺院が一札をとりかわしている。万延元年(一八六〇)には、御嶽権現の碑に、参詣人が増加したという。そこで当寺院の他に百姓らが当地を借り受けることになった。同年には、講中や先達といった御嶽講に関与したとみられる人々が寿光寺に対して、講中では世話が行き届かないために、同寺へ御嶽大権現碑文の管理を任せている。この時世話人の一人が勘右衛門(新田勘蔵)である。新田勘蔵は、明治三年(一八七〇)、関甲堂琴高(詳細は不明)から陰陽道入門許可の一札を受けた。この新田勘蔵は明治十年代以降、下阿久原村の御嶽信仰の先達として活躍する。ここにも先達層の陰陽道受容が認められる。

(36) 註(3)中山論文参照。なお嘉永四年(一八五一)、日光山の大真名子山へ輪王寺宮本坊の御納戸役の高野将監が御嶽権現を勧請する。この背景には、野州足利小俣村の高野の縁戚である大川繁右衛門の動向が明らかにされている。天保期以降、幕府の聖地=日光山へ御嶽権現が勧請され、その聖地化とも評価できる状況が生じている。

(37) 『志木市史 近世 資料編Ⅲ』(志木市、一九八七年)五六六~五六九頁参照。

(38) 万延元年には「御嶽山護摩堂再建寄付帳」が作成されている。世話人に二名みえ、嘉永期以降の御嶽山の状況をうかがうことができる。その中では、幕府取締りに対する象徴として、護摩堂を尾張藩の祈願所として寛永寺の直轄にしたという。このような動向を背景として、御嶽信仰が展開していくことが明らかにされている（註2生駒書参照）。

（39）馬橋家文書。

（40）澤博勝「日本における宗教的対立と共存」（『歴史学研究』八〇八、二〇〇五年）参照。

（41）第二編第三章参照。

（42）大徳院文書・文書番号八五四。

（43）円成寺は京都東山に位置した本山派修験先達のことで、天台寺門派を兼ねた。宮家準『山伏　その行動と組織』（評論社、一九七三年）一一八頁参照。円成寺については、次節以降で中心に取り上げる。

（44）大徳院文書・文書番号五〇。朱印改については、松本和明「近世朱印寺社領の成立について――慶安元・二年の新規安堵を中心に――」（『論集きんせい』二九、二〇〇七年）、重田正夫「明治維新期における寺社朱印状の差出――武蔵国での実態と西角井家諸国寺社朱印状」（『埼玉県立文書館研究紀要』二一、埼玉県、二〇〇八年）参照。

（45）宮家準編『修験道事典』（東京堂出版、一九八六年）一七六頁参照。

（46）第二編第三章参照。

（47）大徳院文書・文書番号七七。

（48）後述するが、円成寺は大徳院へ関東筋の御嶽講を主導する「肝煎」を依頼する。

（49）金考宣「幕末の外圧と朝廷――外患祈禱を中心に――」（『論集きんせい』二三、二〇〇一年）など参照。同氏によれば、弘化嘉永期における朝廷側の積極的な外患祈禱のあり方を明らかにしている。本章でも、この見解を受けつつ、安政期に限定されるが、在地側の状況から、当該期の朝廷側のあり方を念頭におきたい。

（50）大膳院は、本山派修験の先達に該当し、京都大政所に位置した。註(43)参照。

（51）高橋敏「安政五年のコレラと京都吉田神社の勧請」（『国立歴史民族博物館研究報告』一〇九、二〇〇四年）など参照。また入間郡寺山村林蔵院（史料4参照）は、嘉永七年正月から二月にかけて、東海道筋の寺社を対象に「夷狄退攘」の祈禱を実施している。たとえば正月二十一日の入間川八幡宮に始まり、二十二日八王子瀧川神社、二十三日厚木熊野権現、二十四日井ノ神明神といったように、東海道筋へ出向いている。八塩家文書二八九（『埼玉県立文書館修造文書目録三八』、埼玉県、一九九九年）参照。当該期の東海道筋では、国学の展開が知られるが、このような修験の活動にも注目すべきであろう。

(52) 以上の動向から、輪王寺宮と聖護院の関係性を問い直す必要性があろう。この点は、今後の課題とせねばならないが、奈良の吉野一山は輪王寺宮から学頭が任命されることも知られる（註43宮家書参照）。

(53) 富士・御嶽信仰ともに朝廷権威の浸透との関連のなかで追及すべき課題と言えるだろう。また両信仰ともに寛永寺が関係することから、「近世仏教」を捉える一つの視角にもなりえよう。

結　語

本書は三編にわたって、当該期における宗教と社会の関わりを述べてきた。以下、これらを総括し、新たな課題等を示す。

一　各編の整理

第一編では、奥州信達地域を中心対象として、神職・修験の組織化、さらに寛永寺直末寺院のあり方を取り上げた。また、十六世紀後半から十九世紀後半を対象と設定した。そのため在地社会と宗教のあり方の変遷を追うことができた。

第一章では、当地における惣社制（神職組織）確立が、概ね十八世紀初めに完了したと位置づけた。また惣社制は、惣社祭礼への「神職」らの参勤を軸に組織化が図られた。また元来、惣社祭礼への「参勤役」が、人々を結集させる論理となっていたことを指摘した。この「参勤役」は、負担という性格ばかりでなく、祭礼へ参画することが、いわば在地でのステイタスになったとみられる。この集団化を基礎としつつ、惣社神主は神職編成を担った。さらに惣社神主は、吉田家からの「神主号」の神道裁許状を受給することで、郡域の神職との差異化を図り組織化を進展させたことを示した。

第二章では、小手地域の神職・修験を取り上げ、当地の惣社神主（春日神社神主）は、惣社を介して神職・修験

（六供）の編成を担ったと位置づけた。当地における惣社は様々な宗教者の結集する「場」として存立した。つまり、惣社は神職、修験のどちらかの勢力が排他的に掌握できず、共存関係が保持された「場」であった。特に、六供と称する宗教者の存在なども確認でき、当地の宗教者のあり方を示した。

第三章では、神職・修験編成を取り上げつつ、羽山信仰の主導者＝「先達」を分析した。「先達」をめぐっては、十八世紀以降、神職・修験間で軋轢が生じた。ここでは「先達」から神職へ転進する例を示したが、実態レベルにおいては修験と明確に分化できなかった。そして当例の神職は、羽山信仰の「先達行為」を取り込むことで、その立場を確立させたことを指摘した。したがって、「神仏」境界の曖昧な世界観を、神職が取り込むことで、自らの存立基盤を固めたとみられる。

第四章では、十八世紀半ばにおける惣社神主の交代、社号獲得を求める神職、天保期以降、惣社祭礼不参の神職の登場など、概ね十九世紀以降の惣社制の展開を示した。また、神職間の縁戚関係が神職組織を内部から規定したことを示した。

第五章では、寛永寺直末寺院（霊山寺）と在地社会のあり方に注目した。霊山寺は享保期以降、輪王寺宮との繋がりを保持しつつ、惣社神主（梁川八幡神社神主）との合意の元に存立した。十九世紀に入ると、霊山地域は南朝方の史蹟の「場」として顕彰された。また当地の国学者集団＝「みちのく社中」は、霊山顕彰を明示させ、一方惣社制を相対化させる動きもみせていた。当該期の様々な社会矛盾を止揚する象徴として、霊山地域の顕彰が図られたと評価した。

補章として、伊達郡の百姓層（菅野八郎など）が南朝の系譜認識を持ちえていたことを示した。特に、八郎研究との関連も意識した叙述を試みた。さらに明治期に創設される別格官幣社の創出の諸前提としての信達地域の状況を展望した。

以上、当該地域のあり方をみてくると、十七世紀後半以降、惣社制や修験組織などが整備されていったが、十八世紀末に入ると一定の相対化が図られた。一方、十八世紀以降、霊山寺は、山王権現の権威づけを進展させ、在地社会での位置を確実なものにしていった。ここに霊山寺を軸とした秩序が在地社会を規定していたことが認められた。そして、当該地域では、いくつかの「一山組織」とも言うべき「場」が存在したことも留意されよう。つまり、霊山寺を中心とした「編成」のあり方、小手地域の惣社制（修験の関与）、信夫山の六供の存在などが掲げられる。したがって、当地の例から宗教者組織のあり方を示せば、それぞれの本所―宗教者という形のみの理解で組織形成の確立を述べることについては課題を残した。すなわち宗教者は本所権威を受容し組織に編入されつつ、個々の「場」での主導層と関係を保つことで存立を保証されていた。

具体的に言えば、霊山寺の例では、一部に梁川八幡神社との間で編成された神職（社家）が存在し、その上で霊山寺を核とした秩序が形成されていた。小手地域では、神職・修験が惣社を介して共存関係が図られていた局面も重要視される。このような本所を軸とした編成とは別の形の「編成」が、在地社会を規定していくことになった。このことは、同郡域レベルでいくつかの宗教勢力を取り上げることで浮上した秩序のあり方と位置づけられる。

第二編では、関東各地を対象として、本山派修験及び禅宗・真言宗寺院のあり方を中心的に取り上げた。本編で意識した主な研究史は、祭道公事論・地帯区分論であった。

第一章では、天正期から元禄期にかけての、本山派修験に注目した。これまで注連祓い役銭問題は本山派修験の社会的後退の指標であった。しかし、当役銭問題の重要性は、「平和」到来に伴い、宗教者間の秩序が再編されたことに要因があると示した。十六世紀末から十七世紀初頭にかけての、「平和」到来は、修験の「稼ぎ場」をも減退させたと言える(1)。さらに関東においては、元禄期の役行者の遠忌事業に伴って組織編成が進展したことを述べた。同時期において、相模国では注連祓いをめぐる争論が修験と真言宗寺院等の間で生じた。ここで本山派修験は、後北条段階から注連祓いを担ってきた内容を正当性の論理として語った。また、この一件を示す史料は、相模国各地へ「写」として伝来してきた。訴訟結果を真言宗側の勝訴として評価することは容易だが、本山派修験は慶長期以前の差配を由緒として訴訟にあたったことを指摘した。このような由緒を軸に、十七世紀半ば以降、本山派修験は集団化を強めたと評価した。

第二章では祭道公事論の再考及び武蔵における修験の存在形態を示した。主に以下三点を指摘した。①葬祭は僧侶及び修験との共存の上に成立する例があった、②百姓山伏などは禅宗等の在地寺院と積極的に共存関係を取り結ぼうとしていた、③十八世紀以降、修験編成が進展し、修験の「家」が形成されていた。(2) しかし、修験は禅宗寺院等との関係（修験妻の人別管理など）をめぐって混乱していた。

①については、祭道公事の分析を通じて、禅僧らは葬祭の中での「引導」権を確保したと位置づけた。したがって「引導」以外の葬祭のあり方は、在地社会の修験と禅僧、村や檀家層に決定権が委ねられた。そのため、葬祭を介して禅僧と修験が共存関係を構築する局面も想定された。ただし、概ね葬祭をめぐって、僧侶の主導性は漸次的であれ確保されていった。なお、葬祭が様々な儀礼作法（日取・時取など）から成り立っていることにも留意すべきである。以上の状況を大局的にみれば、幕藩権力は葬祭の一部に修験が関与する余地を残したと言える。したがって、当該期の葬祭の基本構図は、葬祭を僧侶が独占的に担う場合と葬祭を僧侶及び修験の共存関係から成立していた例があると見通すべきである。

また②③で指摘したように、十八世紀後半にいたっても修験と在地寺院の関係は継続した。秩父郡では、禅宗との関係を望んだ修験も確認できた。呪術性の象徴のようにイメージされる修験だが、在地寺院の存立を支えつつ、宗教活動を試みていたと評価できる。したがって、修験を分析対象として抽出し、呪術性の象徴のように把握することは一面的である。修験とは、在地寺院の活動を補佐（呪術的な活動）する形で存立したことも想定すべきである。すなわち、寺院と修験については対抗関係ばかりでなく、共存のあり方が存在し、これが在地寺院の性格づけにも関係したと捉えるべきであろう。端的に言えば、在地寺院を支える宗教者、このような立場が修験に存在したのである。

第三章では、修験（大徳院）が禅宗寺院と共存を図りつつ、復古性を意識した文化活動を展開させた例を取り上げた。ここから修験の活動範囲が多岐にわたる旨を示した。また、明治期以前の活動は、それ以降の旧修験による文化活動の基盤となったことを示した。以上から、安易に修験＝呪術性の象徴とするイメージは相対化すべきである。なお大徳院については第三編でも取り上げた。

第四章では、十八世紀以降の禅宗寺院（曹洞宗長林寺）及び禅僧と在地社会の存立状況に迫った。まず境内地のあり方や村内での位置づけを試みた。ここでは衆寮の機能や有力檀家なども取り上げ、同寺院の位置づけを試みた。当寺院の衆寮は僧侶輩出基盤として存立した。衆寮には山川村から「修行僧」が入り、後に長林寺末寺住職へ輩出する例が確認できた。ここに当該寺院と山川村のあり方の一局面がみえる。一方、檀家の先祖供養の担い手は、少なくとも長林寺及び高野山の子院から成り立っていた。なお同寺院は高松坊らの修験との共存関係もみられた。このような村内での状況と関連して、長林寺住職は江戸城年頭御礼（五年に一度）を遂行していた。同寺が朱印地をもったことが一つの要因とみられる。また、住職の江戸城参勤に伴い、江戸での「宿寺」との関係構築も確認された。この他、当該寺院の末寺寺院や村落への影響力を述べた。

以上、本編では四章にわたって修験及び禅宗等を中心に取り上げた。研究史上、当該期の修験が各地で様々な活動を担ったことは自明であった。本編では葬祭の「場」への関与、後北条氏や徳川家康との由緒を軸とした集団化、そして宗教活動の展開、幕末期の復古的な文化活動が確認できた。以上から強調すべきは、修験が本所から公認を受けつつも、禅宗寺院等との関係を遮断せずに存立していた点である。この社会関係は、国家側の規制というよりは、在地寺院・神社との社会関係を軸に展開した。ここに当該期の修験のおかれた性格の一面が存在すると考える。一方、第四章で取り上げた禅宗寺院は、檀家の高野山への先祖供養を許容していると言え、在地社会の潮流に抵触せずに存立していた。さらに「修行僧」とも言うべき、住職と立場を異にする「宗教者」の存在にも注目した。このような寺院側のあり方、つまりは在地社会の様々な事象を組み込みつつ存立している状況（組み込むことを前提とする状況）にこそ、当該期の寺院の性格（役割）の一端があったと評価できよう。これが次編で取り上げた民衆宗教の問題とも関連する。

第三編では、民衆宗教（富士および木曾御嶽を対象）の展開のあり方を取り上げた。特に本所側の動向を意識して、民衆宗教を取り上げた。そしてここでは近世国家に民衆宗教を位置づける試みを行った。

第一章では、吉田口富士山御師のあり方について、寛永寺との関係性を中心に見解を示した。御師の中には一時的に寛永寺下に編入する動きをみせたものがあり、さらに寛永寺直末寺院が忍野八海信仰の再編などへ関与した。つまり富士信仰の展開の一面には、輪王寺宮を頂点とする寛永寺権威を受容した動向があったと位置づけた。

第二章では、土御門家の陰陽師編成およびそれに関連する富士山御師や御嶽講講元を取り上げた。まず天保期以降の在地社会において、陰陽道の「知」が普及したことの意義を追及した。ここにも富士・御嶽信仰展開の意義を示すことができた。特に富士山御師の場合は、土御門家との関係構築を契機としつつ、在地社会における医療や呪術的な諸問題についての取締りを担った。また御師は、谷村陣屋警護を補佐するなど、領主権力との関係構築も確認された。さらに木曾御嶽信仰のあり方について、武州地域伝来の史料を中心に分析を試みた。御嶽講は、寛永寺下や円成寺下に入ることで展開した。円成寺―大徳院の例では、安政期において御嶽山が「外患祈禱」の「場」として顕在化することがうかがえた。

幕末期における攘夷やコレラ問題等と関連して、これらの祈禱を担う人々の存在意義が浮上することになったと評価される。[3]御嶽講の展開は、これらの幕末世情と朝廷権威のあり方とが合わさり、在地社会へ普及したと展望できる。ただし、大徳院の例から見通せるのは、反対に寛永寺側の積極的な動きと言えるだろう。

以上、民衆宗教展開と寛永寺や本所の動向などが関係をもったことを示した。そして、あくまで明治期以前の富士・御嶽信仰が「近世仏教」と乖離することなく展開したことも強調しておきたい。したがって、次なる政治勢力は、これらの諸動向の再編を図ったことになる。

二　近世社会と宗教——各編の整理を通じて——

以上、各編の整理から、当該期における宗教と社会のあり方、特に宗教と権威の問題を展望したい。第一に、輪王寺宮と本所権威をめぐる問題、第二に、在地寺院と修験の関係性をめぐる問題、これは宗教意識の把握方法にも関係する、第三に、民衆宗教の展開と様々な本所権威、寛永寺との関係構築の問題。以上の問題は、本書三編のそれぞれの内容と概ね重なりをもち、相互に規定しあう。まず、それぞれを補足しつつ、最後に近世社会と宗教のあり方についての総括と課題を述べる。

まず一点目は、輪王寺宮を頂点とした宗教権威が在地社会を規定したことを指摘した。当然ながら、この問題は当該期における日光東照宮[4]および徳川将軍家と宗教の位置づけに関係する。[5]輪王寺宮は、幕府草創期には存在せず、十七世紀半ばに設立された。つまり、宮家創設を起点と考えれば、この動向は当該期の宗教編成のあり方に影響をもたらしたと捉えるべきであろう。しかし、これまでの研究史では輪王寺宮と在地の事情について、積極的に迫った成果はみられなかった。そして輪王寺宮の位置づけは、「近世仏教」の評価とも関連する大きな問題と言える。

なお、当初江戸幕府は、仏教（修験などに対する）を中心とした国家体制の構築を志向したとみられる。[6]特に葬祭裁定（引導権の問題）が修験に対して僧侶に優位な指針を示したことにみられる。しかし、遅くとも寛文期には、様々な宗教者の活動を認め、個々の本所を軸に宗教者の組織化を進展させた。このような状況と共に、輪王寺宮の存在は大きな位置を占めるにいたったとみられる。そして、抜群の権威を有した輪王寺宮は徳川家のあり方とも不可分にかかわった(7)。

また、十九世紀に入ると、寛永寺は民衆宗教の展開にも影響力をもったことを述べた。当該期の人々は檀家寺院、つまり「家」を軸として寺院と社会関係をもったが、民衆宗教をもささえた。すなわち輪王寺宮を頂点とした宗教権威は、当該期における檀家寺院と「家」の関係に依拠するのでなく、それを含みつつ、むしろ「面的」に人々を取り込み在地社会へ影響力をもったと言えるだろう(8)。この状況は、後述する宗教意識の問題とも不可分にかかわった。

二点目の問題は、在地寺院の「場」の理解をめぐるものである。ここから当該期の人々の宗教意識と関係する問題を述べる。本書の冒頭でも、岩田浩太郎氏の研究史整理を取り上げた(9)。ただ、強調したい点は、寺檀制度を担うレベルの在地寺院が近世後期にいたっても民衆からの要求や要望にこたえる様々な宗教事象を積極的に取り込む局面があったことである(10)。さらに民衆宗教の展開には、寛永寺が関与したことを述べた。つまり、在地寺院は、これらの動向と反目することなく存立していた。このような在地寺院の包含的な性格は、十六世紀後半以降、つまりは在地寺院設立段階から有した寺院の性格と評価しておきたい(11)。

なお、このような在地寺院の性格は、近代以降の各宗派での「教学」が形成されて以降は、大きな矛盾として認識、排除されていったと推察される。したがって、当該期の宗教意識の問題を理解する場合、在地寺院の「場」としてのあり方が焦点となってこよう。

三点目として、民衆宗教展開の問題を「信仰」という問題に収斂せずに、朝廷権威や幕末情勢との関係性の中で捉える必要性を述べた。研究史上、近世国家の祭祀権が文化期には幕府から朝廷に移ったことが示されている(12)。十九世紀に入り、朝廷側が祭祀権を主導していく問題と民衆宗教の展開も視野にいれた叙述が求められるのではないか。ここに、何故、民衆宗教が在地社会へ浸透したかの、一つの理由が判明するのではなかろうか。まさに朝廷権威の浸透という状況が、これらの動向と関連して展開したことを見通しおくべきであろう。

三　総括と課題

最後に近世社会と宗教についての総括と課題を示す。本書では、本所の動向を軸にしながら、輪王寺宮権威との関係性を重視し、在地社会と宗教のあり方を述べてきた。特に、本書で取り上げた関東や南東北の在地社会においては、本所とは別の形で輪王寺宮の影響が確認できた。このことは十八世紀以降の日光山と社会のあり方を理解する上でも捨象できまい。これまでの当該期の宗教と国家のあり方を捉えていく上では、本所側の意向が注目されてきたが、日光山をめぐる政治と宗教のあり方が重要事象として注目できよう(13)。特に、輪王寺宮の権威が各宗派等へ横断的に影響を及ぼしていたことは強調したい。今後も、このような視角をもちつつ、在地社会における各宗教の共存と競合のあり方に迫る必要があると考える。このことが日光山の権威性ともかかわる問題ともなろう。

一方、先にも述べたように、宗教施設＝寺社の「場」の把握方法にも重要性がひそむと考える（第一編第二章）。また本書では、国家側の規制を源泉とするのではなく、在地寺院等と共存の方針をとる修験の実態を確認した。さらに、在地の宗教施設や宗教者の性格には、当然ながら個別宗派や各本所の動向に収斂できない側面が存在した（第二編第三章）。このような状況の上に、修験の攘夷に連なる活動などが存在した。幕末期の宗教者と攘夷に伴う社会動向との関連は、今後も重要な視角になりえよう。

そして、このような在地社会のあり方は、民衆宗教の展開とも関連したと言える。これまで在地の寺院（仏教）は、民衆宗教に相対化される局面が指摘されてきた。しかし、在地の宗教施設及び宗教者は、民衆宗教に相対化されたというよりも、これらに共存する局面があった。つまり、在地側は民衆宗教とコミットし、新たに「編成」することもあり、この場合、在地の宗教施設がそれらの展開と不可分な「場」となりえたのである。

繰り返しになるが、これまで当該期の宗教と国家のあり方を捉えていく上では、個別宗派や本所側の動向が注目されてきた。しかし、輪王寺宮の権威受容にみられるように、支配系統を横断する形で受容される権威のあり方が存在した（第一編第五章）。そして在地社会の寺院・神社も、個別宗派や本所をこえる形で存立し、様々な諸権威を受容する「場」ともなりえた（第二編第三章参照）。このような在地寺社を介した宗教と諸権威のあり方は、近世社会と宗教を捉えていく上で重視すべき事象となろう。

そして、輪王寺宮に注目すれば、自ずと徳川将軍家や寺社奉行、さらには領主の立場[14]、武家自体の宗教との関わり[15]、つまりは武家政権と宗教の関わりに改めて注目する必要があるとみられる。そのことが日本近世における宗教と社会の構造的理解の深化につながると考える。今後の著者の課題としたい。

（1）この問題は、修験に限定した問題ではなかろう。「平和」到来は、人々の生存の問題に深く関係したことが指摘されている。藤木久志氏の一連の成果を参照した。

（2）十八世紀段階における武州の修験は、夫と妻の人別管理の差違が認められた。なお、朴澤直秀氏は「一家一寺制」の問題を深めている。この問題は修験などの宗教者のあり方を捉える上でも注目できよう。同「幕藩権力と寺檀関係――一家一寺制法令の形成過程――」（『幕藩権力と寺檀制度』、吉川弘文館、二〇〇四年）参照。

（3）高橋敏『幕末狂乱』（朝日新聞社、二〇〇五年）。

（4）山澤学『日光東照宮の成立』（思文閣出版、二〇〇九年）参照。

（5）曽根原理『徳川家康神格化への道』（吉川弘文館、一九九六年）。
（6）第二編第二章参照。
（7）『国立市史　中巻』（国立市、一九八九年）。このような問題と関連して、十九世紀初頭、武州調布深大寺が谷保天満宮別当安養寺保管の「北野天神縁起絵巻」の管理に動き出した例がある。菅原道真を象徴とする御霊信仰の問題に関連し、天台宗がこれらの「宗教」を主導的に掌握しようとしていたことを意味しよう。また、仙台泉岳寺等所蔵の「融通念仏縁起」は、天台宗寺院に伝来する。これら天台宗が絵巻・縁起等を何故に重視するかも重要な問題となってこよう。
（8）修験の檀家が、御嶽講とどのように関わるかは今後の課題としたい。また、これは祈禱寺檀関係の問題を深化させることにも繋がると考える。註(2)朴澤書参照。また第二編第三章註(14)では、祈禱檀家を一時的に天台宗寺院と修験が預ける事例を示した。
（9）岩田浩太郎『新しい近世史五　民衆世界と正統』（新人物往来社、一九九六年）二四頁参照。他に澤博勝『近世の宗教組織と地域社会』（吉川弘文館、一九九九年）一九七頁参照。宗教意識についての研究史は、近世後期、寺檀制度外の宗教（民衆宗教）が民衆の宗教的要求・期待にこたえるようになるとする見解が存在する（高埜利彦『近世日本の国家権力と宗教』東京大学出版会、一九八九年、一一二頁参照）。
（10）第三編第二章参照。武州本庄宿の禅宗寺院境内には、御嶽講中興の祖の堂＝普寛堂が建立された。禅宗寺院が民衆宗教の拠点となる場合があった。また南奥州の霊山寺の例では山王権現を権威づける形で、在地社会の要望にこたえたことを述べた。これ以外にも、武州中藤村の陰陽師指田家の例は、在地寺院との共存関係が前提となっている。林淳『近世陰陽道の研究』（吉川弘文館、二〇〇五年）。
（11）中世末期以降の寺院設立は、僧侶が修験らの活動領域を奪取、再編することで整備されたことを想定する。これらの活動領域は、極めて習合的な性格をもっていたことは自明となっていよう。すなわち設立時点から、寺院は様々な社会的ニーズに対応したと言えるだろう。
（12）高埜利彦『近世日本の国家権力と宗教』（東京大学出版会、一九八九年）。高埜氏の成果をふまえ、十九世紀の日光山のあり方は、国家と宗教を考える上でも検討すべき課題と言えよう。
（13）同右。

(14) 藤井譲治『徳川将軍家領知宛行の研究』(思文閣出版、二〇〇八年)。
(15) 岩淵令治『江戸武家地の研究』(塙書房、二〇〇四年)。

あとがき

本書は、駒澤大学に提出した学位請求論文を加筆修正したものである。主査廣瀬良弘先生、副査久保田昌希先生、中野達哉先生に御審査いただいた。まずは三先生をはじめ、駒澤大学文学部歴史学科の諸先生にも改めて御礼申し上げたい。

さて、本書は、私の二十代から三十代始めまでの約十年間に発表した研究を再構成し、まとめたものである。主に、駒澤大学の大学院在籍中に研究を試みたものであり、多くの諸先生や諸先輩の御指導を中心に、同世代の方々の御協力の上になったものである。ごく一部に限らさせていただくが、これまでお世話になった多くの方々への御礼を述べ、私のあとがきとしたい。

まず廣瀬良弘先生には、大学入学以来、様々な面で御指導いただいた。本書中の注記でも引用したが、当然ながら多くの学恩を受けている。なお本書の刊行についても、思文閣出版を御紹介くださり、重ねて感謝申し上げる次第である。久保田昌希先生には、歴史学の門を開いていただき、その後も様々な場で御指導・御助言をたまわった。中野達哉先生には、市長村史の編纂事業など、実践の場で御指導をたまわった。三先生からは、審査ばかりでなく地域社会を舞台とした歴史研究のあり方を中心に御教示いただき、今日にいたっている。

また学部生から大学院修士課程までの間、お二人の先生にもご指導たまわった。所理喜夫先生・故葉貫磨哉先生である。所先生には、実際の現地調査のおりに、学問に対する姿勢・厳しさなど、様々なことを御教示いただいた。故葉貫先生には、本書第一編で取り上げた霊山地域の重要性を御指摘いただくなど、宗教史研究の動向についても学ばさせていただいた。

このほか、小泉雅弘先生には、山梨県富士吉田市にお連れいただくなど、富士山御師の調査に数度、同行させていただいた。それ以来、富士山研究に限らず、研究の問題関心を広げることができた。また、駒澤史学会や駒澤大学大学院史学会などの諸先輩や会員の方々にも、御礼申し上げたい。

また、研究活動を続けていく上で、各地の研究施設にもお世話になった。このほか、史料閲覧に際しては、埼玉県立公文書館、福島県歴史資料館などが挙げられる。このほか、史料閲覧に際しては、鶴ヶ島市教育委員会、坂戸市教育委員会などにも御協力いただいた。また、福島県内では、桑折町史編纂室、梁川町史編纂室、保原歴史文化資料館の皆様にも、多くの御教示をたまわった。特に当時、福島県歴史資料館におられた阿部俊夫先生や、桑折町史編纂室の田島昇先生には、様々なお話をお聞かせいただいた。このほか、東北大学附属図書館、福島大学附属図書館、福島県立図書館などの各施設にも御協力いただいた。

そして、梁川天神社宮司の関根誠様にも快く調査をさせていただき、御礼申し上げたい。若輩者の私の研究にも、御理解とご協力をいただき、また多くを御教示いただいた。

さらに、学会・研究会・調査会などでも多くの諸先生等に御指導をたまわった。まずは、関東近世史研究会を掲げたい。逐一、名前を掲げるのは避けさせていただくが、大会運営委員会を中心にお世話になった。また会では、いくつかの企画がなされ、私自身が比較的参加できた一つには、小平市中央図書館の伊藤好一文庫の整理があった。二つには、会で開催したシンポジウム「生命維持と『知』――医療文化をめぐって」に、幹事役として参加できたことであった。前者では三野行徳氏、後者では中山学・細野健太郎・長田直子氏らと交流がもてた。

このほか、地方史研究協議会、戦国史研究会、社寺資料研究会・甲州史料調査会・法政大学の学術フロンティア・十九世紀と社会変動研究会などでもお世話になった。その中でも宗教と社会研究会では、高埜利彦先生を始め、幹事の諸先生（青柳周一・井上智勝・故澤博勝・西田かほる先生）を中心に多くを学ばさせていただいた。論集にも参加させていただき、その際には井上先生に多くの御意見をいただいた。この他、当会を含めて、日頃から靭谷嘉史・原淳一郎の両先生にも、様々な御意見や御助言をいただいている。

また、栃木県足利市の山川長林寺資料調査会では、矢島道彦先生をはじめ、調査会会員の諸先生にも、様々な御指導や御助言をいただいた。また資料調査会に限らず、皆川義孝、本書のお手伝いもしてくださった林謙介、両氏にも御礼申し上げたい。そして、初谷家文書の所蔵者である初谷芳雄氏にも、御協力いただいた。

さらに、この間、様々な編纂事業等に携わることにも恵まれた。特に、各市町村史編纂事業や博物館施設の方々にもお世話になり、多くを学ばさせていただいた。

このように、本書刊行までには、多くの方々の御指導・ご鞭撻があった。また、本書作成をお手伝いいただいた後輩の皆様にも感謝申し上げたい。

なお本書刊行にあたり、思文閣出版には、本書の出版を引き受けてくださり、心よりお礼申し上げたい。特に原宏一さん、編集を担当してくださった那須木綿子さんのお二人には御礼申し上げたい。とりわけ、那須さんには細かな配慮をいただき感謝の念にたえない。

そして、私事になるが大学時代の友人たちにもお世話になった。卒業後、何度となく、彼らの地元を案内していただくこともあった。また、研究の世界に身をおかない友人にも日ごろから激励を受けており、感謝したい。最後になるが、様々な私のわがままを聞きいれ、時には支援してくれ、これまで育ててくれた福島県に居する両親と家族にも深く感謝しつつ、未曾有の大災害からの故郷の復興を心から祈り、筆をおくことにする。

二〇一一年三月

菅野　洋介

【初出一覧】

序論　新稿

第一編

第一章　「社家組織の近世的確立について――奥州伊達郡を事例として――」（『駒澤大学史学論集』三〇、二〇〇〇年）。

第二章　「近世中後期における惣社制を支えた人々――奥州伊達郡小手地域の修験を中心に――」（『福島史学研究』八七、二〇〇九年）。

第三章　「羽山先達の編成と社家・修験・村――奥州伊達郡を事例として――」（『駒澤史学』五八、二〇〇二年）、「近世の宗教者編成と地域社会――奥州伊達郡を事例として――」（『福島史学研究』七四、二〇〇二年）。

第四章　「地方神職の活動と地域文化――奥州伊達郡における惣社制度を中心として――」（『福島史学研究』七九、二〇〇四年）。

第五章　「別格官幣社の創出と社会秩序」（『社寺史料研究』七、二〇〇五年）。

補　章　「近世後期における南朝の顕彰と在地社会――奥州伊達郡を事例に――」（『駒澤史学』七二、二〇〇九年）。

第二編

第一章　「役行者の顕彰と本山派修験――十八世紀における武州山間地域を中心として――」（『埼玉地方史』五二、二〇〇四年）、「本山派修験の集団化と宗判寺院――相模国を事例として――」（『駒澤史学』六五、二〇〇五年）及び新稿。

第二章　「近世の僧侶・修験と村社会――武州鎌形村を事例に――」（『駒澤大学史学論集』三二、二〇〇二年）、「武州山間地域における修験の存立構造――修験の妻子・百姓山伏の位置をめぐって――」（『埼玉地方史』五七、二〇〇七年）及び新稿。

第三章　「幕末期における修験の動向と在地社会――武州入間郡を中心として――」（『近代仏教』一四、二〇〇七年）。

第四章　「曹洞宗寺院における史料保管と村落社会」（『長林寺乃研究』新人物往来社、二〇〇六年）及び新稿。

第三編

第一章　「富士信仰の展開と秩序形成――天台勢力との接点をめぐって――」（『富士山と日本人の心性』岩田書院、二〇〇七年）。

第二章　「十九世紀における宗教の共存と在地社会――木曾御嶽信仰をめぐって――」（『禅と地域社会』吉川弘文館、二〇〇九年）、「富士山御師の活動と陰陽師編成――吉田口御師の動向をめぐって」（『富士山御師の歴史的研究』山川出版社、二〇〇九年）、「木曾御嶽信仰の展開と在地修験――嘉永安政期の武州入間郡森戸村大徳院をめぐって――」（『埼玉地方史』六二、二〇〇九年）及び新稿。

結　語　新稿

＊一書にまとめるにあたって、大幅に加筆修正している。

索　　引

【事　項】

す

せ

そ

た

ち

つ

て

と

な

に

【地名・寺社名】

あ

い

う

え

【人名(歴史上)】

【人名(研究者)】

◎著者略歴◎

菅野　洋介（かんの　ようすけ）

1975年　福島県生まれ
2004年　駒澤大学大学院人文科学研究科歴史学専攻博士後期過程満期退学．博士（歴史学）
現在，駒澤大学非常勤講師・市立市川歴史博物館学芸員

[主要論文]

「輪王寺宮の権威と在地寺社の動向」（『近世の宗教と社会2　国家権力と宗教』吉川弘文館，2008年），「富士信仰の展開と秩序形成——天台勢力との接点をめぐって——」（『富士山と日本人の心性』岩田書院，2007年）など

日本近世《にほんきんせい》の宗《しゅう》教《きょう》と社会《しゃかい》

2011（平成23）年4月13日発行

定価：本体7,800円（税別）

著　者　菅野洋介
発行者　田中周二
発行所　株式会社　思文閣出版
〒606-8203　京都市左京区田中関田町2-7
電話 075-751-1781（代表）

印　刷
製　本　株式会社 図書印刷 同朋舎

ISBN978-4-7842-1572-0　C3021